KB135511

나도 문화해설사가 될 수 있다

능묘편 상

초판 발행 2014년 7월 28일

지은이 최동군
펴낸이 서경원
편집 추연경
디자인 정준기
사진 도서출판 담디

펴낸곳 도서출판 담디
등록일 2002년 9월 16일
등록번호 제9-00102호

주소 서울시 강북구 삼각산로 79, 2층
전화 02-900-0652
팩스 02-900-0657
이메일 dd@damdi.co.kr
홈페이지 www.damdi.co.kr

정가 12,000원
저자와의 협의 하에 인지는 생략합니다.

Printed in Korea
ISBN 978-89-6801-027-9
ISBN 978-89-91111-81-3 (set)

이 도서의 국립중앙도서관 출판예정도서목록(CIP)은 서지정보유통지원시스템 홈페이지(http://seoji.nl.go.kr)와 국가자료공동목록시스템(http://www.nl.go.kr/kolisnet)에서 이용하실 수 있습니다. (CIP제어번호 : CIP2014021224)

나도 문화해설사가 될 수 있다

능묘편 상

글 / 최동균

들어가는 글

사람은 누구나 언젠가는 죽습니다. 따라서 죽음이라는 주제는 동서고금을 막론하고 모든 인류에게 항상 두려움과 관심의 대상이 되어 왔습니다.

그래서 지구상의 거의 모든 고등종교는 사후세계에 대한 언급을 매우 비중있게 다루고 있습니다. 불교의 가장 대표적인 염불인 "나무아미타불 관세음보살"의 내용도 알고 보면 사람이 죽어서 가는 서방정토의 아미타부처와 그 협시보살인 관세음보살에게 귀의한다는 뜻이며, 그리스 신화에 나오는 최고의 신인 제우스, 포세이돈, 하데스 3형제가 다스리는 영역도 하늘과 바다와 더불어 죽음의 세계인 명부가 포함됩니다. 또한 기독교에서도 영적인 구원을 약속하는 것은 결국 사후세계를 전제로 한 것이며, 이를 문학적으로 잘 나타낸 것으로는 단테의 신곡과 같은 대서사시가 있습니다.

누구도 피해 갈 수 없는 죽음 앞에서 인류의 최상위 지배계층에 속한 부류들은 현생에서의 풍요로웠던 삶을, 가능하면 이승에서의 죽음 이후에도 여러 가지 형태로 계속 영위할 수 있기를 원했으며, 이런 의지는 동서양의 각종 문화유산을 통해 보편적으로 나타나고 있습니다. 이집트의 피라미드가 그랬고, 고대 왕국들의 순장 풍습이 또한 그 증거가 될 수 있습니다.

자, 이제부터는 범위를 우리의 삶의 터전인 한반도로 좁혀서 사후세계에 대한 체계적인 정리를 해 보고자 합니다. 우리 조상들은 선사시대부터 줄곧 이 땅에서 살아왔으며, 그 흔적을 확인할 수 있는 문화유산들이 다양한 형태로 우리 주변에 존재합니다. 그것들은 편의상 시기별로 분류될 수 있는데, 청동기 시대까지는 고인돌의 형태에서 사후세계에 대한 우리 옛 조상들의 생각을 엿볼 수 있습니다. 한편 역사의 기록이 시작되는 고구려, 백제, 신라의 경우에는 각 지역별로 독특한 양식의 고분이 남아 있으며, 이는 고려와 조선에까지 영향을 끼칩니다. 특히 조선왕릉의 경우에는 세계문화유산으로 등재될 정도로 관련 기록이 풍부하며 체계적으로 잘 관리되고 있습니다.

그런데, 궁궐이나 불교, 사찰의 문화재와는 달리 '능묘 문화재'는 지역적으로 한계를 가지고 있는 것도 사실입니다. 예를 들면 국내의 여건 하에서는 중국과 북한 지역에 있는 고구려 고분과 고려왕릉에의 접근이 매우 어렵습니다. 따라서 일반인이 우리 역사 전반에 걸친 능묘문화를 현지답사를 통해 이해하기는 쉽지 않습니다. 백문이 불여일견이라고 했는데 직접 문화재를 현장까지 가서 볼 수가 없기 때문입니다.

또한 안 보면 멀어진다는 말도 있습니다. 최근 들어 분명 우리 조상의 문화재인 고구려 고분군을 중국 당국이 중국의 세계문화유산으로 등재한 사실이 있습니다. 그냥 넋 놓고 있다가는 우리 조상의 일부 문화유산을 영영 잃어버리게 될 수도 있습니다. 따라서 어려운 여건이지만 우리 문화재에 대한 우리 스스로의 이해도를 높이고 그 문화재의 주체가 우리 자신임을 만방에 알리려는 노력이 필요합니다. 이 책은 그런 노력에 조그만 힘이 되고자 합니다.

이 책은 우선, 구성이 매우 포괄적입니다. 선사시대의 무덤인 고인돌부터 시작해서 삼국시대의 고분, 조선왕릉에 이르기까지 시대별로 이 땅에 살았던 사람들이 남긴 사후세계의 흔적을 놓치지 않고 다루어 보려고 노력했습니다. 아마도 몇 권의 책을 하나로 합친 것과 같은 방대한 스케일은 다른 곳에서는 쉽게 보실 수 없을 것입니다.

두 번째로 중국과 북한 지역에 있어서 직접 가 볼 수 없는 고구려 고분의 현지답사를 대신하기 위해 국립중앙박물관의 강서대묘 모형, 천안 독립기념관의 제1전시실 무용총 모형, 그리고 잠실 롯데월드 민속박물관의 안악3호분 모형을 활용했습니다. 실제로는 가볼 수 없는 곳이지만 실물크기의 모형을 통해 충분히 현장감을 살릴 수 있는 답사가 될 수 있도록 창의적인 고안을 했습니다.

세 번째로 단순히 눈에 보이는 무덤의 형태 만을 다루지는 않았습니다. 눈에 보이는 부분만을 다루었다면 그것은 반 쪽짜리 답사에 불과합니다. 무덤에 담겨 있는 정신세계를 놓쳐서는 안됩니다. 하드웨어도 중요하지만 소프트웨어 역시 중요합니다. 그런 차원에서 기초적인 내용에 한정될지라도 우리 조상들이 무덤 자리를 잡을 때 중요하게 고려하였던 풍수 이론을 별도의 장(Chapter)으로 다루었으며, 〈조선왕조실록〉에 나온 관련 기사들을 책 곳곳에 배치하여 내용의 이해도를 높였습니다.

네 번째로 조선왕릉에 대한 깊이 있는 설명을 위해〈국조오례의〉와 〈국조상례보편〉을 적극 활용했습니다. 특히 땅속에 묻혀 있는 조선왕릉 무덤 방의 구조를 원문을 활용하여 설명했고, 왕이 친히 산릉제례를 올리는 것도 실제 시범을 통해서 직접 배울 수 있도록 하였습니다. 그리고 그 해당되는 내용을 국조상례보편의 책에서 직접 인용하였습니다.

이 책은 '나도 문화해설사가 될 수 있다' 시리즈의 네 번째 책입니다. 먼저 출간된 '궁궐편'과 '사찰편'의 내용을 어느 정도 이해하시고 이 책을 보시면 시너지 효과가 분명히 있을 것입니다.

마지막으로, 매번 책이 나올 때까지 모든 면에서 지원을 아끼지 않은, 내 인생의 절반인 아내 "원지연"에게 고마움을 표하고 아울러 이 책의 완성을 위해 온갖 수고로움을 마다하지 않으신 서경원 사장님 이하 도서출판 담디의 모든 직원들께도 감사의 말씀을 드립니다.

2014. 6. 16 파주 운정 자택에서

저자 최동군

차례 ❸

제1장 선사시대의 무덤

제2장 고구려 고분

제3장 백제 고분

제4장 신라 고분

제5장 문화재 풍수

제6장 종묘와 사직단

제7장 조선 왕릉 일반편

제8장 조선 왕릉 답사편

제9장 국조오례의 흉례 및 국조상례보편

등장인물 소개

아빠 _ 저자인 최동군

엄마 _ 아빠와 연애 시절부터 고적 및 문화 답사를 함께한 답사 애호가

호림 _ 문화 답사는 관심 제로이지만, 가족과 여행하는 것을 좋아하는 고1 청소년

아름 _ 2014년 현재 중학교 2학년에 재학 중인 저자의 똑소리나고 사랑스런 딸

본문에서의  표시는 동쪽임금 가족의 현재 위치를 나타냄.

제 1 장

선사시대의 무덤

고인돌의 어원과 기원

고인돌은 순우리말이다

아 름 아빠, 다음 주에 우리 학교에서 고인돌 현장학습을 간대요. 그래서 선생님께서 미리 고인돌에 대해서 예습을 해 오라고 하셨어요.

호 림 고인돌이라면 내가 잘 알지. 그건 아주 옛날 사람들이 세운 돌이야. '옛날 사람'을 한문으로 쓰면 '고인'이니깐, 고인돌 이라고 부르는 거야. 게다가 '옛날 사람'들은 모두 다 돌아가셨잖아? 그래서 돌아가신 분들을 '고인'이라고 하는 거야.

아 름 오빠는 순 엉터리야! '고인'이 한문이라면, 왜 '돌'은 한글이야?

호 림 어... 그거야... 에라, 모르겠다!

아 빠 호림아, 고인돌은 한자가 아니라 순우리말이야. 고인돌의 어원을 살펴보면, 커다랗고 평평한 덩이돌 밑에 굄돌을 고여서 땅위에 드러나 있는 '고여있는 돌'이란 뜻에서 나온, 순수한 우리말 표현이야. 한자로는 지지할 지(支), 돌 석(石)자를 써서, 지석묘(支石墓)

라고 하는데, 돌로 지탱하는 무덤이라는 뜻이지.

아 름 고인돌은 왜 만들었나요?

아 빠 알려진 바로는 신석기시대에서 청동기시대에 걸친 시기의 무덤인데, 바위나 돌을 이용해서 지상이나 지하에 시신을 묻는 돌방(석실)을 만들고, 그 위에 커다란 돌로 덮은 시설이야. 따라서 그곳에서는 당연히 다양한 사람의 뼈가 나왔고, 특히 충북 제천의 황석리 고인돌에서는 키 174 cm의 완벽하게 보존된 사람뼈가 나왔어. 하지만 고인돌이 모두 무덤의 기능만 하는 것이 아니라는 주장도 꾸준히 제기되고 있어.

호 림 무덤이 아니라면 도대체 무슨 용도로 쓰였을까요?

아 빠 다수의 고인돌이 무덤으로 사용된 것은 분명하지만, 일부의 고인돌은 제사를 지내거나 의식을 거행하는 '제단'으로 쓰였거나 아니면 공동무덤을 표시하는 '묘표석'으로 사용되었다는 견해가 있어. 그 이유로는 우선, 일부 고인돌은 사람들의 눈에 잘 띄는 높은 곳에 만들어져 있고, 둘째 외형적으로 웅장하게 만들었고, 셋째 시신을 안치하는 무덤방이 없는 경우도 있고, 넷째 주변에 만들어진 무덤기능의 고인돌과 비교해 봤을 때, 규모도 상대적으로 매우 크면서도 받침돌이나 무덤방의 방향이 다른 점을 꼽고 있지.

엄 마 고인돌을 영어로 표현하면 재미있는 해석이 나온단다.

아 름 재미있는 해석이라뇨?

엄 마 원래 고인돌은 영어로 'Dolmen' 또는 'Table Stone'이라고 하지만, 우리말 고인돌을 그대로 영어로 옮기면, 'Goindol'이 되겠지? 'Go in dol'을 한 단어씩 쪼개서 보면, 돌(Dol)로 만든 무덤방 속으로 들어간다(Go in)라는 뜻이 되기도 하지. 어때? 재밌지?

고인돌은 신석기시대 ~ 청동기시대의 무덤이다

아 름 아빠! 고인돌이 신석기 시대에서부터 청동기 시대에 걸친 시기의 무덤이라고 하셨잖아요? 그런데 그런 시대라면 아마 글자도 없었을 것 같은 아주 먼 옛날일텐데, 고인돌이 그런 시대에 만들어졌다는 것을 어떻게 알 수가 있죠?

아 빠 너가 말하는 그런 시대를 한마디로 선사시대라고 해. 문자가 없었던 역사기록 이전의 시대라는 뜻이야. 그래서 남아 있는 당시의 기록이 전혀 없지. 그렇지만 무덤의 형식과 부장품으로 어느 정도는 우리가 추측할 수는 있어.

강화역사박물관에 전시된 부장품들

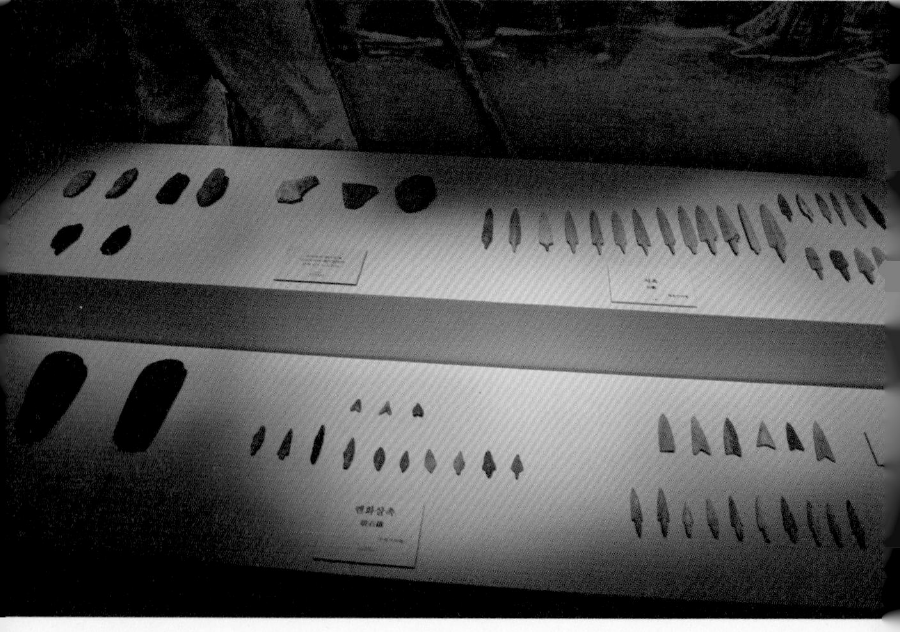

호 림 부장품? 무덤에서 쓰이는 화장품인가?

엄 마 부장품은 죽은 사람을 매장할 때 무덤 속에 함께 묻는 물품을 통틀어 이르는 말인데, 순 우리말로는 '껴묻거리'라고 한단다. 그 종류에는 죽은 사람이 생전에 쓰던 장신구나 옷, 모자, 무기류, 애완 용품 외에도 장례 때 사용한 도구 등 다양하지. 무덤에서 출토되는 부장품은 묻힌 사람의 사회적인 지위 뿐만 아니라 그 시대의 특징을 엿볼 수 있는 귀중한 자료이기도 해.

아 빠 또한 우리가 자주 접하는 일반적인 고인돌은 대체로 거대한 돌로 만들어져 있지? 중장비가 없었던 아주 먼 옛날, 고인돌과 같은 거석 기념물을 만들었다는 것은 상식적으로 생각해봐도 수많은 사람들이 동원되었다는 것을 쉽게 짐작할 수 있어. 즉, 그 당시의 인간사회는 계급사회로 나뉘어져서 수많은 일꾼들을 동원할 수 있을 만큼의 경제력이 있거나, 강력한 정치권력을 가진 지배계급이 있었다는 뜻이야.

아 름 모든 고인돌에는 해골이나 부장품이 있나요?

아 빠 그렇지는 않아. 그래서 일부에서는 고인돌이 무덤으로도 쓰였지만 제단으로도 쓰였다고 주장을 해.

엄 마 여보, 고인돌 중에서도 크기가 아주 작은 고인돌도 있던데 그것은 어린아이용 고인돌인가요?

아 빠 꼭 그렇지만은 않아. 실제 발굴된 뼈를 분석한 결과, 실제로 어린아이가 묻힌 곳도 있었지만, 성인을 묻은 작은 고인돌도 있었거든.

호 림 크기가 아주 작은 고인돌에 큰 성인이 어떻게 묻혀요? 시신을 토막내서 묻나요?

아 름 오빠, 너무 심한 상상은 하지 마!

작은 고인돌은 풍장, 이차장, 세골장의 무덤으로 추정하고 있다

아 빠 그것은 풍장(風葬), 이차장(二次葬) 또는 세골장(洗骨葬)의 무덤일 것으로 추정하고 있어. 풍장, 이차장 또는 세골장이라고 하는 것은 시신을 1차로 가매장 하거나, 시신를 그대로 또는 짚 등으로 둘둘 말아서 야산, 동굴이나 낭떠러지에 방치한 뒤에, 동물에게 먹이거나 사체가 자연스럽게 분해되도록 하는 자연의 풍화 작용을 기대하는 장례방식이야. 그래서 살을 모두 썩혀 없애버리고 난 뒤에, 남아 있는 뼈만 추려서 깨끗하게 물로 씻은 후 다시 묻는 방식인데, 우리나라 전라도의 남해안 및 서해안 일대의 섬 지방에서는 최근까지도 '풀 초(草)'자를 쓰는 초장(草葬)이라고 해서, 섶으로 초분(草墳)을 설치하였다가 육탈(肉脫)이 된 후에 다시 매장하는 장례법이 남아 있었다고 해.

호 림 왜 복잡하게 그런 방식으로 장례를 치르죠? 한번에 끝내면 간단한 것을...

아 빠 그것에는 여러가지 이유가 있는데, 우선 겨울철에 땅이 얼어서 무덤을 깊게 파지 못하는 경우도 있었고, 또한 전염병 등으로 죽었을 경우에는 시신의 병균으로부터 격리차원에서 일단 초분(草墳)이나 간단한 돌무덤으로 가묘를 만들고 난 뒤, 정상적인 장례가 가능해졌을 때 장을 또 한 번 지내는 거야.

엄 마 나도 TV에서 본 적이 있는데, 티베트에서도 그런 것과 비슷한 장례법이 있다고 들었어요. 육신을 토막내서 특히 독수리들에게 준다고 해서 조장(鳥葬)이라고 하던데...

아 름 그럼, 티베트에서 조장(鳥葬)을 하는 이유는 뭐예요?

아 빠　그것은 티베트인들이 죽어서 자신의 육신을 짐승에게 보시하는 종교적인 뜻을 포함하는 거야. 그렇게 함으로써 자신의 영혼도 새를 따라 하늘로 올라간다고 믿는 거지. 그런 이유로 조장을 천장(天葬)이라고도 해. 하지만 티베트인들이 그런 장례법을 따르는 것에는 현실적인 이유가 있어.

엄 마　종교적인 이유가 아니라 현실적인 이유 때문에 조장을 한다고요?

아 빠　응. 티베트에서는 화장(火葬)을 하자니 나무의 양이 충분하지 않고, 또한 땅에 묻는 매장(埋葬)을 하자니 고산지대인 티베트의 지형적인 특성상 기온이 낮고 건조해서 시신이 잘 썩지 않기 때문에 문제가 많이 발생하기 때문이야. 그래서 결국 조장을 선택하면서 거기에다 종교적인 의미를 부여한 것이지. 이것은 이슬람교에서 돼지고기를 종교적으로 금지한 것과 비슷한 방식이야.

호 림　예? 이슬람교에서 돼지고기를 종교적으로 금지한 것 역시 현실적인 이유 때문이라고요?

아 빠　우리가 잘 알다시피 이슬람교의 발생지는 중동의 아랍세계이므로 대체로 건조한 사막지대가 대부분이야. 가축 중에서 특히 돼지는 습기가 많은 곳에서 키워야 하기 때문에 아랍세계에서 돼지를 키우려면 축축한 축사를 만들어 줘야 하는 등, 건조한 사막지역에 잘 적응하는 양들에 비해서 상대적으로 많은 비용을 들여야만 해. 그렇다고 맛있는 돼지고기의 유혹을 사람들이 쉽게 뿌리치기도 쉽지 않지. 그래서 이슬람교에서는 종교적으로 돼지고기를 금지함으로써 사회적인 비용을 최소화 한 것이라고 문화인류학자들은 결론을 내렸어.

뱀의 발

고대의 장례법에는 순장(殉葬)이라는 것이 있는데 왕이나 귀족들이 죽으면 살아 있는 그의 아내나 신하들 또는 노비들, 때에 따라서는 가축을 산 채로 혹은 죽여서 함께 묻었던 것을 뜻한다. 한자로 순(殉)은 따라 죽는다는 뜻이다.

미망인(未亡人)이란 말이 그래서 나왔다. 미망인은 한자 그대로를 풀어보면 '아직 죽지 않은 사람'이라는 뜻이다. 남편이 죽으면 함께 묻혀 따라 죽어야 하는데 그러지 못하고 살아 있어 죄스럽다는 뜻을 담고 있다.

순장은 이집트와 중국 등 동서양의 고대 사회에서 두루 행해진 장례법이다. 중국에서는 고대 은(殷)나라 때부터 시작되어 서주(西周) 시절까지 성행하였다. 우리나라에서도 삼국 시대 이전부터 순장의 풍습이 있었던 것으로 보이는데 신라 지증왕 3년(502년)에 완전히 금하게 되었다.

조선은 공식적으로 순장 제도가 없었음에도 순장된 사람들이 있었다. 그것도 우리 땅이 아닌 중국에서 순장되었다. 중국에서는 한때 순장을 법률로 폐지한 적도 있었으나, 명나라 때까지도 풍습이 남아 있었으며, 1424년 명나라의 제3대 황제 영락제가 죽자, 후궁 등 30여명이 순장되었다. 이때 희생된 여성 가운데는 조선에서 공출되어 영락제의 후궁이 된 공헌현비 한씨(韓氏)도 있었는데, 그녀는 영의정으로 추증받은 한영정의 딸이자, 인수대비의 아버지이며 좌의정까지 오른 한확의 누이였다.

그런데 더욱 비극은 공헌현비의 순장 이후, 한확의 막내 여동생마저도 명나라에 공출녀로 차출되어 나갔으며 아래와 같은 세종실록의 기록에서 찾아볼 수 있다.

세종실록 36권, 9년(1427 정미 / 명 선덕(宣德) 2년) 5월 1일(무자) 4번째기사
<u>진헌할 처녀로 간택된 한영정의 막내딸이 혼수로 준비했던 재물을 나눠주다</u>

처녀 한씨(韓氏)는 한영정(韓永矴)의 막내딸이다. 맏딸은 명나라 태종 황제의 궁에 뽑혀 들어갔다가, 황제가 죽을 때에 따라 죽었으므로, 창성(昌盛)과 윤봉(尹鳳)이 또 막내딸이 얼굴이 아름답다고 아뢰었으므로, 와서 뽑아 가게 되었는데, 병이 나게 되어 그 오라비 한확(韓確)이 약을 주니, 한씨가 먹지 않고 말하기를, "누이 하나를 팔아서 부귀가 이미 극진한데 무엇을 위하여 약을 쓰려 하오."하고, 칼로 제 침구(寢具)를 찢고 갈마두었던 재물을 모두 친척들에게 흩어 주니, 침구는 장래 시집갈 때를 위하여 준비했던 것이었다.

處女韓氏, 永矴之季女也° 長女選入太宗皇帝宮, 及帝崩殉焉° 昌盛' 尹鳳又奏季女貌美, 故來採之° 及有疾, 兄確饋藥, 韓氏不服曰: "賣一妹, 富貴已極, 何用藥爲?" 以刀裂其寢席, 盡散臧獲家財於親戚° 寢席, 將嫁時所備也

세계유산에 등재된 고인돌은 '전남 화순', '전북 고창' 그리고 '강화'의 고인돌이다

아 름 우리나라의 고인돌이 유네스코가 지정한 세계문화유산이라면서요? 그렇다면 우리나라의 모든 고인돌이 세계문화유산인가요?

아 빠 그렇지는 않고 전남 화순과 전북 고창, 그리고 강화의 고인돌이 2000년에 유네스코 세계문화유산에 등재되었어. 특히 6만기 정도나 되는 전세계 각지의 고인돌 중에서도 우리나라의 고인돌만이 세계문화유산으로 등재되어 있어. 그리고 그 숫자도 남북한을 합치면 약 4만기 이상이 된다고 해. 특히 호남지방에 2만기가 집중적으로 몰려있어.

호 림 전세계 고인돌의 2/3가 우리나라에 있다고요?

아 름 그렇지만 주변에서 고인돌을 그다지 많이 보지는 못했던 것 같아요.

아 빠 그 이유는 일반인들이 고인돌과 자연적인 바위를 구분하기가 쉽지 않기 때문이야.

고인돌은 지배계급만의 무덤이 아니라 모든 계층의 무덤이었을 것이다

엄 마 그런데 고인돌을 지배계급의 무덤이라고 보기에는 뭔가 납득이 가지 않는 부분이 있어요. 호남지방에만 2만기의 고인돌이 있다고 하는데, 고인돌 시대에는 아마도 지금보다 인구가 엄청나게 적었을텐데, 호남지방에 2만기의 고인돌이 있을 정도로 지배층이 많았다고 하는 것은 상식적으로 말이 안돼요.

아 빠 내가 모든 고인돌이 지배계급의 무덤이라고 말한 적은 없어. 고인돌은 무게가 백톤이 넘는 큰 것에서부터 작은 것까지 매우 다양해. 따라서 큰 것은 지배계급의 무덤이거나, 공동의 제단 또는 묘표석의 기능을 하는 것일 수 있지만, 작은 것은 그 당시 일반인들의 무덤일 가능성이 높은 거야. 고인돌 시대가 지나면 고분이 역사에 등장을 하게 되는데, 고분의 숫자는 고인돌에 비해 매우 적어. 따라서 고분은 고인돌과는 달리 지배계급만의 무덤이라는 것은 충분히 설득력이 있지.

엄 마 여보, 우리 이렇게 말로만 이야기를 할 것이 아니라 직접 고인돌을 보러 가요. 어디가 좋을까요?

아 빠 두 말할 나위 없이 세계문화유산으로 등재된 고창, 순천, 강화 세 곳 중의 한군데로 직접 가야지. 우리 집에서는 강화도가 가장 가까우니깐, 강화 고인돌공원으로 가자!

호 림 강화도? 야호! 맛있는 해산물을 배불리 먹어볼 수 있겠구나!

강화오상리고인돌군

고인돌의 분류

강화 고인돌 공원 내 강화 부근리 고인돌 앞

부근리 고인돌의 막음돌 2개는 없어진 것으로 보인다

아 름 와! 여기와서 실제로 보니 고인돌이 정말 크네요.

아 빠 이 강화 부근리 고인돌은 지상 높이가 260 cm, 길이가 650 cm, 너비가 520 cm로 남한에서는 가장 규모가 큰 고인돌로 알려져 있어. 저 덮개돌의 무게만 75톤이야.

호 림 와! 엄청나구나! 그런데 고인돌이 옆으로 약간 쏠린 것 같아요. 처음부터 저런 모습이었나요?

아 빠 그건 아무도 몰라. 다만 확실히 알 수 있는 것은, 만약 저 고인돌이 무덤으로 쓰인 것이 분명하다고 가정을 한다면, 덮개돌 아래의 무덤방이 처음부터 저런 식으로 열려있는 것은 절대 아니라는 거야. 지금은 앞뒤로 열려있는 저 부분에, 고인돌을 처음 만들었을 때는 분명히 2개의 막음돌이 있었을 거야. 그렇지만 오랜 세월이 지나면서 2개의 막음돌이 없어졌는데, 왜 없어졌을지 한번 상상해 볼까?

아 름 고인돌에는 부장품이 들어있다고 하셨잖아요? 그래서 부장품을 노린 사람들이 막음돌을 열고 값비싼 부장품들을 훔쳐갔을 것 같아요.

엄 마 여보, 내가 보기에 고인돌을 막음돌로 간단히 마감을 했다는 것은 단순히 무덤방을 만드는 것 이외의 또 다른 의미가 있을 것 같아요. 왜냐하면 고인돌을 처음 만들 때부터, 사방을 모두 큰 굄돌로 만들고 그 위에 덮개돌을 올렸으면, 엄청난 덮개돌의 무게 때문에 절대 도굴 당하지 않았을 것 같아요.

강화 부근리 고인돌

막음돌을 썼다는 의미는 가족무덤일 가능성이 높다

아 빠 역시 당신의 통찰력은 대단해! 저런 탁자식 고인돌은 예외없이 부장품이 거의 남아있지 않아. 부장품이 남아있는 고인돌은 대개 바둑판식, 또는 개석식 등 무덤방에 쉽게 접근하지 못하는 것들이 대부분이야. 따라서 탁자식 고인돌처럼 쉽게 무덤방을 열 수 있도록 한 것은 아마도 한 사람의 무덤이 아닌, 가족무덤일 가능성이 높다는 결론이야. 즉, 나중에 무덤방을 열고 다른 시신을 또 안치할 수 있도록 했다는 뜻이지. 실제로 바둑판식이나 개석식 고인돌에서도 덮개돌 밑의 무덤방이 하나가 아니라 여러 개가 있는 경우가 자주 발견되고 있어.

호 림 막음돌을 치우고 부장품을 도굴해 갔다는 것은 충분히 알겠는데요, 그럼 막음돌은 주변에 뒹굴고 있어야지 왜 없어졌나요?

아 빠 그건, 이집트 피라미드의 석회암 외벽이 없어진 것과 비슷한 이유로 추정이 돼.

호 림 피라미드? 고인돌 이야기를 하다가 왠 피라미드 이야기가 나와요?

아 빠 너희들은 혹시 이집트 피라미드 하면 가장 먼저 떠오르는 그림이 뭐지?

아 름 스핑크스와 그 뒤쪽으로 거대한 3개의 피라미드가 나란히 있는 그림이요.

아 빠 그 3개의 피라미드를 기자(Giza)의 피라미드라고 불러. 그런데 그 피라미드의 맨 위쪽에 뭔가 하얀 것이 씌워진 것이 있어.

엄 마 아, 기억나요. 마치 일본의 후지산처럼 아주 높은 산 정상부근에 쌓여있는 만년설 같았어요.

아 빠 그것은 피라미드의 외벽을 둘러싼 석회암 외벽이었어. 원래는 피라미드의 전체를 그 석회암 외벽이 둘러싸고 있었는데 그 외벽이 없어지고 피라미드의 가장 위쪽만 남은 거야.

원래 피라미드의 외관은 레고블럭처럼 투박하게 쌓인 돌들이 아니라 코팅된 것 처럼 매끈한 상태였다

호 림 그 외벽의 기능은 뭐예요? 그리고 그 외벽이 왜 없어졌어요?

아 빠 녀석, 성질이 급하기도 하구나! 질문은 하나씩 해야지. 우선 피라미드의 석회암 외벽은 시간이 지날수록 거울처럼 매끈해 지는 특징이 있어. 석회암 동굴에 들어가보면 물에 잘 녹는 석회암의 성질을 잘 알 수 있지.

아 름 아, 석회암 동굴 천장에 반짝반짝 매달려 있는 예쁜 종유석을 말씀하시는 구나!

엄 마 만약 피라미드 전체가 온전하게 그 석회암 외벽으로 둘러싸여 있다면 정말 장관이었을 것 같아요.
특히 사막의 강렬한 태양 아래서는 마치 63빌딩처럼 눈부신 반사광으로 빛이 났을 것 같아요!

호 림 그런데 그 예쁜 석회암 외벽이 왜 없어졌어요? 다 녹아 버렸나?

아 빠 피라미드가 만들어지고 난 뒤 수천년동안 사람들이 그렇게 좋은 돌을 가만 놔뒀을 리가 있겠니? 모두 집으로 가져가서 써 버린 거야. 이 부근리 고인돌의 막음돌도 주변의 사람들이 가져가서 집짓는데 쓰거나 다른 용도로 많이 썼을 것으로 추정이 돼. 실제로 고인돌이 뒷마당에 널브러져 있는 집들도 꽤 있는데 정작 집주인들은 그것이

고인돌인 줄도 모르는 경우가 많아.

호 림 마지막 질문이요! 피라미드의 정상부근에 조금 남아있는 석회암 외벽은 왜 안 없어졌죠?

아 빠 그건 너무 높아서 못가져 간 거야.

호 림 그렇게 간단한 답이 있을 줄이야...

탁자식 고인돌은 시신을 땅 위에 그냥 올려 두었다

아 빠 고인돌은 워낙 종류가 다양해서 제대로 이해하려면 종류별로 나눠 볼 필요가 있어.

엄 마 옛날 학창시절 기억으로는 고인돌은 크게 두 종류로 나뉘는데, 바로 이 강화 고인돌과 같이 탁자처럼 생긴 북방식이 있고, 또 다른 종류로는 바둑판처럼 생긴 남방식이 있다고 배웠던 것 같아요.

아 빠 나도 그때는 그렇게 배웠던 것이 생각나는데, 지금은 그 내용이 많이 바뀌었어. 30년 가까운 세월이 흐르면서 고인돌에 대한 연구가 많이 진행된 것 같아. 우선 가장 많이 알려진 탁자식 고인돌 부터 시작할까?

아 름 바로 이 강화도의 고인돌이 대표선수라고 할 수 있겠죠?

아 빠 그렇지. 고인돌 하면 누구나 이 강화도 부근리의 탁자식 고인돌을 떠올릴 만큼 유명해. 옛날 엄마 아빠가 학창시절에는 탁자식 고인돌이 주로 한강 이북에 분포한다고 해서 북방식이라고 불렀는데, 최근에는 호남지방에서도 여러 개가 발견되었기 때문에 북방식이라는 이름보다는 탁자식으로 쓰는 것이 더 정확한 표현이야. 탁자식 고인돌은 잘 다듬어진 판돌(板石)로 'ㄷ' 자 또는 'ㅁ' 자 형태로 무덤방을 만들고, 그 위에 거대한 덮개돌을 얹어 놓아서 마치 탁자와 같이 생겼어.

아 름 그렇다면 탁자식 고인돌은 시신을 묻기 위해 땅을 파지 않았다는 뜻인가요?

아 빠 그렇지. 시신을 땅 위에 그냥 올려놓는 방식이야. 그래서 추운 지방인 한강 이북지방에 더 많이 분포하고 있는 거야.

엄 마 왜냐하면 추운 겨울에는 땅이 얼어서 무덤을 파기가 쉽지 않은 자연 환경이 인간들의 장례방식에 영향을 준 것으로 풀이할 수 있단다.

바둑판식(기반식) 고인돌과 개석식 고인돌을 이제는 남방식 고인돌이라고 하지 않는다

아 빠 반면에 상대적으로 따뜻한 지방인 한강 이남지방에는 고인돌의 지하에 무덤방을 만드는데, 무덤방 위에 받침돌을 놓고 거대한 덮개돌을 덮으면, 마치 바둑판과 외관이 비슷하다고 해서 '바둑판식 고인돌' 또는 바둑반의 한자표현인 '기반식 고인돌'이라고 해. 하지만 이런 방식도 한강 이북지방에서도 여러개가 발견이 되기 때문에 남방식이라는 이름보다는 바둑판식이라는 표현이 더 정확해. 저 쪽에 바둑판식 고인돌의 모형도 있구나.

강화역사박물관공원에 조성된 바둑판식 고인돌 모형

호 림 정말 바둑판처럼 생겼어요.

아 빠 한편, 바둑판식 고인돌과는 달리 무담방 위에 받침돌이 없이 덮개돌을 바로 덮으면 개석식(蓋石式)고인돌이라고 해. 그런데 밖에서 보면 큰 덮개돌만 보이기 때문에 일반인들이 보기에는 이것이 고인돌인지, 아니면 자연석인지 구분하기 어려운 거야.

아 름 그래도 구분하는 방법이 있을 것 같아요.

아 빠 우선 가장 쉬운 방법은 땅 위로 드러난 돌 주변의 밑 부분을 쇠꼬챙이로 찔러 보는 방법이 있어. 만약 쑥 하고 들어가는 느낌이 나면 그것은 고인돌일 가능성이 높은 것이야. 하지만 꽉 막혀 있다면 그것은 고인돌이 아닐 가능성이 높은데 왜냐하면 무덤방이 없다는 뜻이기 때문이지.

강화역사박물관공원에 옮겨진 강화 하도리 오류내고인돌

아 름 무덤방이 없는 고인돌도 있다면서요?

아 빠 그럴 경우에는 주변을 살펴 보면 돼. 주변에 석재가 그다지 없는데도 불구하고, 바위 같은 돌이 무리를 이루고 있는데, 열을 지어 있다거나 원을 이루고 있는 등 일정한 형태를 이루고 있다면 고인돌일 가능성이 높은 거야. 또 고인돌과 자연석의 가장 큰 차이점은 돌을 다듬은 흔적이 있다는 거야. 특히 덮개돌을 잘 살펴보면 대개 모서리를 둥글게 다듬은 흔적, 또는 원석으로부터 돌을 떼어내기 위한 채석공의 흔적이 남아 있어.

엄 마 덮개돌을 가공하지 않은 자연석으로 썼을 가능성은 없나요?

아 빠 물론, 그럴 가능성도 있어. 그럴 때는 덮개돌의 아랫부분이 흙 속에 묻혀 있는지를 살펴보면 돼. 자연석은 대부분 아랫부분이 흙 속에 묻혀있기 때문이지. 또 고인돌로 추정되는 주변에서 청동기시대의 유물이나 집자리가 발견되고, 납작하면서도 다듬은 흔적이 있는 큰 돌은 일단 고인돌일 가능성이 높아.

엄 마 만약 고인돌이 '묘표석'으로 사용되었다면 어떻게 찾을 수 있죠?

아 빠 그럴 경우에는 그 돌의 위치를 잘 살펴보면 돼. 고인돌은 보통 그 앞쪽으로 강이나 내가 흐르고 있고, 주변에 넓은 평원이 위치하고 있어서 먹거리가 풍부한 곳에 있는 경우가 많아. 그러면서도 주변보다 조금 높은 위치에 있어서 주변을 조망하기 쉬운 곳에 있는 경우가 많아.

아 름 그렇다면 고인돌은 탁자식, 바둑판식, 개석식 세 종류 뿐인가요?

위석식 고인돌은 제주도에서 발견된다

아 빠 우리나라 고인돌은 그 세 가지 종류가 대부분을 차지하고 있어. 하지만 비록 소수이기는 해도 몇 가지 다른 종류도 있기는 해. 우선 주로 제주도에서 발견되는 위석식(圍石式) 고인돌도 있어. 에워쌀 위(圍)라는 글자의 뜻에서 알 수 있듯이, 지상에 드러난 받침돌이 덮개돌 아래로 돌아가면서 지탱하고 있어서 그 자체가 무덤방을 이루는 형식이야. 이 위석식 고인돌도 탁자식 고인돌과 마찬가지로 무덤방이 지상에 있어.

엄 마 탁자식의 변형이라고 볼 수가 있겠네요.

아 빠 그렇다고 볼 수 있지. 탁자식의 변형이라면 돌기둥식 고인돌도 있어. 한자로는 석주식(石柱式) 고인돌이라고 하지. 이 돌기둥식 고인돌의 특징은 하부구조에서 받침돌의 형태가 마치 식당용 탁자의 다리와 같이 기다란 돌기둥 네 개가 덮개돌을 사방에서 받치고 있는 거야. 그렇다보니 무덤방의 공간이 밖으로 훤히 노출되어 있기 때문에, 무덤의 용도보다는 '묘표석'이나 '제단' 등의 상징적인 성격이 강한 것으로 추정이 돼. 그 이외에도 비록 소수이기는 하지만 지상 돌덧널식(석곽식) 등 특이한 형태도 있어.

엄 마 여기 강화고인돌 공원에는 다른 형태의 고인돌 모형도 많아서 공부하기에는 참 좋군요.

아 빠 자, 이제부터는 바로 옆에 있는 강화 역사박물관으로 가서 고인돌의 일반적인 구조와 고인돌을 만드는 과정에 대해서 자세히 알아볼까?

강화 부근리 점골 고인돌

뱀의 발 거석기념물의 종류

거석기념물(巨石記念物)은 신석기시대부터 철기시대 초기에 걸쳐 전세계 각지에 분포하는, 거대한 자연석으로 만들어진 유적을 말하는데, 고인돌과 선돌, 열석, 환상열석 등이 있다.

고인돌은 영어로 돌멘(Dolmen)이라고 하며 여러 개의 돌을 세워, 그 위에 평석(平石)을 얹은 것으로 그 밑에 부장품을 묻은 묘로 사용하거나 제단으로 사용한 것으로도 본다.

선돌은 영어로 멘히르(Menhir)라고 하는데 자연석이나 다소 가공한 긴 입석(立石)으로서, 단독으로 만들어진 것과 여러 개가 하나의 종합적인 형태를 이룬 것도 있다.

여러 개의 선돌이 직렬로 세워지면 열석(列石: 알리뉴망(alignements))이 되고, 직렬이 아닌 둥근 고리 모양으로 배열된 것을 환상 열석(環狀列石: 크롬레크 (Cromlech, stone circle))이라고 한다.

대표적인 열석으로는 프랑스 브르타뉴 지방의 카르나크(Carnac) 열석이 있고, 대표적인 환상열석으로는 영국의 윌트셔에 3중의 둘레를 가진 스톤 헨지(Stonehenge)가 있다.

선돌과 환상열석은 태양 숭배와의 관련성이 추측되기도 한다.

고인돌의 구조와 소멸

강화 역사박물관에서 고인돌 구조 및 축조과정 확인하기

엄 마 이곳 강화 고인돌공원에는 다른 지방의 고인돌 모형도 많아서 공부하기가 편리한 곳이야. 더군다나 바로 옆의 강화 역사박물관까지 함께 돌아보면 고인돌에 대해서는 완벽하게 공부를 하는 셈이지.

아 빠 백문이 불여일견이란 말이 있지. 듣는 것 보다는 실제 보는 것이 훨씬 효과적이야. 그런 의미에서 강화역사박물관으로 들어가 보자.

→ 강화 고인돌 공원내 강화 역사박물관 2층

아 름 아빠, 저기 고인돌을 만드는 모형이 있어요.

아 빠 탁자식 고인돌은 저런 식으로 만드는 것이라고 추정을 하고 있어. 우선 고인돌은 그 종류에 따라 약간씩 차이가 있지만, 대체적인 구조는 덮개돌, 받침돌(괸돌) 그리고 무덤방 이렇게 세 가지로 구성이 돼.

강화역사박물관 2층 전시실의 고인돌축조과정 모형

호 림 덮개돌은 가장 위에 놓이는 넓고 큰 돌이죠?

아 빠 그렇지. 탁자식 고인돌은 주로 평평한 판 형태로 잘 다듬어져 있어. 그에 반해서 바둑판식(기반식) 및 개석식 고인돌은 판형, 직육면체형, 구형 등 다양한 형태가 있고, 특별한 가공 없이 사용되는 경우도 많아. 그리고 개석식 고인돌에서는 덮개돌이라는 말 대신 뚜껑돌이라는 용어를 쓰기도 해.

아 름 덮개돌 아래에 있는 것은 당연히 받침돌(굄돌)이겠네요?

아 빠 당연하지. 그렇지만 받침돌이 없는 고인돌도 있어.

아 름 개석식 고인돌이죠.

엄 마 이제, 너희들이 고인돌에 대해 완전히 이해를 했구나!

아 빠 받침돌은 굄돌 또는 고임돌이라고도 하는데 탁자식 고인돌은 평평한 판 형태로 되어 있고, 받침돌 자체가 무덤방의 벽면이 돼. 그리고 받침돌은 덮개돌을 받치면서 서 있어야 하기 때문에 대체로 받침돌의 아래 부분은 지하에 묻혀 있어.

아 름 부근리 고인돌처럼 말이죠?

고인돌에도 주춧돌의 원리가 숨어 있다

아 빠 응, 그에 반해서 바둑판식(기반식) 고인돌에서는 여러 개의 짧은 기둥 형태 또는 자연석 받침돌이 거대한 덮개돌을 받치고 있어. 그리고 받침돌의 아래부분은 대부분 땅 위에 그냥 놓여 있는 경우도 많지만, 거대한 덮개돌의 무게 때문에 고인돌이 땅밑으로 조금씩 가라앉거나 옆으로 밀려나는 것을 방지하기 위해 자갈이나 깬돌로 바닥을 처리하기도 해.

엄 마 고인돌을 만들던 시대에도 주춧돌의 개념을 알고 있었다는 뜻이군요!

아 빠 한마디로 그렇다고 볼 수 있지. 그리고 가장 아래 쪽에 있는 무덤방은 덮개돌과 받침돌 밑에 마련된 돌로 만든 방(석실)인데, 사람뼈나 부장품(껴묻거리)이 발굴되는 경우도 있어. 도굴이 되지 않았다는 뜻이야. 하지만 무덤방이 처음부터 없는 고인돌도 많아.

엄 마 그래서 고인돌이 무덤 이외의 제단이나 묘표석의 기능으로도 쓰였다는 주장이 가능하단다. 자, 얘들아. 고인돌의 3대 구성요소가 뭐라고 했지?

아 름 덮개돌, 받침돌, 그리고 무덤방이요.

호 림 고인돌을 만드는 과정을 좀 더 자세히 알려주세요.

아 빠 고인돌을 만드는 것에 대한 것은 전혀 남아있는 기록이 없기 때문에 지금으로서는 추정을 할 수 밖에 없어. 자, 우리가 고인돌을 세울 청동시 시대의 사람들 이라고 가정을 해 보자. 고인돌을 세우기 위해 가장 먼저 필요한 것이 무엇일까?

아 름 그야 제일 먼저 고인돌을 세울 장소를 찾아 봐야겠지요.

아 빠 맞았어. 고인들은 보통 평지나 구릉지 또는 산기슭 등에 위치하는데 주로 덮개돌을 구하기 쉬운 바위나 암벽이 많은 산 주위나 강가에 많은 것이 특징이야. 일단 위치가 정해지고 나면 그 다음으로 할 일은 돌을 떼어 내는 작업이야. 지금과 같은 좋은 장비가 없었던 옛날 사람들이 거대한 덮개돌을 어떻게 떼어 냈을까?

호 림 수많은 사람들이 한꺼번에 벌떼처럼 몰려들어서 하나, 둘, 셋 하면서 구령에 맞춰, 동시에 망치질을 했을 것 같아요.

엄 마 그건 아니란다. 힌트를 줄게. 인공적인 힘과 자연적인 힘을 모두 사용했어.

돌을 떼어 낼 때에는 나무쐐기를 사용했다

아 름 자연적인 힘까지? 아, 알겠다. 나무쐐기를 이용했구나.

강화역사박물관 2층 전시실의 고인돌축조과정 모형

아 빠 그렇지. 아빠가 경주남산 답사할 때 석탑 만드는 것을 설명하면서, 신라사람들이 돌을 떼어내던 방법 알려줬던 것 기억나지? 그리고 실제 돌을 떼어낸 흔적도 보여줬잖아? 아마도 고인돌을 만들던 사람들도 그와 똑같은 방법을 썼을 거야. 암벽에서 덮개돌을 쉽게 떼어내기 위해 바위틈이나 암석의 결을 이용해서 자르고 싶은 부분에 한줄로 인위적인 구멍들을 팠을 거야.

아 름 마치 우표나 화장지처럼 말이죠?

강화역사박물관 2층 전시실의 고인돌축조과정 모형

아 빠 응, 그리고 이 구멍에 박달나무와 같은 단단한 나무쐐기를 박아서 물을 붓고 기다리면, 시간이 흐르면서 나무쐐기의 부피가 팽창하면서 바위가 쪼개지는 방법을 썼을 거야. 이런 식으로 떼어낸 돌은 저기 모형에서 보이는 것처럼 끈과 지렛대, 그리고 통나무 바퀴 등을 이용하여 운반했을 거야. 저런 도구를 이용하면 아마도 한 사람이 일반적으로 100kg 정도를 움직일 수 있었을 것으로 추측돼.

엄 마 그래도 사람들이 많이 다쳤을 것 같아요.

아 빠 맞아. 옛날 사람들이 일하면서 가장 많이 다치는 부분이 성을 쌓거나 왕릉을 조성하는 것과 같이 큰 돌을 다루는 일이었어. 그래서 조선시대에는 그런 위험한 일은 모두 승려들을 이용했어. 숭유억불

정책도 있었지만, 승려들은 딸린 자식이 없었기 때문이기도 했어.

호 림 피라미드를 만들 때 노예들을 이용한 것처럼 말이죠?

아 빠 아! 호림아, 아니야. 피라미드를 만들 때 노예들을 이용했다는 것은 잘못된 상식이야. 우리가 TV나 영화를 통해서 피라미드 건설 때 노예들이 나오는 장면을 많이 봤기 때문에 그런 편견이 생겼지만, 실제 피라미드를 만든 사람들은 노예들이 아니라 주로 농민들이었어. 특히 나일강의 범람시기와 같은 농한기에 집중적으로 농민들에게 임금을 지급하고 피라미드 건설에 투입을 시켰다는 것이 최근의 연구결과야.

엄 마 정조임금이 수원화성 건설에 부역한 농민들에게 임금을 준 것과 비슷하네요?

아 빠 그렇지. 아무튼 미리 정해 놓은 장소까지 가져온 돌 중에서 받침돌을 먼저 구덩이 속에 밀어 넣어. 그런 다음에는 받침돌이 흔들리지 않게 작은 돌로 옆을 가득 채워서 기초를 튼튼히 다지는 거야. 이때 유념해야 하는 것은 받침돌 2개가 나란히 놓일 때 가급적이면 같은 높이가 되도록 해야 해.

아 름 지금 말씀하시는 것은 탁자식 고인돌의 경우일 때죠?

아 빠 당연하지. 그런 다음에는 받침돌이 파묻힐 만큼 흙으로 언덕을 만드는 거야. 그리고 언덕의 경사로를 따라서 둥근 나무를 마치 기차 레일처럼 밑에 깔고 덮개돌을 끌어 올려. 이렇게 하는 이유는 기중기와 같은 장비가 없었기 때문이야. 그리고 아마도 이 작업이 가장 어려운 작업이었을 거야. 자칫 잘못하면 돌이 다시 아래쪽으로 미끌어져 내려갔을 것이고, 그런 과정에서 많은 사람들이 죽거나 다쳤을거야.

고인돌 축조과정에서 떠오르는 시지프스 신화

엄 마 갑자기 시지프스의 신화가 생각나요.

아 빠 약간 비슷한 부분이 있기는 하지.

아 름 시지프스의 신화요? 그게 뭔데요?

엄 마 응, 시지프스는 고대 그리스 신화에 등장하는 인물인데 코린토스 시를 건설한 왕이었어. 또 그는 꾀가 많은 것으로 명성을 떨쳤는데 욕심이 많고 남을 속이기를 좋아했대. 심지어 시지푸스는 죽음의 신이 자신을 데리러 오자, 오히려 죽음의 신을 속임수로 잡아서 족쇄를 채웠기 때문에 한동안 지구에서는 아무도 죽지 않았다고 해. 결국 전쟁의 신 아레스가 와서 죽음의 신을 구출하고, 시지프스를 저승으로 데려갔다고 해.

호 림 신을 속일 정도라면 정말 꾀가 많은 사람이었구나!

엄 마 하지만 시지푸스는 죽기 전에 또 한가지 꾀를 내어서, 아내에게 자신이 죽으면 절대로 제사를 지내지 말라고 일러두었어. 그리고 저승에 간 시지푸스는 자기가 제사를 받지 못하는 것을 핑계로 해서, 저승의 신 하데스에게 아내에게 제사를 지내도록 설득하기 위해 이승으로 다시 보내달라고 부탁했고, 그런 이유로 다시 이승으로 돌아왔어. 그렇지만 이승으로 돌아온 그는 다시 저승에 가기를 거부해서, 나중에 전령의 신인 헤르메스가 억지로 저승으로 돌려보냈다고 해.

아 빠 시지푸스는 신들을 속인 벌로, 저승에서 엄청나게 큰 돌을 가파른 언덕 위로 굴려야 했어. 그런데 정상부근까지 돌을 굴려서 올리면, 돌은 다시 밑으로 굴러 내려가기를 무한히 반복하고, 처음부터 다시 돌을 굴려 올리는 일을 시작해야 했는데, 엄마는 바로 그 장면을 말한 거야. 아무튼 덮개돌을 이런 식으로 뒤에서 밀고 앞에서 끌어서 받침돌 위에 제대로 자리를 잡은 다음에는 받침돌까지 파묻었던 흙을 모두 치워. 그러면 앞뒤가 터져 있는 탁자모양의 고인돌 뼈대가 완성되는 거야.

아 름 그런 다음에는 당연히 시신을 받침돌 사이의 공간에 넣겠군요.

아 빠 그렇지. 그리고 막음돌로 받침돌의 양쪽을 막으면 탁자식 고인돌이 완성되는 거야. 물론 또 다른 시신을 넣을 경우에는 막음돌을 열고 시신을 넣은 후에 다시 막음돌을 닫으면 돼.

강화 오상리 고인돌

뱀의 발

덮개돌이나 뚜껑돌에는 별자리를 담은 '성혈(性穴)'이 새겨지기도 하였다. 성혈은 석기시대 이전부터 토속신앙의 상징으로, 고인돌의 덮개돌이나 뚜껑돌, 선돌 등에 새겨졌는데, 북두칠성 및 기타 별자리의 모양을 찾을 수 있는 경우도 있어 고대 한반도의 기복신앙이나 고대 천문학의 기원으로 추측되기도 한다. 여수 오림동에는 암각화(巖刻畵)가 그려진 고인돌이 있다. 이는 당시 사람들의 신앙을 나타내는 것으로 추측된다.

고인돌의 소멸은 철기시대의 도래 때문으로 추정된다

아 름 그렇게 많던 고인돌이 왜 갑자기 없어지게 되었을까요?

아 빠 원래 매장문화라는 것은 그 사회에서 가장 변하지 않는 요소중의 하나야. 그런 매장문화에서 변화가 일어났다는 것은 그 만큼 그 사회에서 큰 변화가 일어났다는 뜻이기도 하지. 예를 들면, 새로운 종교의 도입이라든지, 아니면 외부 민족의 침입으로 사회의 구성원이 바뀌는 것 등이지.

엄 마 그 당시에 종교적인 변화는 없었을 것 같고, 그렇다면 정치적인 격변으로 사회의 구성에 큰 변화가 생겼을까요?

아 빠 비록 추론에 불과하지만, 고인돌의 시대는 부족장 중심의 부족연맹체제 였을 것으로 보여. 그렇지만 청동기 시대가 끝나고 철기시대가 도래하면서 사회는 큰 변화를 겪게 돼. 그것은 부족단위의 사회체계가 통폐합 되면서 과거와는 비교가 되지 않는 엄청난 크기의 고대국가로 변모했다는 것이야. 따라서 기존에는 없었던 강력한 지도자가 등장을 하게 돼.

엄 마 한마디로 요약해서 '부족장'이 다스리는 소규모 집단이 '왕'이 다스리는 대규모 국가로 바뀌었다 그말인가요?

아 빠 그렇지, 그러다보니 '왕'이라는 강력한 지도자의 신분에 걸맞는 매장문화가 필요했을 것이고, 따라서 일반 사회의 구성원과는 차원이 다른 새로운 매장문화가 도입된 것으로 보여. 그러면서 다른 일반인들의 묘와는 차별화를 하기 위하여 완전히 구분되는 독립적인 위치에 만들어 져. 그것이 바로 우리가 알고 있는 '고분'이야.

아 름 또 다른 가능성은 없을까요?

아 빠 정치적인 변화 이외에 경제적인 변화를 주요 원인으로 꼽는 사람들도 많아. 아까도 말했다시피 고인돌이 없어지는 시기는 대체로 청동기 시대가 끝나고 선진문물인 철기시대가 되는 시점이야. 철기시대는 이전의 청동기시대와는 달라서 철제도구의 제조가 일반화 되어서 일반 사회 구성원들이 손쉽게 도구를 구해 사용할 수 있었어. 따라서 철제농기구를 사용하여 노동효율성이 극대화 되었고, 농업

생산량이 급속도로 늘어났고, 농경지가 확대되었어. 그 결과 노동력이 보다 중시되었고, 많은 인원이 동원되는 고인돌 축조보다는 간단한 매장방식을 선호하게 된 것으로 보여.

엄 마 일반인의 매장방식은 간단하게 되었지만, 지배계층의 매장문화는 '고분'으로 훨씬 고급화 되었다는 결론이군요. 역시 사회의 양극화는 예나 지금이나 문제가 많아!

강화 오상리 고인돌군

제 2 장

고구려 고분

무덤의 종류

무덤의 종류에는 능(陵), 원(園), 묘(墓), 총(塚), 분(墳)이 있다

아 름 아빠, 무덤의 이름에 어떤 것은 '능(陵)'이라고 하고, 또 어떤 것은 '묘(墓)'라고 해요. 게다가 어떤 것은 '총(塚)'이라도 하고 '분(墳)'이라고 부르는 것도 들었는데 왜 이렇게 복잡하죠?

호 림 무덤이 왕릉처럼 엄청나게 크면 '능', 보통 크기면 '묘' 아닌가요?

아 빠 호림아, 그렇게 단순한 것은 아니야. 우리가 잘 알다시피, 죽은 사람의 주검을 묻은 것을 무덤이라고 해. 그런데 무덤은 그 종류가 많아서 헷갈리기 쉬우니 하나씩 천천히 알아 보자. 우선, 주인공이 확실한 무덤 중에서도 '왕(王)'과 '왕비(王妃)'의 무덤은 특별히 '능(陵)'이라고 하고, 그 외의 무덤은 모두 '묘(墓)'라고 불렀어. 어때? 이건 쉽지?

아 름 아, 그래서 경주의 김유신 장군묘는 왕릉과 거의 같은 규모인데도 '능'이 아니라 '묘'구나!

김유신장군묘

아 빠　맞았어. 그런데, 주인공이 확실히 알려지지 않은 고분 중에서, 발굴된 출토 유물로 미루어 봤을 때 왕릉이나 왕비릉이라고는 충분히 짐작이 되기는 하지만, 그렇다고 이것을 '능(陵)'이라고 부르기엔 확실한 증거가 없고, 그렇다고 묘라고 부르기에도 좀 곤란한 경우가 있어. 이럴 때 이런 무덤을 '총(塚)'이라 부르는데, 출토된 유물 가운데서 가장 대표적인 것의 이름을 붙여.

엄 마　예를 들면, 금관이 맨 처음 나왔으면 '금관총', 천마도가 나왔으면 '천마총', 무용하는 그림이 나왔으면 '무용총'하는 식이야.

아 빠　한편, 능이나 묘라 단정할 수도 없고, 또한 발굴이 되지 않았거나

뱀의 발　국기판(國忌板)

임금과 왕비의 기일(忌日) 등 국기(國忌)의 행사에 관련된 사항들을 적어 놓은 판으로 12개월을 표시한 12장의 종이에 각기 30일의 난을 만들고, 일자 밑에 임금과 왕후의 기일을 적어서 판(板)에 걸어 두었다.

혹은 발굴이 되었어도 특별한 유물이 없어서, '××총'이라고 부를 수도 없을 때는 보통 '분(墳)'이라고 불러.

엄 마 경주에는 일제강점기 때 조선총독부에서 고분마다 일련번호를 매겼는데, '제98호 고분', '제155호 고분' 이런 식이었고, 북한의 황해도 안악지방에도 안악 1호분, 2호분, 3호분과 같은 고구려 고분이 남아 있단다.

아 빠 하지만 이런 구분도 반드시 100% 잘 지켜지는 것은 아니야. 안악 3호분에서는 우리에게도 잘 알려진 유명한 벽화와 명문이 발견되었는데도 아직 안악 3호분으로 불리고 있어.

무덤의 주인공이 확실하면 능(陵), 원(園), 묘(墓)이고, 확실하지 않으면 총(塚), 분(墳)이다

엄 마 여보, 무덤중에는 '능(陵), 묘(墓), 총(塚), 분(墳)' 말고도 '원(園)'도 있어요. 서오릉에 가면 순창원, 수경원이 있고, 서삼릉에 가면

롯데월드 민속박물관 고구려실의 안악3호분 서쪽 곁방의 무덤 주인과 좌우 시종무관 장하독 벽화

효창원이 있잖아요? 왕릉 옆에 있다는 것으로 봐서 분명히 왕실과 관계가 있는 무덤같은데, 원(園)은 도대체 어떤 무덤이죠?

아 빠 응, 주인공이 확실한 무덤은 '능(陵)과 묘(墓)'가 있다고 했잖아? 그리고 왕과 왕비가 아니면 모두 묘라고 한다고 했지? 조선중기 까지는 왕의 친형제도 '대군묘', 왕이 되기 직전에 세자로 죽어도 '세자묘'라고 했고, 심지어 왕의 아버지도 '대원군묘'라고 했거든. 그런데 조선 후기에 들어와서 영조의 경우, 자신을 낳아준 천한 신분의 생모인 숙빈 최씨의 무덤인 '소령묘'에 대해 뒤늦게나마 예를 한 단계 더 높여주기로 한 거야.

아 름 아, TV 드라마에 나왔던 '동이' 말씀이죠?

아 빠 그래, 숙빈 최씨가 바로 드라마의 여주인공 '동이'였어. 하지만 철저한 계급사회였던 조선에서는 아무리 왕이라도 신분질서에 손을 대는 것은 쉬운 일이 아니었어. 그래서 신하들의 강력한 반대에 부딪혀 10년 이상의 세월이 걸렸지. 하지만 영조는 결국 조선 최초로 '원(園)'의 이름을 붙여 소령묘를 소령원으로 만들었어.

뱀의 발 원묘기신(園墓忌辰)

원과 묘의 기신(기일(忌日)의 높임말)을 표기한 것이다.

경혜인빈김씨: 순강원
화경숙빈최씨: 소령원
온희정빈이씨: 유길원(수길원)
장헌세자: 현륭원
헌경혜빈홍씨: 현륭원
현목유빈박씨: 휘경원
순회세자: 순회묘(순창원)
공회빈윤씨: 순회묘(순창원)
소현세자: 소현묘(소경원)
민회빈강씨: 민회묘(영회원)
영빈이씨: 선희묘(유경원 → 수경원)
의소세손: 의소묘(의령원)
문효세자: 효창묘(효창원)

호 림 나는 '왕'이라면 마음대로 해도 되는 줄 알았는데, 조선의 왕은 그런 것이 아니었구나!

아 빠 그런 이유로 '능(陵)'과 '묘(墓)'사이에 '원(園)'이라는 등급이 하나 더 생겨났고, 세자와 세자빈, 그리고 왕의 사친(私親)의 무덤에만 쓰이는 용어가 되었어. 이런 사실을 확인 할 수 있는 것이 국립고궁박물관에서 소장중인 국기판(國忌板)에 나오는 원묘기신(園墓忌辰)부분이야.

뱀의 발

원래 소령원은 〈묘〉를 원(園)으로 승격한 두번째 사례였다. 영조는 자신의 생모인 숙빈 최씨를 왕후로 추존하려는 계획을 갖고 있었다. 하지만 그 계획은 조정신료들의 강한 반대로 관철되지 못했다. 그래서 과거의 사례를 들어 숙빈 최씨의 무덤을 원(園)으로 봉하여 희빈 장씨의 무덤보다는 격을 높이는 것으로 만족해야 했고 이는 〈묘〉가 〈원〉으로 승격한 두번째 사례가 되었다. 그렇다면 왕과 왕비의 무덤이 아닌 〈묘〉를 원(園)으로 승격한 과거의 첫번째 사례는 무엇일까?

조선에서 최초로 〈묘〉를 〈원〉으로 승격시킨 장본인은 바로 인조다. 〈선조〉와 〈광해군〉의 뒤를 이은 인조 역시 서자출신이었고, 반정을 통해 왕위에 올랐기 때문에 그의 생부,생모의 무덤은 당연히 〈묘〉에 해당되었다. 하지만 인조는 끊임없이 자신의 부모를 왕과 왕후로 추존하고자 노력하였고,이에 반대했던 조정신료들이 중재안으로 낸 것이 중국의 전한시대 선제(宣帝)의 사례였다. 그 내용은 민간에서 자라나서 황제가 된 〈선제〉가 기원전 91년 〈무고의 옥〉에 의해 처형된 죄인신분의 생부를 황제로 추존할 수 없게되자 생부의 무덤을 〈원〉으로 삼아서 마음을 위로했던 고사를 빌어 인조의 부모무덤을 모두 〈원〉으로 봉하는 것이었고, 인조는 일단 이 중재안을 받아들였다.

그래서 최초의 〈원〉 승격사례는 인조시대에 해당하지만 결국 인조는 그의 생부와 생모를 끝내 왕과 왕후로 추존하는데 성공했고, 그 결과 최초의 〈원〉이 다시 〈왕릉〉으로 변경되었기 때문에, 실질적인 최초의 〈원〉 승격의 예는 〈소령원〉이 최초사례가 된 것이라 해도 틀린 말은 아니다. 마치 올림픽에서 부정행위로 금메달을 박탈당하면 은메달을 딴 선수가 금메달로 인정되는 것과 같다고 할 수 있다.

고대의 매장방식

가장 간단한 무덤양식은 널무덤(토광묘)이다

아 름 아빠, 고인돌 시대 직후의 무덤은 어떤 것들이 있어요?

아 빠 고인돌 시대라고 해서 모든 무덤이 고인돌로만 되어 있었던 것은 아니야. 고인돌과 거의 같은 시대에 있었거나 또는 약간 뒤늦은 시기의 무덤 종류도 많은데, 그런 무덤들을 공부하는 학문이 고고학이야. 우선, 가장 간단한 형태의 무덤양식으로 널무덤이 있어.

호 림 널무덤? 널이 뭐예요?

아 빠 '널'은 '관'을 뜻하는 순 우리말이야. 시신을 넣는 궤를 뜻하는데, 일반적으로 나무로 만들지.

아 름 그래도 '널'보다는 '관'이 훨씬 이해하기가 쉬운 것 같아요.

아 빠 고고학 용어가 예전에는 거의 한자로 되어 있었는데 이것을 우리말로 쉽게 풀이하고 통일하기 위한 작업이 1980년대에 와서야 완성되었어. 그런 이유 때문에 엄마와 아빠처럼 80년대까지 중 · 고등학교를 다닌 사람들은 아직까지 순 우리말로 된 용어가 익숙하지 않고, 오히려 한자로 된 용어가 익숙해.

엄 마 나도 그런 느낌이 들어요. 학교에서 배웠던 용어는 모두 한자였는데, 지금은 한글로 쓰니 헷갈리는 부분이 많아요. '널무덤'을 예전 한자용어로 하면 어떻게 되요?

아 빠 예전에는 널무덤을, 흙 토(土), 구덩이 광(壙), 무덤 묘(墓)자를 써서 토광묘(土壙墓)라고 했어. 흙으로 만든 구덩이에 시신을 넣은 무덤이란 뜻이지. 토광묘는 또 다시 '직장(直葬)토광묘', '목관(木棺)토광묘', '목곽(木槨)토광묘'로 나뉘는데, 관 없이 그냥 시신을 직접 구덩이에 묻는 방식이 '직장토광묘'고, 나무로 된 관(목관) 속에 시신을 넣고 구덩이에 묻는 방식이 '목관토광묘'야.

호 림 어? 그렇다면 지금도 우리는 목관토광묘를 사용하고 있네요? 동서양을 막론하고 대부분 나무로 된 관속에 시신을 넣은 뒤에 구덩이에 묻잖아요?

곽(槨)은 관을 넣기 위해서 외부에 따로 짜맞춘 시설이다

아 름 목관은 알겠는데, 목곽은 뭐죠?

아 빠 곽(槨)은 관을 넣기 위해서 외부에 따로 짜맞춘 시설을 말해. 쉽게 말해 관을 둘러싸는 큰 상자나 방이야.

호 림 아, 성냥곽 할 때의 곽!

아 름 그렇다면, 곽(槨) 속에 관(棺)이 있고, 관(棺)속에 시신이 있는 거네요?

아 빠 맞았어. 그런데 곽(槨)을 나무로 만들면 목곽(木槨), 돌로 만들면

석곽(石槨)이라고 불러. 곽(槨)은 관에 덧대어 만들기 때문에 순우리말로는 '덧널'이라고 부르지. 그래서 목곽묘는 '덧널무덤' 또는 '나무덧널무덤', 석곽묘는 '돌덧널무덤'이라고 해. 그렇다면 '목곽토광묘'는 무슨 뜻이지?

아 름 관을 넣기 위해 따로 짜맞춘 시설인 곽(槨)을 나무로 만든 토광묘입니다. 맞죠?

아 빠 응, 그리고 목관토광묘를 줄여서 '목관묘'라고 하고, 목곽토광묘를 줄여서 '목곽묘'라고 해. 왜냐하면 기본적으로 모든 무덤이 땅을 파서 무덤을 만들기 때문에 특별히 토광이라는 말이 없어도 다 알아듣기 때문이야. 다만 '직장토광묘'는 직장묘라고 하지 않고 그냥 토광묘라고 불러. 지금까지 가르쳐 준 것을 정리하면 이렇게 돼.

(흙무덤 계열)

토광묘(土壙墓, 널무덤)

- 직장토광묘(直葬土壙墓), 토광묘, 널무덤
- 목관토광묘(木棺土壙墓), 목관묘, 나무널무덤
- 목곽토광묘(木槨土壙墓), 목곽묘, 나무덧널무덤

호 림 나무로 된 관이 있다면, 나무가 아닌 재료로 만든 관도 있나요?

우리나라 고분에도 피라미드는 있다

아 빠 그럼. 돌로 된 관을 묻는 무덤도 있어. 그런 무덤을 석관묘(石棺墓)라고 하고 순우리말로는 돌널무덤이야. 그 뿐만 아니라 곽(槨)을 돌로 만든 무덤을 석곽묘(石槨墓), 또는 돌덧널무덤 이라고 해.

아 름 돌로 어떻게 관을 만들어요?

아 빠 그건 깬 돌이나 평평한 판 모양의 돌을 잇대어서 만들어. 한편 돌무지 무덤도 있어. 한자로는 쌓을 적(積), 돌 석(石), 무덤 총(塚)자를 써서 적석총(積石塚)이라고 해. 보통 일반적인 무덤은 흙으로 봉토를 만들지만, 적석총은 돌만으로 쌓아 올린 무덤이야.

호 림 혹시 피라미드와 같은 무덤?

아 빠 그렇지, 피라미드도 적석총이야. 그런데 우리나라 고분에도 피라미드가 있는 것을 아니?

호 림 우리나라 고분에 무슨 피라미드가 있어요? 농담하지 마세요.

아 빠 아냐, 피라미드는 이집트뿐만 아니라 전세계에 퍼져 있어. 다만 크기와 모양이 조금씩 다를 뿐이야. 특히 라틴 아메리카에 있는 피라미드는 아주 유명한데, '치첸이사'의 피라미드가 대표적이지. 뿐만 아니라 고구려 고분인 장군총도 피라미드이고, 잠실의 석촌동에 있는 백제고분도 피라미드야.

아 름 정말 생각해 보니 그러네요?

석촌동 백제고분 제2호분

경주시내의 신라고분은 대부분 적석목곽분(돌무지 덧널무덤)이다

아 빠 그런데 적석총의 무덤방은 목곽으로 되어 있는 경우도 있고, 또는 석곽으로 되어 있는 경우가 있어서 두 개의 종류가 더 추가 돼. 그것을 적석목곽분, 그리고 적석석곽분이라고 하는데, 순우리말로는 돌무지 덧널무덤과 돌무지 돌덧널무덤이라고 해. 지금까지 가르쳐 준 것을 또 한번 정리하면 이렇게 되지.

(돌무덤 계열)

석관묘(石棺墓), 돌널무덤

석곽묘(石槨墓), 돌덧널무덤

적석총(積石塚), 돌무지무덤

- 적석목곽분(積石木槨墳), 돌무지 덧널무덤
- 적석석곽분(積石木槨墳), 돌무지 돌덧널무덤

엄 마 참고로 경주시내의 신라고분은 대부분 적석목곽분이란다. 그런데 여보, 옛날 학창시절 학교에서 배울 때, 수혈식이니 횡혈식이니 하는 용어를 배웠는데 그건 어떤 뜻이에요?

무덤방으로 접근하는 방향에 따라 구덩식(수혈식)과 굴식(횡혈식)으로 나뉜다

아 빠 응, 그것은 무덤을 만드는 방식을 크게 두가지로 분류한 거야. 우선 수혈식은 세울 수(竪), 구멍 혈(穴)자를 쓰는데, 위에서 밑으로 시신을 넣도록 되어 있는 방식이야. 그래서 순우리말로는 '구덩식'이라고 해.

호 림 '구덩식'이라고 하니 쉽게 이해할 수 있어요.

아 빠 예나 지금이나 대부분의 무덤은 수혈식이야. 그런데 이에 반해서 횡혈식은 가로 횡(橫), 구멍 혈(穴)자를 쓰는데, 시신을 묻기 위해서 지면과 수평으로 판 길을 통해서 무덤방(널방)으로 들어가는 무덤 방식이야. 새로 바뀐 용어로는 '굴식'이라고 해.

아 름 그렇다면 무덤방까지 들어가는 길이 필요하겠네요?

아 빠 오, 아름이의 추리력이 대단한 걸? 횡혈식 또는 굴식 무덤에는 무덤의 입구에서 시신이 안치되어 있는 방에 이르는 통로가 필요해. 그 길을 '널길'이라고 하고, 어려운 한자용어로는 '무덤길 연(羨)', '길 도(道)'자를 써서 연도(羨道)라고 해.

엄 마 무덤을 만들 때 쉽게 '구덩식'으로 할 수도 있었을 텐데, 굳이 복잡하게 '굴식'으로 만드는 이유가 뭐죠?

아 빠 구덩식, 또는 굴식이라는 용어는 무덤으로 진입하는 방향을 뜻하는 것이고, 굴식 무덤의 실제 만들어진 무덤양식은 대부분 돌방무덤 양식이야. 돌방무덤은 한자용어로 석실묘(石室墓) 또는 석실분(石室墳)이라고 하는데, 지하에 구덩이을 판 후에 돌을 이용해서 무덤방을 만들고, 그 다음에는 측면에 입구를 따로 만들어서 출입시설을 마련한 무덤 방식이야. 굴식 돌방무덤을 한자용어로는 '횡혈식 석실분(橫穴式 石室墳)'이라고 해. 이렇게 무덤 구조를 복잡하게 만든 이유는 합장(合葬) 혹은 추가장(追加葬)을 전제로 하는 무덤이기 때문이야. 아마도 부부합장의 전통이 생겨났던 것으로 추정이 돼.

아 름 혹시, 널길이 없는 굴식 돌방무덤도 있나요?

아 빠 아름이의 질문이 점점 수준이 높아지는데? 널길이 없는 형태의 굴식 무덤도 당연히 있는데, 이 때에는 널길이 있는 '굴식 돌방무덤'과 구분하기 위해, '앞트기식 돌방무덤'이라고 불러. 한자로는 '횡구식 석실분(横口式 石室墳)'이라고 하는데, 굴식 돌방무덤의 변형으로 볼 수 있어.

'전방후원분'은 고대의 한일 문화교류를 말없이 증명하고 있다

호 림 지금까지 한꺼번에 참 많은 종류의 무덤양식을 공부를 했네요. 이 정도면 거의 모든 고분양식을 한번씩 다뤄봤을 것 같아요.

엄 마 호림아, 고분의 종류는 엄청나게 다양해. 특히 공주에는 우리나라에서 아주 독특하면서도 유명한 고분도 있단다.

아 름 공주의 고분이라면... 아, 무령왕릉!

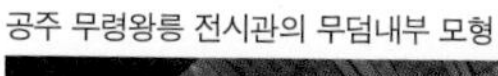
공주 무령왕릉 전시관의 무덤내부 모형

아 빠 그래, 무령왕릉은 벽돌로 만든 고분인데, '벽돌무덤' 또는 '전축분(塼築墳)'이라고 해. 무덤의 건축재료로 벽돌을 사용한 것이 매우 독특하지. 게다가 무덤 중에는 관(棺)을 '나무'나 '돌'이 아닌 '옹기'로 만든 무덤도 있어. 그런 무덤을 '독무덤' 또는 '옹관묘(甕棺墓)'라고 하지. 한편 한국과 일본의 문화교류를 뒷받침 해주는 '장구형 무덤' 또는 '전방후원분(前方後圓墳)'도 있어.

아 름 와! 정말, 고분의 세계는 참 다양하구나!

뱀의 발 장구형 무덤(전방후원분)

장구형 무덤(영:Keyhole-shaped tomb)은 본래 일본에서 서기 3~6 세기 고분시대에 지배층 사이에서 유행했던 무덤 양식이다. 일본에서는 '전방후원분'이라고 한다. 생긴 것이 마치 대한민국의 전통 악기인 장구와 흡사해서 붙여진 이름으로, 최근 대한민국의 전라남도 광주, 함평군 등지에서 발견되어 학계에서 논란이 되고 있다. 실제 대한민국의 장구형 무덤에서 발견되는 유물들은 일본풍의 유물들이 발굴되기 때문에 임나일본부설의 근거가 될 소지도 있다.

대한민국에서는 5~6세기에 지어졌을 것으로 추정되는 장구형 무덤이 발견되고 있어 일본의 무덤의 원류라고 보기는 힘들다. 현재 대한민국 학계에서는 왜의 사람이 백제에 정착하여 살다가 죽을 때 백제의 양식을 따르기보다는 왜 본래의 무덤 양식인 장구형 무덤을 택했다는 설이 우세하다. 이 외에도 다양한 주장이 있지만, 아직 무엇이 확실히 맞다고 할 만한 것은 없다. 하지만 장구형 무덤의 발견은 적어도 이른 시기부터 왜와 백제는 서로 교류를 해 왔음을 확실히 보여주는 유적임은 틀림없는 사실이다. (출처: 위키백과)

고분의 정의

고분의 발생시기는
고구려, 백제, 신라, 가야 등 고대국가의 성립시기와 거의 일치한다

호 림 아빠, 지금까지 '고분'이라는 말을 많이 사용했는데, 옛날 무덤이면 모두 다 고분인가요?

아 빠 그 대답을 하기 전에 이번에는 거꾸로 내가 질문을 할게. 고인돌을 고분이라고 하니?

호 림 아뇨.

아 빠 그럼 조선왕릉을 고분이라고 하니?

호 림 그것도 아닌 것 같아요. 게다가 고려왕릉도 고분이라고 하지 않아요.

아 름 하지만, 경주에 있는 신라왕릉들이나 공주나 부여에 떼지어 있는 백제의 무덤들은 고분이라고 하잖아. 아! 그러고 보니 고분이 나타나는 특정한 시대가 있는 것 같아요. 최소한 고인돌이 많았던 청동기시대 이후, 그리고 고려 이전까지인 것 같아요.

엄 마 음... 그 시기를 한마디로 요약한다면, 부족단위의 사회에서 벗어나 고대국가를 건국하던 시점부터 삼국이 통일되던 시기까지 라고 할 수 있겠군요.

아 빠 맞았어. 그렇지만 시기적인 면뿐만 아니라, 무덤의 겉모습과 크기, 무덤외부의 시설과 내부의 구조, 그리고 무덤의 내부에서 출토된 다양한 부장품(껴묻거리) 등을 종합해서 판단해야 하고, 마지막으로 이 무덤의 주인공이 지배층이어야 한다는 거야. 즉, 지배계급들이 자신들의 우월한 정치, 경제, 혹은 종교상의 권위를 과시하기 위해서 피지배계급 과는 전혀 다른 형태로 만든 무덤을 말해.

고분이 초기 평지에서 만들어지다가, 후기로 갈수록 구릉지 또는 산 기슭쪽으로 이동한다

아 름 아빠, 고분은 신라의 고도인 경주나 백제의 고도인 공주, 부여지역에 떼지어 몰려있는 경우가 많은데, 고분의 위치선정에는 특별한 원칙이 있나요?

아 빠 신석시시대 이후에 인간이 어느 정도 체계적인 사회를 이루고 살게 되면서부터, 묘지는 주거지와는 떨어진 곳에 가족의 공동묘지 또는 씨족의 공동묘지로 조성이 되었어. 이런 전통이 어느정도 지속되었기 때문에 초기의 고분도 대체로 혈연적인 관계로 이루어진 최고 지배계층의 공동묘지가 많아.

호 림 그럼 고분은 모두 왕과 왕비의 무덤인가요?

아 빠 고분의 주인공이 최고 지배계층인 것은 분명하지만 그렇다고 꼭 왕과 왕비 만의 무덤은 아니야. 하지만 통일신라시대 이후에는 종래의 고분양식이 급격히 줄어들고, 대신 왕과 왕비의 무덤인 왕릉이

단독으로 조성되기 시작해. 이는 아마도 최고권력자의 정치적, 사회적 권위가 극대화 되었다는 것을 뜻하는 것 같아.

엄 마 내가 알기에 우리나라의 고분들은 초기에는 평지에서 만들어지다가 시기가 뒤로 가면서 점점 구릉지나 산쪽에 분포했다고 들었어요. 만약 그렇다면 이유가 뭘까요?

아 빠 고구려의 초기고분은 압록강변이나 만주의 평야지대에 만들어지다가, 후기에는 산을 뒤로 하고 넓은 평야를 앞에 둔 구릉지대 또는 산 중턱의 남쪽 경사면에 무덤을 많이 조성했어. 백제의 고분도 초기 한성백제 시절에는 잠실 석촌동 고분군 처럼 평지에 만들어지다가, 후기 웅진백제, 사비백제 시대에는 산 기슭으로 이동을 했는데...

엄 마 송산리 고분군과 능산리 고분군처럼 말이죠?

경주 대릉원 가운데 낙타 등 모양이 황남대총

부여 능산리 고분군

아 빠 그렇지. 뿐만 아니라 신라도 초기에는 경주시내의 대릉원처럼 평지에 주로 고분이 만들어지다가, 중기 이후에는 고분이 산 쪽으로 이동을 했어. 공교롭게도 삼국의 고분이 모두 평지에서 산지로 이동하는 비슷한 추세를 보이는데, 이것은 아마도 전통적인 산악숭배사상과 배산임수를 따지는 풍수지리의 영향인 것 같아.

엄 마 아! 그런 비슷한 예를 삼국시대 불교사찰에 대해서 공부할 때 들었던 것 같아요.

아 빠 잘 기억하고 있었네? 삼국시대 불교의 중심사찰이었던 백제 부여의 정림사지나 신라 경주의 황룡사지, 분황사지 등에서도 비슷한 과정을 확인할 수 있어. 그 사찰들은 모두 나라를 대표하는 사찰인데 옛날 도읍지의 한 가운데 자리잡은 평지가람 형식이었어. 하지만 신라가 삼국을 통일한 이후에 만들어지는 사찰들은 대부분 산속에 자리를 잡았지. 대표적인 경우가 토함산 속에 있는 석굴암과 불국사야.

부여 정림사지 터

뱀의 발 사적으로 지정된 우리나라의 고분군

연번	종 목	명 칭	지정일
1	사적 제13호	공주 송산리 고분군 (公州 宋山里 古墳群)	1963.01.21
2	사적 제14호	부여 능산리 고분군 (扶餘 陵山里 古墳群)	1963.01.21
3	사적 제43호	경주 금척리 고분군 (慶州 金尺里 古墳群)	1963.01.21
4	사적 제75호	김해 구산동 고분군 (金海 龜山洞 古墳群)	1963.01.21
5	사적 제79호	고령 지산동 고분군 (高靈 池山洞 古墳群)	1963.01.21
6	사적 제86호	성주 성산동 고분군 (星州 星山洞 古墳群)	1963.01.21
7	사적 제93호	양산 북정리 고분군 (梁山 北亭里 古墳群)	1963.01.21
8	사적 제94호	양산 신기리 고분군 (梁山 新基里 古墳群)	1963.01.21
9	사적 제95호	양산 중부동 고분군 (梁山 中部洞 古墳群)	1963.01.21
10	사적 제119호	고성 송학동 고분군 (固城 松鶴洞 古墳群)	1963.01.21
11	사적 제120호	고성 내산리 고분군 (固城 內山里 古墳群)	1963.01.21
12	사적 제142호	경주 서악동 고분군 (慶州 西岳洞 古墳群)	1964.08.29
13	사적 제164호	진주 평거동 고분군 (晋州 平居洞 古墳群)	1968.12.19

연번	종 목	명 칭	지정일
14	사적 제165호	고령 고아리 벽화 고분 (高靈 古衙里 壁畵 古墳)	1968.12.19
15	사적 제239호	거창 둔마리 벽화 고분 (居昌 屯馬里 壁畵 古墳)	1975.01.08
16	사적 제243호	서울 석촌동 고분군 (서울 石村洞 古墳群)	1975.05.27
17	사적 제261호	김해 예안리 고분군 (金海 禮安里 古墳郡)	1978.06.23
18	사적 제262호	대구 불로동 고분군 (大邱 不老洞 古墳群)	1978.06.23
19	사적 제270호	서울 방이동 고분군 (서울 芳荑洞 古墳群)	1979.12.28
20	사적 제273호	부산 복천동 고분군 (釜山 福泉洞 古墳群)	1981.06,09
21	사적 제313호	영주 순흥 벽화 고분 (榮州 順興 壁畵 古墳)	1985.11.07
22	사적 제319호	청주 신봉동 고분군 (淸州 新鳳洞 古墳群)	1987.07.18
23	사적 제326호	합천 옥전 고분군 (陜川 玉田 古墳群)	1988.07.28
24	사적 제327호	창원 다호리 고분군 (昌原 茶戶里 古墳群)	1988.09.03
25	사적 제328호	경주 용강동 고분 (慶州 龍江洞 古墳)	1989.01.14
26	사적 제336호	구미 낙산리 고분군 (龜尾 洛山里 古墳群)	1990.10.31
27	사적 제341호	김해 대성동 고분군 (金海 大成洞 古墳群)	1991.01.09
28	사적 제347호	익산 입점리 고분 (益山 笠店里 古墳)	1991.02.26
29	사적 제350호	경주 구정동 고분군 (慶州 九政洞 古墳群)	1991.03.30
30	사적 제404호	나주 복암리 고분군 (羅州 伏岩里 古墳群)	1998.02.20
31	사적 제420호	부여 능안골 고분군 (扶餘 陵안골 古墳群)	2000.07.22
32	사적 제451호	화성 마하리 고분군 (華城 馬霞里 古墳群)	2003.08.29
33	사적 제454호	김해 양동리 고분군 (金海 良洞里 古墳群)	2004.07.24
34	사적 제460호	공주 수촌리 고분군 (公州 水村里 古墳群)	2005.03.03
35	사적 제463호	충주 누암리 고분군 (忠州樓岩里古墳群)	2005.03.25
36	사적 제470호	구미 황상동 고분군 (龜尾 黃桑洞 古墳群)	2006.03.07
37	사적 제475호	서산 부장리 고분군 (瑞山 副長里 古墳群)	2006.11.06
38	사적 제476호	경주 황성동 고분 (慶州 隍城洞 古墳)	2007.01.02
39	사적 제500호	용인 보정동 고분군 (龍仁 寶亭洞 古墳群)	2009.06.24
40	사적 제513호	나주 반남 고분군 (羅州 潘南 古墳群)	2011.07.28
41	사적 제514호	창녕 교동과 송현동 고분군 (昌寧 校洞과 松峴洞 古墳群)	2011.07.28
42	사적 제515호	함안 말이산 고분군 (咸安 末伊山 古墳群)	2011.07.28
43	사적 제516호	경산 임당동과 조영동 고분군 (慶山 林堂洞과 造永洞 古墳群)	2011.07.28

서울과 천안에서 만나는 고구려 고분

아 름 아빠, 삼국시대의 고분 중에서 고구려 고분은 북한지방에 있기 때문에, 지금으로서는 우리가 전혀 가 볼 수가 없는데, 고구려 고분을 제대로 이해하려면 어떻게 해야 하나요?

엄 마 고구려 고분은 북한지방뿐만 아니라 중국에도 많이 있단다. 고구려의 옛 영토가 엄청나게 넓었기 때문이야. '백문이 불여일견'이라는 말도 있듯이, 제대로 고구려 고분공부를 하려면 실제 눈으로 봐야 하는데 북한에는 전혀 갈 수도 없고, 그렇다고 중국까지 가기도 쉽지 않으니, 이를 어쩌나...

아 빠 '꿩 대신 닭'이라는 말도 있잖아? 실제 고구려 고분을 쉽게 가 볼 수 없는 현실을 대신해서, 서울 시내와 천안에도 고구려 고분의 일부분을 모형으로 만들어 둔 곳이 있어.

호 림 고구려 고분의 모형이요?

아 빠 응, 우선, 용산에 있는 국립 중앙 박물관 1층의 선사, 고대관 중에서 고구려실에 가면, 국립 중앙 박물관이 소장하고 있는 고구려 무덤벽화 모사도를 활용한 테마전이 마련되어 있어서, 고구려 고분의 분위기를 살짝 맛볼 수 있어. 주로 북한의 평안남도 남포시에 있는 강서대묘와 강서중묘의 사신도를 전시해.

아 름 학교에서 배웠기 때문에 사신도라면 저도 잘 알아요. 특히 북쪽의 현무 그림이 가장 유명해요.

아 빠 또, 천안에 있는 독립기념관의 제1전시관에는 춤추는 그림으로 유명한 '무용총'의 실물모형이 만들어져 있어. 그리고 서울 잠실에 있는 롯데월드 민속박물관 내의 역사전시관 고구려 문화 전시실에도 황해도 안악군에 있는 `안악 3호분`의 벽화내용이 실물 형태로 형상화 되어 있는데, 벽화뿐만 아니라 전시실 입구에 있는 8각의 돌기둥은 평안남도 용강군에 있는 쌍영총의 8각 기둥을 본떠서 만든 거야. 그리고 전시실의 중앙에는 안악 3호분의 벽화내용 중 대행렬도를 완벽하게 모 형으로 만들어서 전시를 해 두었어. 재미있는 사실

강서대묘현무(롯데월드 민속박물관 고구려실 전시품)

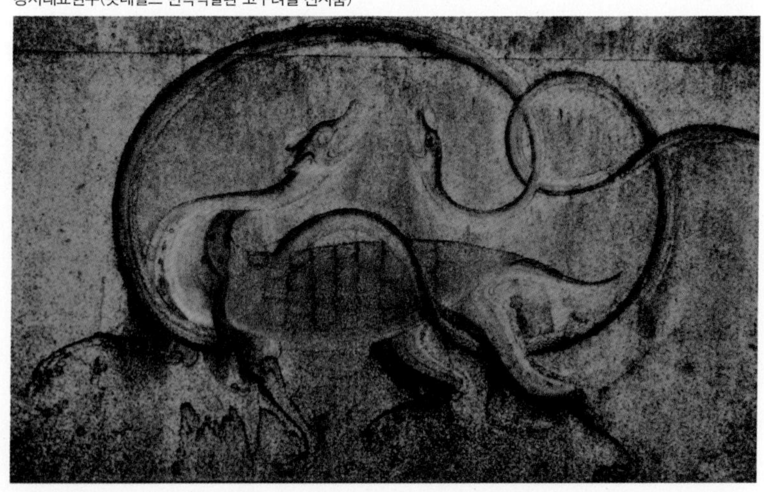

은 고구려 벽화고분이 시기별로 전기, 중기, 후기로 나눠지는데 안악 3호분과 무용총, 그리고 강서대묘의 벽화가 각각 전기와 중기 그리고 후기를 대표하는 작품이라는 거야.

엄 마 여보, 아이들에게 말로만 할 것이 아니라, 직접 보여 주면서 설명해야죠! 잠실로 갑시다.

호 림 나도 대찬성이요! 그리고 거기까지 간 김에 놀이기구도 좀 타고 놀아요, 네?

아 름 저도 찬성에 한표 던졌습니다.

아 빠 좋아, 그럼 롯데월드 민속박물관을 돌아본 뒤, 놀이기구도 잠깐 타고 나서, 그 옆의 석촌동 백제고분까지 들렀다 오자!

뱀의 발 잠실 롯데월드 민속박물관 이용안내

○ 관람시간: 오전 9시 30분 ~ 오후 8시 (오후 7시까지 입장,연중무휴)

○ 관람요금

	어른	중고생	어린이
개 인	5,000원	3,000원	2,000원
단체(20명 이상)	3,500원	2,500원	1,500원

- 어른 : 대학생포함 / 중고생:경로우대자 포함 / 어린이:만 4세 이상
- 36개월 미만 어린이는 무료 입장 (단, 단체 입장객은 제외)

※36개월 미만어린이는 의료보험증 또는 주민등록등본과 보호자 신분증을 제시하여야 함.

이용 문의 : 롯데월드 민속박물관 (02)411-4761~5

고구려 고분과 세계문화유산

잠실 롯데월드 민속박물관으로 가는 전철

중국이 신청하여 세계문화유산이 된 고구려 고분

아 빠 자, 고구려 고분에 대해 미리 좀 알아볼까? 우선 고구려는 도읍지를 여러차례 옮겼는데, 고분은 지배계층의 무덤이기 때문에 대체로 도읍지 주변에 많이 몰려있어.

호 림 아, 그래서 조선왕릉도 조선의 도읍지였던 서울근처에 몰려 있구나!

아 빠 그렇지. 고구려의 초기 도읍지는 '오녀산성'으로도 불리는 '졸본성(卒本城)'이었는데, 지금의 중국 랴오닝성〔遼寧省〕 환런현〔桓仁縣〕이고, 기원후 3년경에 '국내성(國內城)'으로 수도를 옮겼는데, 지금의 중국 지린성(吉林省) 지안현(集安縣)이었어. 그 두 곳은 모두 압록강과 그 지류를 끼고 자리를 잡았어. 그런 이유 때문에 고구려의 초기 고분들도 그 두 지역에 집중적으로 나타나는데, 무려 1만2천기가 넘는 고분들이 남아 있어. 세계 최대의 고분군이지.

엄 마 그 지역의 고구려 고분들은 그런 고고학적 가치를 인정받아서

2004년 중국이 유네스코에 신청하여 '고대 고구려 왕국의 수도와 묘지들 (Capital Cities and Tombs of the Ancient Koguryo Kingdom)'이라는 이름으로 세계문화유산에 등재가 되었단다.

호 림 아니, 고구려는 우리민족의 나라인데, 왜 중국이 세계문화유산으로 신청을 해요? 말도 안돼!

아 빠 그것이 중국이 노리는 동북공정이라는 것이야.

아 름 동북공정? 그게 뭔가요?

아 빠 동북공정은 동북변강역사여현상계열연구공정(東北邊疆歷史與現狀系列硏究工程)의 줄임말인데, 우리말로 살짝 바꾸자면 '동북 변경 지역의 역사와 현상에 관한 체계적인 연구 과제'야. 간단히 말하자면 중국의 국경 안에서 전개된 모든 역사를 중국의 역사로 편입하려는 연구 프로젝트야.

뱀의 발 동북공정 (東北工程)

동북공정(東北工程)은 중국 동북부 지역의 역사와 현황에 관련하여 2002년 초부터 2004년 초까지 2007년 이후 지금까지 변강사지연구중심(邊疆史地硏究中心)에서 실시된 연구 작업을 뜻한다. 정식 명칭은 동북변강역사여현상계열연구공정(東北邊疆歷史與現狀系列硏究工程)이다. 동북공정은 중화인민공화국 정부의 공식적인 정책에 의한 국책사업이며, 통일적 다민족국가론에 입각한다.

통일적 다민족국가론은 중국이 동북공정, 서남공정, 서북공정 등의 역사공정에서 기본으로 삼는 논리로서, 현재 중국 땅에 있는(혹은 과거에 지금의 중국 땅에 있었던) 모든 민족은 중국인에 속하며, 그들의 역사 또한 중국의 역사라는 것이다. 통일적 다민족국가론에 의하면 조선족의 역사는 중국사에 포함된다. 실제로 중국이 통일적 다민족국가론을 내세우는 것을 반영하는 예로서, 조선족 자치구 길림성의 만천성국가삼림공원에는 웅녀상이 건립돼있다. 즉, 웅녀가 한민족의 시조모가 아닌 조선족의 시조모이며, 조선족은 중국인에 속하므로 웅녀는 중국인의 시조모이기도 하다는 논리이다.

한편, 서북공정(西北工程)은 현재 중국의 소수 민족인 위구르족을 중화인민공화국의 영토화, 역사화하려는 통일적 다민족 국가론에 입각한 공정연구이며, 서남공정(西南工程)은 현재 중국의 소수 민족인 티베트를 중화인민공화국의 영토화, 역사화하려는 통일적 다민족 국가론에 입각한 공정연구이다.

엄 마 그 때문에 중국은 우리의 고조선과 고구려, 발해를 중국의 지방자치정부라고 역사왜곡을 하고 있단다.

호 림 말도 안돼. 왜 우리 한민족의 나라를 자기네 것이라고 우겨요?

'통일신라시대' 대신 '남북조시대'라는 용어를 써야한다

아 빠 솔직히 말하자면 우리 역사학계도 그에 대한 일부 책임이 있어. 내가 그 이유 중의 하나를 알려 줄게. 우리 역사에서 고구려, 백제, 신라가 한반도의 주도권을 잡기 위해 서로 다투던 시기를 뭐라고 하지?

호 림 오늘은 아빠가 이상하게도 쉬운 것을 물어보네요? 정답은 '삼국시대'입니다.

아 빠 잘했다. 그러다 서기 660년과 668년에 신라는 당나라의 힘을 빌어 차례로 백제와 고구려를 쓰러뜨렸어. 그 사건을 우리 역사에서는 뭐라고 부르지?

호 림 그것도 너무 쉽다. 신라의 '삼국통일'이요.

아 빠 좋아, 그런 다음, 얼마 지나지 않아서 고구려의 유민들이 다시 옛 고구려 영토에 '발해'를 건국했어. 그 당시를 우리역사에서는 무슨 시대라고 하지?

아 름 신라가 삼국을 통일 했기 때문에 당연히 '통일신라시대'라고 부르죠. 그 정도는 학교에서 이미 다 배웠어요.

아 빠 이번 질문에는 아주 깊이 생각을 하고 답을 말해 봐. 우리 스스로가 신라를 '통일신라'로 부르는 순간, 우리 역사에서 '발해'는 어떻게 되지?

엄 마 나도 듣고 보니 뭔가 이상해요. 통일신라 라고 부르는 순간, 발해는 자연스럽게 우리 역사에서 제외되는 결과가 나와요. 왜냐하면 신라는 이미 통일을 했다고 우리 스스로가 인정을 해 버렸으니...

아 빠 바로 그런 점이 우리 역사학계가 중국과의 논리싸움에서 밀리게 되는 빌미를 주는 거야.

호 림 그럼 '통일신라시대'를 뭐라고 불러야 되요? 절반통일신라시대?

아 빠 '남북조시대'라고 부르면 돼. 남쪽에는 신라, 북쪽에는 발해가 있는 거야. 그렇게 된다면 우리나라 최초의 통일국가는 신라가 아니라 고려가 되겠지?

중국과 우리는 역사를 바라보는 관점이 다르다

호 림 그런데 중국이 고구려 고분을 세계문화유산으로 신청을 했을 때, 북한은 도대체 뭐하고 있었대요? 북한에도 고구려 고분이 많이 있잖아요? 생각할수록 열받네!

아 빠 호림아, 너무 흥분할 필요는 없어. 중국이 2004년 '고대 고구려 왕국의 수도와 묘지들 (Capital Cities and Tombs of the Ancient Koguryo Kingdom)'이라는 이름으로 세계문화유산을 신청했을 때, 북한도 '고구려 고분군 (Complex of the Koguryo Tombs)'라는 이름으로 신청해서 동시에 세계문화유산 목록에 등재가 되었어. 그것이 지금까지 북한의 유일한 세계문화유산이야.

엄 마 내가 생각해 보니 이런 문제가 발생한 것은 고구려의 초기 도읍지가 지금은 중국의 국경 안에 있어서 그렇게 된 것 같아요. 첫 도읍지였던 '졸본성'과 두번째 도읍지였던 '국내성'이 모두 지금은 중국의 국경 안에 있어요. 하지만 세번째 도읍지였던 '평양성'은 다행히 북한에 있어서 그나마 고구려를 우리역사에서 지킬 수 있는 것 같아요.

아 빠 중국과 우리의 역사분쟁이 벌어지는 것은 역사를 바라보는 서로의 관점이 달라서야. 무슨 말이냐 하면 우리의 역사는 '민족의 역사'야. 따라서 비록 나라는 망했어도 고구려와 발해 역시 우리 한민족이 세운 나라이기 때문에 우리 역사에 편입되어야 한다고 믿고 있는 거야. 하지만 중국은 우리와 같은 단일민족 국가가 아니라, 한족을 중심으로 56개 소수민족이 함께 사는 나라야. 따라서 중국의 역사는 '민족의 역사'가 아닌 '땅의 역사'가 될 수 밖에 없어.

아 름 중국의 역사는 땅의 역사다? 쉽게 이해할 수 있는 좋은 예를 하나만 들어주세요.

아 빠 그럴까? 1206년에 칭기즈 칸이 세운 몽골제국은, 원래 중앙아시아 몽골지방에 흩어져 살던 유목민족들이었지만, 치열한 정복전쟁을 통해서 유럽과 아시아 대륙에 걸친 사상최대의 제국을 건설했어. 당연히 중국도 송나라를 멸망시킨 몽골에게 정복되어 이민족의 지배를 받게 되는 데, 그 때 한족(漢族)은 몽골인들로부터 극심한 차별정책을 받으면서 노예와 같은 생활을 했다고 해. 그런 몽골제국이 칭기즈 칸 사후에 제5대 칸의 지위에 오른 '쿠빌라이'에 이르러서는 중국에서의 국호를 원(元)나라로 개칭하고, 1368년 명나라를 건국하는 주원장(朱元璋)에게 쫓겨나갈 때까지 중국을 지배했어.

호 림 그런 이민족이 세운 원나라도 중국역사에 포함이 되었다는 말씀이죠?

아 빠 중국의 역사관이 우리와는 시각이 다르다는 것을 말해 주려고 예를 든 것뿐이야. 그러나, 아무리 그렇다고 해도 우리 한민족의 자랑인 고구려 역사를 자기네 역사에 슬며시 집어넣으려는 중국의 태도는 우리로서는 도저히 묵과할 수 없지. 그렇다고 중국과 물리적으로 충돌할 수는 없잖아? 우리가 할 수 있는 범위 내에서 최선을 다해 우리의 소중한 역사를 지켜내는 것이 중요해. 그런 방법 중 하나가 바로 고구려와 발해 등 우리 선조들의 역사와 문화를 열심히 공부하는 것이야.

아 름 아빠, 알겠어요. 앞으로도 열심히 우리 선조들의 역사와 문화를 배우도록 노력할게요.

고구려 고분의 시대적 변천

고구려 고분은
초기 돌무지무덤(적석총)에서 후기 흙무덤(봉토분封土墳)으로 변화했다

호 림 세계문화유산으로 중국이 신청했든, 북한이 신청했든, 공통점은 모두 고구려의 고분들이잖아요? 고구려의 고분들에 대해 이해하기 쉽게 잘 좀 정리해 주세요.

아 빠 그렇잖아도 그 이야기를 막 하려던 참이었어. 압록강과 그 지류를 끼고 자리를 잡고 있었던 초기의 도읍지 '졸본성'과 '국내성' 과는 달리, 새롭게 고구려의 도읍지가 된 '평양성'은 대동강을 끼고 있어. 따라서 같은 고구려라고 하더라도 시간과 거리의 차이로 인해 모든 문화가 약간씩 다를 수 밖에 없어.

무덤도 마찬가지야. 우선 고구려는 중국의 한족과 같은 농경민족 출신이 아니라, 거친 북방의 대륙을 내달리던 기마민족 출신이야. 따라서 고구려의 전통적인 무덤은 농경민족이 주로 사용하던 '흙무덤'이 아니라, '돌무덤'이었어.

엄 마 추운 북쪽에 사는 민족에게 돌무덤의 전통이 생긴 것은 겨울에 땅이 꽁꽁 얼어서, 시신을 묻기 위해 땅을 파기 어려운 자연적인 환경 때문에 생긴 전통인가요?

아 빠 아마도 그런 영향도 있었던 것 같아. 비슷한 예로 고인돌 역시 추운 북쪽지방에는 무덤방을 지상에 만드는 탁자식 고인돌이 많고, 따뜻한 남쪽 지방에는 무덤방을 지하에 만드는 바둑판식이나 개석식 고인돌이 많지.

아 름 아무리 세월이 흘러도 기후가 인간들에게 주는 영향은 비슷하구나.

아 빠 그런데 고구려의 도읍지가 '국내성'일 때까지의 무덤이 순수한 돌무덤 계통이 주류를 이루었다면, 상대적으로 남쪽 지방인 '평양성'으로 도읍을 옮긴 이후에는, 무덤의 양식에 약간씩 변화가 일어나기 시작해. 즉, 무덤의 내부는 돌무덤의 전통이 이어지지만 외관은 흙무덤 양식으로 변화하기 시작하는 거야.

엄 마 한마디로 처음에는 돌무지무덤(積石塚: 적석총)이 주류를 이루다가, 뒤로 갈수록 흙무덤(封土墳: 봉토분)이 주류를 이룬다는 말이죠?

아 빠 그렇지. 우선 '돌무지무덤'부터 살펴볼까? '돌무지무덤'은 고구려 초기의 무덤양식인데, 압록강 유역에 주로 분포하고, 말 그대로 순수하게 돌만을 쌓아서 만든 무덤이야. 처음에는 강가의 충적대지 위에 주위에서 쉽게 구할 수 있는 강돌을 깔고, 그 위에 시신을 안치한 후에 무덤 전체를 무질서하게 돌로 덮은 아주 간단한 구조에서 출발을 했어.

엄 마 그런 구조라면 당연히 시신은 땅 위에 있겠군요!

아 빠 그렇지. 그것을 고고학 용어로 '매장주체부(埋葬主體部)'라고 하는데 시신을 직접 매장하는 중심부분을 뜻해. 그런데 고분의 규모가 점차 커지면서 쌓은 돌이 무너지는 경우가 생겨났어. 따라서 고분이 무너지지 않게 하기 위해서 기단(基壇)과 계단(階段)을 만들기 시작했고, 돌의 모양도 그냥 강돌이 아니라 체계적으로 쌓을 수 있도록 쪼갠 돌(割石: 할석)과 길다랗게 가공한 돌(長臺石: 장대석)을 사용하게 되었어. 또 매장주체부는 시신을 위에서 집어넣는 구덩식 돌덧널(수혈식 석곽)에서 옆으로 넣는 굴식 돌방(횡혈식 석실)으로 바뀌었어.

아 름 설명만 듣고서는 잘 모르겠어요. 그런 돌무지무덤의 가장 대표적인 것을 말씀해 주시면 쉽게 알 수 있을 것 같아요.

아 빠 돌무지무덤의 가장 발달된 모습이 바로 동방의 피라미드라고 불리는 장군총(將軍塚)과 광개토대왕의 무덤으로 추정되는 태왕릉(太王陵)이야.

장군총은 광개토대왕릉이 아니라 장수왕릉으로 추정된다

엄 마 어머? 장군총이 광개토대왕릉이 아니에요?

아 빠 응, 그 부분에 대해서는 논란이 많은 것이 사실이야. 하지만 몇 가지 이유로 인해서 장군총은 장수왕의 무덤으로, 그리고 태왕릉을 광개토대왕릉으로 보는 것이 다수의 견해야. 우선 태왕릉은 장군총보다 규모가 훨씬 더 커. 장군총은 한변의 길이가 31.5 m 이고 높이가 12.4m 인데 반해, 태왕릉은 상부가 무너진 상태임에도 불구하고 한변의 길이가 66m 이고 높이가 제3단 까지만 해도 14.8 m 임을 감안하면, 온전할 때의 높이는 적어도 30 m 이상이었을 것으로 추정이 돼.

호 림 단순히 크기가 크다고 광개토대왕릉이라고 판단하는 것은 아니겠죠?

아 빠 물론이지. 또 다른 근거는 바로 광개토왕릉비까지의 거리가 장군총보다도 더 가깝다는 것이야. 한편 물증도 있어. 태왕릉의 무덤에서 '원태왕릉안여산고여악(願太王陵安如山固如岳)'이란 글자가 새겨

뱀의 발 광개토대왕릉비 / 신묘년조 논란

광개토왕릉비(廣開土王陵碑)는 현재 중국 지린성 지안현 퉁거우에 있는 고구려 제19대 광개토왕의 능비이다.

414년 광개토왕의 아들 장수왕이 세웠으며, 응회암(凝灰岩) 재질로 높이가 약 6.39미터, 면의 너비는 1.38~2.00m이고, 측면은 1.35m~1.46m지만 고르지 않다. 대석은 3.35×2.7m 이다.네 면에 걸쳐 1,775자가 화강암에 예서로 새겨져 있다. 그 가운데 150여 자는 판독이 어렵다. 내용은 대체로 고구려의 역사와 광개토왕의 업적이 주된 내용이며, 고구려사 연구에서 중요한 사료(史料)가 된다. 또한 전한(前漢) 예서(隸書)의 서풍으로 기록되어 있어 금석문 연구의 좋은 자료가 된다. 이 비석은 조선 후기까지 확인된 적은 없었다. 그러다가 청의 만주에 대한 봉금제도가 해제된 뒤에야 비로소 발견되었다. 비석이 발견된 소식이 알려지자 여러 서예가나 금석학자들이 탁본을 만들었는데, 사람들이 보다 정교한 탁본을 만들기 위해 불을 피워 비석 표면의 이끼를 제거하는 과정에서 비면의 일부가 훼손되었고, 또한 석회를 발라 비면을 손상시킴으로써 이후 연구에 논란을 일으켰다. 특히 광개토왕릉비의 신묘년조는 아직도 큰 논란거리가 되고 있다.

신묘년조 논란: 신묘년조 논란은 영락 6년(395년) 기사에 실린 다음과 같은 부분에서 시작된 논란이다.

"百殘新羅 舊是屬民 由來朝貢 而倭以辛卯年來 渡海破百殘□□□羅 以爲臣民" - 백잔(백제)과 신라는 옛부터 속민으로 조공을 해왔다, 그런데 신묘년(391년)에 왜가 와서 바다를 건너 백잔을 깨뜨리고 □□□라를 신민으로 삼았다.

이 부분의 내용은 1888년에 일본인 학자 요코이 다다나오가 쌍구가묵본(雙鉤加墨本)을 바탕으로 한 비문내용을 공개함으로써 세상에 알려졌다. 후에 이 기사는 일본인 학자들에 의해 4세기 후반 진구황후(신공황후)의 한반도 남부지역 정벌을 입증해주는 증거로 활용되었으며, 이후에는 임나일본부설로 이어진다.

이후 한국인 학자들에 의해 연구가 진행되면서 이 기사에 대한 다른 해석이 등장하였다. 한학자이며 민족주의 역사학자인 정인보는 위 기사의 주어를 "倭"가 아닌 '고구려'로 보고, "신묘년 이래 왜가 도래하자 (고구려가) 바다를 건너 백잔을 치고 신라를 구원하여 신민으로 삼았다."로 해석한다. 이 해석이 현재 주류, 비주류를 가리지 않고 한국인 역사학자 대부분의 해석이다.

진 벽돌이 출토되었어. 내용은 '태왕릉이 산악처럼 안정되고 굳건하기를 원한다'는 뜻이야. 광개토대왕의 원래 이름이 뭔지 알지?

아 름 학교에서 배웠어요. 국강상광개토경평안호태왕(國岡上廣開土境平安好太王)이에요.

엄 마 뜻도 알고 있니?

아 름 뜻은 잘 몰라요.

아 빠 내가 해석해 줄게. 우선, 처음에 나오는 국강상(國岡上)은 광개토대왕께서 묻히신 지역을 의미하는 거야. 반드시 그런 것은 아니지만, 보통 초기와 중기의 고구려 왕의 이름은 대부분 그 왕이 묻힌 지역의 이름을 사용하거든. 예를 들면 모본왕, 민중왕, 고국원왕은 모본원, 민중원, 고국원 이라는 들판〔原〕의 이름에서 따왔고, 고국천왕, 동천왕, 중천왕, 서천왕, 미천왕은 개천〔川〕의 이름이라는 것을 쉽게 알 수 있지. 그리고 소수림왕은 숲〔林〕의 이름을 뜻해.

아 름 광개토(廣開土) 는 제가 알 것 같아요. 비교적 쉬운 한자로 되어 있어요. 넓을 광(廣), 열 개(開), 흙 토(土)! 흙은 곧 땅을 뜻하니깐 '땅을 넓게 개척한' 왕이란 뜻이죠?

아 빠 잘 했다. 그런데 해석할 때는 '광개토(廣開土)' 세 글자로 끝나는 것이 아니라, 한 글자를 더 붙여서 광개토경(廣開土境)까지 해석해야 해. 그렇게 되면 '땅의 경계를 넓게 개척한' 왕이란 뜻이야. 그리고 그 뒤에 나오는 평안(平安)은 말 그대로 나라를 평안하게 했다는 치세의 표현이고, 마지막에 나오는 호태왕(好太王)부분이 왕을 정식으로 높여 부르는 이름이야.

호 림 그럼, 원칙적으로는 '호태왕'이라고 불러야 하는 거 아닌가요? 아니면 다른 왕들처럼 묻힌 곳이 이름을 따서 '국강상왕'으로 불리거나!

아 빠 호림이 말에도 일리가 있어. 자, 그럼 이제 돌무지무덤(적석총)을 조금 더 자세히 분류해 볼게. 돌무지무덤은 매장주체부의 구조에 따라서 '돌덧널 돌무지무덤(석곽 적석총)', '널길붙은 돌덧널 돌무지무덤(羨道附: 연도부석곽, 적석총)', 그리고 '굴식 돌방(횡혈식 석실 적석총)'으로 나뉘어.

엄 마 돌덧널 돌무지무덤(석곽 적석총)은 매장주체부가 그냥 간단하게 돌덧널(석곽)으로만 되어 있는 돌무지무덤이고, 널길붙은 돌덧널 돌무지무덤(연도부 석곽 적석총)이라면, 돌덧널 돌무지무덤(석곽 적석총)에 형식적으로 널길인 연도가 붙어있다는 뜻이군요.

아 빠 그렇지. 마지막으로 '굴식 돌방 돌무지무덤(횡혈식 석실 적석총)'은 다시 천장의 구조에 따라서 '평천장'식 과 '궁륭천장'식으로 세분화 돼. '평천장'은 말 그대로 천장이 평평한 것인데, 장군총과 태왕릉이 모두 이런 방식이야. 한편 '궁륭천장'은 석굴암처럼 돔 형태의 천장을 말하는 것이야. 자, 지금까지 배운 것을 정리해 보면 이렇게 돼.

(고구려 적석총)

돌덧널 돌무지무덤(석곽 적석총)

널길붙은 돌덧널 돌무지무덤(연도부 석곽 적석총)

굴식 돌방 돌무지무덤(횡혈식 석실 적석총)

- 평천장식: 장군총, 태왕릉

- 궁륭천장식

엄 마 아! 이렇게 정리를 다시 한번 하고 나니깐, 고구려 초기 고분양식인 '돌무지무덤(적석총)'에 대한 것은 어느 정도 이해가 되었어요. 이제 남은 것은 후기 고분양식인 '흙무덤(봉토분)'이라고 했죠?

고구려 후기의 주류 고분양식은 흙무덤(봉토분)이다

아 빠 응, 봉토분은 외관상 일반적으로 분구(墳丘)에 흙을 쌓고 그 위에 잔디를 입히는 것이 보통이야. 그런데 봉토분도 내부구조에 따라서 구덩식 돌덧널(수혈식 석곽)과 굴식 돌방(횡혈식 석실) 구조로 나눠지지만 대부분이 굴식 돌방(횡혈식 석실)구조를 가지고 있어.

아 름 돌무지 무덤(적석총)에서 봉토분으로 바뀌는 것은 어떤 이유에서 인가요?

아 빠 학자들의 연구에 따르면, 낙랑지역이나 요동(遼東) 지방에 있던 중국 고분의 영향을 받았던 것으로 여겨진다고 해. 그리고 돌방무덤 중에는 돌방의 벽면에 그림을 그린 벽화고분이 일부 존재하고 있어서 그것을 통해 고구려인들의 사회상과 사상 등을 연구하는데 중요한 자료로 쓰이고 있어.

아 름 아, 그 유명한 고구려 고분벽화 말씀이죠?

엄 마 애들아! 고구려 고분벽화 하면 어떤 것들이 생각나니?

아 름 일단 그 유명한 사신도가 생각나구요, 물방울 무늬 옷을 입은 사람들이 춤추던 그림이 생각나요.

엄 마 춤추던 사람들이 있던 그 특이한 장면때문에 그 고분을 '무용총'이라고 한단다.

호 림 저는 '말을 달리던 사람이 호랑이에게 활을 쏘던 씩씩한 그림'도 생각나요.

엄 마 여보, 고구려의 고분벽화는 우리 아이들도 기억해 낼 만큼 잘 알려진 것들이 많은데, 그것을 한 눈에 들어오게 정리해 줄 수 있나요? 당신이라면 쉽게 할 수 있을 것 같아요.

고구려 벽화고분

고구려 벽화고분의 지역별 분류

아 빠 음... 한 눈에 들어오게 정리를 해 달라. 좋아, 그럼 고구려의 고분 중에서도 특별히 벽화 고분만을 따로 뽑아서 지역과 시대에 따라서 구분을 해 볼게. 먼저 지역별로 고구려의 주요 벽화고분을 정리해 보면 이런 표와 같아.

중국 지안현(集安縣) 지역	
우산하 고분군	우산하 41호분, 각저총, 무용총, 삼실총, 통구사신총, 오회분
산성하 고분군	미인총, 귀갑총
장천 고분군	장천1호분, 장천2호분

북한 평양, 남포, 안악 인근 지역	
평양시	개마총, 호남리사신총, 진파리고분, 전동명왕릉, 덕화리고분
남포시	수렵총, 쌍영총, 수산리고분, 강서대묘, 강서중묘, 덕흥리고분, 약수리고분, 용강대총
안악군	안악1호분, 안악2호분, 안악3호분

호 림 제가 알고 있는 '말을 달리던 사람이 호랑이에게 활을 쏘던 그림'은 북한 '남포시'에 있네요?

아 빠 아냐, 그 그림은 중국 지안현의 무용총에 있어.

호 림 무슨 말씀 이세요? 아빠가 보여 주신 표에는 '수렵총'이 남포시에 있다고 되어 있는 걸요?

아 빠 아하! 호림이가 헷갈릴 만도 하겠다. 사냥을 하는 장면을 그린 그림을 '수렵도'라고 하는데, '수렵도'가 나오는 유명한 고구려 고분은 두 개야. 하나는 북한의 남포시 수렵총에 있고, 나머지 하나는 중국 지안현 무용총에 있는데 그림의 내용은 서로 달라. 우리 모두가 친숙하고, 호림이가 말했던 수렵도는 무용총에 나오는 수렵도야.

호 림 우리가 잘 알고 있는 수렵도가 중국 지안현의 고분에 있다면, 왜 그 고분을 수렵총이라고 하지 않고 무용총이라고 불러요?

아 빠 그건 그 무덤 속의 그림이 많은데, 수렵도보다 무용도가 훨씬 더 유명하기 때문이야. 자세한 내용은 차차 설명해 줄게. 자, 이번에는 시기에 따라서 고구려의 주요 벽화고분을 분류할 차례인데, 우선 5세기 전반까지를 전기고분벽화, 6세기 전반까지를 중기고분벽화, 그리고 그 이후를 후기고분벽화로 나눠. 이렇게 시대별로 정리해 보면 이런 표와 같아.

전기 고분벽화	안악3호분, 안악1호분, 덕흥리고분, 전동명왕릉, 용강대총, 약수리고분
중기 고분벽화	무용총, 각저총, 수산리고분, 쌍영총, 안악2호분, 덕화리1호분, 덕화리2호분, 장천1호분, 진파리4호분
후기 고분벽화	강서대묘, 강서중묘, 호남리사신총, 진파리1호분, 오회분4호묘

아 름 시대를 나누는 기준은 무엇인가요?

아 빠 그 기준은 주로 벽화고분의 구조와 벽화의 내용이야. 우선 전기에 해당하는 5세기 전반까지의 벽화고분은 무덤의 구조가 크게 앞방과 뒷방으로 구성되고, 앞방의 양 옆쪽에 각각 옆방이 딸린 복잡한 구조를 갖춘 경우가 많아. 그리고 벽화의 내용은 무덤 주인이 살아 있을 때의 각종 생활장면을 묘사한 생활풍속도가 주류를 이루고 있어. 대표적인 것으로는 안악3호분과 덕흥리고분을 들 수 있는데, 그중 안악3호분의 모형이 바로 이곳 잠실 롯데월드 민속박물관에서 있기 때문에 여기서 확인할 수 있어.

→ 잠실 롯데월드 민속박물관 내 역사전시관 앞

호 림 저기 고구려실이 보여요. 와! 벽화내용에 나오는 행렬도를 실제 모형으로 만든 것 좀 보세요. 정말 대단하네요.

엄 마 호림아, 잠깐만! 이곳 안악3호분 모형에 대한 설명은 천천히 듣기로 하고, 나머지 고구려 벽화고분의 시대구분을 마저 들어야지.

아 빠 엄마 말이 맞아. 무슨 공부를 하던지 간에 공부 할 때는 항상 큰 줄거리를 잊으면 안돼. '산을 봐야지 나무를 보면 안된다'는 말을 잊지 말아야 해.

아 름 아, 그래서 아빠가 궁궐이나 절에 가면 항상 전체 배치도를 꼭 먼저 보시는 구나!

아 빠 그렇지. 아무튼 고구려 벽화고분의 중기에 해당하는 6세기 전반까지는 무덤방의 구조가 전에 비해서 조금 더 단순해져서, 앞방과 뒷방 2개로만 구성이 되고, 벽화의 내용은 전기의 사회풍속도가 계속 이어지면서 여기에 새롭게 사신도 그림과 불교적 소재가 추가되는 특징이 있어.

대표적인 것으로는 중국의 지안현(集安縣)지역에 각저총(角抵塚)과 무용총(舞踊塚), 그리고 평양시에 있는 개마총(蓋馬塚)이야.

호 림　개마총은 무슨 뜻이에요? 개와 말 그림이 있어서 그런 것인가요?

아 빠　개마는 갑옷 개(蓋), 말 마(馬)자를 써서 갑옷을 입힌 말을 뜻해. 말에게 입힌 갑옷을 마갑(馬甲) 이라고도 하지. 자, 이제 마지막 시기인 후기는 6세기 중엽부터 고구려가 망하는 668년까지의 기간인데, 이 시기에는 무덤방의 구조가 더욱 단순화 되어서, 하나의 방만으로 이루어진 외방무덤(단실묘(單室墓))이 유행을 하게 되고, 벽화의 내용도 사신도가 주류를 차지하게 돼.

아 름　요약하자면 고구려의 초기 고분은 무덤의 구조가 복잡했는데, 시간이 흘러 후기로 갈수록 무덤의 구조가 단순화 되었다는 말씀이죠?

고구려 초기 벽화고분의 대표사례 – 안악 3호분

→ 잠실 롯데월드 민속박물관 내 역사전시관 고구려실

안악 3호분은 널길과 4개의 방, 그리고 회랑으로 이루어져 있다

아 빠 자, 이곳이 북한의 황해도 안악군 용순면 유순리에 있는 안악 3호분의 모형이야. 이 무덤은 남향을 하고 있는데, 우선 전체의 구조부터 살펴 봐. 항상 나무를 보지말고 산을 보라고 했던 말 기억나지?

아 름 가운데 큰 방이 있고, 좌우에 작은 방이 하나씩 붙어 있어요. 그리고 뒤쪽에도 방이 있는데 특이하게도 뒤쪽 방의 옆쪽으로 좁은 복도가 붙어 있어요.

아 빠 잘 보았다. 가운데 보이는 큰 방을 앞방(전실)이라고 하고, 좌우에 딸린 작은 방을 곁방(측실)이라고 해. 그리고 뒤쪽의 방은 실제 시신을 안치하는 널방(현실)이고, 널방의 주위로 복도처럼 회랑이 둘러져 있어.

호 림 그러고 보니 안악 3호분은 마치 우리집 구조와 비슷해요. 가운데의 큰 방은 거실 역할을 하고, 좌우에 딸린 작은 두 개의 방은 아름이랑 제가 쓰는 방과 비슷하고, 뒤쪽의 방은 엄마, 아빠가 쓰시는 안방과 닮았어요.

엄 마 호림이 말처럼 우리집과 비슷한 부분이 있구나. 그런데 여보, 무덤의 입구는 어디죠?

아 빠 이 모형은 무덤의 내부를 가장 잘 보이도록 만들었기 때문에 폭이 좁은 입구를 생략했어. 그래서 내가 이렇게 실제 안악 3호분의 평면도를 준비했지. 이 평면도에 따르면 무덤의 입구에서 앞방까지 이르는 널길은 대략 너비 2.17 m×높이 2.12 m×길이 3.48 m 인데, 무덤입구에는 두개의 돌문이 있고, 들어가는 널길방의 벽에는 무덤을 지키는 호위병이 그려져 있다고 해.

아 름 그 호위병은 불교 사찰에서 천왕문과 사천왕의 역할과 비슷하군요!

아 빠 그렇다고 볼 수 있지. 그 널길을 통과하면 바로 이 앞방에 도착을 하는 거야.

안악 3호분 모형

안악 3호분을 지키는 인물은 널길의 호위병과 서쪽 곁방 입구 좌우의 장하독이다

호 림 앞방의 오른쪽에 보이는 그림에는 두 사람이 서로 싸우고 있어요.

엄 마 그것은 수박(手搏)을 하는 모습이야.

호 림 수박? 수박서리를 하다 주인에게 들켜서 서로 싸우는 건가요?

아 빠 수박은 손 수(手), 칠 박(搏)자를 쓰는 데, 두 사람이 맞붙어 무기를 사용하지 않고 손으로 쳐서 상대방을 넘어뜨리는 무예의 일종이야. 이 수박은 이후 계속 전승되어서 고려와 조선에서도 유행했어. 옛 기록에 수박희(手搏戱)라는 기록도 자주 보이는데 이것은 수박을 놀이로 삼은 거야. 특히 고려 의종때 다섯 명의 군사가 한 조가 되어 겨루는 오병수박희(伍兵手搏戱)에서 대장군 이소응이 패배하자, 문신이었던 한뇌가 빰을 치는데 격분한 무신들이 반란을 일으킨 것이 그 유명한 고려 무신의 난이야. 조선에서도 수박은 무과시험의 한 종류였고, 우리가 잘 아는 태권도도 수박의 전통을 이어받았다고 해.

안악3호분 동쪽 입구 수박하는 벽화

아 름 다른 그림도 설명을 해 주세요.

아 빠 그럼 이 앞방에 있는 그림부터 살펴볼까? 이 무덤은 남향이기 때문에 수박그림은 앞방의 동쪽벽화가 되겠지? 그럼 반대쪽인 서쪽벽면에는 무슨 그림이 있을까?

안악3호분 서쪽 입구 시종무관 장하독 벽화

호 림 양쪽으로 사람이 그려져 있어요. 그리고 왼쪽사람의 머리 위로 무슨 글씨도 보여요.

엄 마 여보, 나는 왠지 석굴암에서 양쪽의 금강역사가 지키는 것과 비슷한 느낌이 들어요.

아 빠 당신의 느낌이 정확해. 앞방의 서쪽벽 좌우에 서 있는 두 사람은 이 무덤의 주인공을 좌우에서 호위하는 시종무관인 장하독 이야.

아 름 그렇다면 서쪽의 곁방 안에는 이 무덤의 주인공 그림이 그려져 있다는 뜻인가요?

아 빠 당연하지. 자, 서쪽의 곁방에 그려진 그림을 확인해 봐!

안악 3호분 모형에서 여자주인공 그림의 좌우가 바뀌어있다

호 림 제일 넓은 벽면에 남자 주인공이 그려져 있고, 그 옆의 벽에는 여자 주인공이 그려져 있어요!

아 빠 그 남자 주인공이 바로 이 무덤의 주인이야. 한눈에도 멋진 장막안에서 주위사람들보다 훨씬 더 크게 그려져 있어 주인공이라는 것을 쉽게 알 수 있지. 좌우에는 시종들이 그려져 있는데 인물의 크기를 다르게 그린 것은 그 사람의 지위를 나타낸 것이야.

안악3호분 서쪽 곁방의 무덤 주인공과 왕비 벽화

그 옆에는 남편을 향해서 앉아 있는 부인의 초상화가 그려져 있는데 역시 좌우에는 시녀들이 보필하고 있어. 그런데 저 여자 주인공의 실제 사진을 보여줄게.

아 름 어라? 저 모형의 그림과 실제 사진은 서로 방향이 반대에요!

호 림 모형을 만드는 사람이 이렇게 큰 실수를 하다니!

아 빠 실수를 한 것이 아니야. 원본과는 방향이 반대라는 것을 알면서도 일부러 저렇게 한 것은 다 이유가 있어서야. 왜 그렇게 했을까? 이건 퀴즈야.

아 름 모형을 만들면서 일부러 저렇게 방향을 바꾸었다? 왜일까… 도저히 모르겠어요. 힌트 좀 주세요.

아 빠 힌트는 거울이야.

호 림 거울? 거울에 비춰지면 당연히 좌우가 바뀌는데…

엄 마 아, 알겠다! 저 여자 주인공의 원래 그림 위치는 저 곳이 아니라 지금은 관람용으로 뻥 뚫려 있는 이쪽 편에 있었던 것이 틀림 없어. 그렇지만 원래 그림위치인 반대편 벽에 그림이 있다면 우리와 같은 관람객들은 전혀 볼 수가 없잖아? 그래서 원래 그림이 걸려있던 벽은 뻥 뚫어 놓고, 그 반대편 벽에 거울에 비친 것처럼 좌우가 바뀐 그림을 그린 거야.

안악3호분 서쪽 곁방의 왕비 벽화

아 름 그렇다면 왜 방향을 반대로 그려요?

엄 마 부인의 초상화는 원래 남편을 쳐다보도록 그려졌는데, 만약 저 복사본을 원본과 똑같이 그렸다면 남편을 쳐다보는 것이 아니라 엉뚱한 방향을 쳐다보는 것이 되잖아. 그래서 거울에 비친 것처럼 반대로 그린 거야.

아 빠 대단한 걸! 역시, 엄마는 명탐정이구나!

호 림 모조품의 방향이 바뀐 것이 뭐 그리 대단해요? 진품도 아닌데…

안악 3호분에도 '오픈 카'가 있다!

엄 마 호림아, 모조품을 통해서 진품의 내용을 정확하게 아는 것도 중요하단다. 여보, 이제 반대쪽에 있는 동쪽 곁실의 그림도 설명해 줘

안악3호분 동쪽 곁방의 벽화들

요. 얘들아, 뭐가 보이지?

호 림 수레가 보이구요, 그리고 항아리와 여자도 보여요.

아 빠 이곳 동쪽 곁실에는 주로 집안에서 생활하는 그림들이 그려져 있어. 가장 안쪽에 있는 우물그림인데 우물 주변에는 다양한 크기의 물항아리들이 있고 우물의 앞쪽에는 구유도 보여.

안악3호분 동쪽 곁방의 구유 벽화

아 름 구유가 뭐예요?

엄 마 구유는 소나 말 따위의 가축들에게 먹이나 물을 담아 주는 그릇인데 보통 큰 나무토막을 길쭉하게 파내어서 만든단다. 예수님이 어디에서 태어났는지 기억나니?

호 림 아, 예수님이 태어났다는 말구유가 바로 그것이구나! 이제야 확실

안악3호분 동쪽 곁방의 부엌, 푸줏간, 수레 벽화들

히 알겠다.

아 빠 동쪽 곁실에서 가장 큰 벽면에는 부엌, 푸줏간, 그리고 수레의 그림이 그려져 있는데, 부엌에서는 아궁이 위의 시루에 무엇인가가 끓고 있고, 푸줏간에는 여러 고기들이 걸려 있어. 수레는 두개가 있는데 유심히 봐, 뭔가 특이한 부분이 없니?

아 름 나란히 있는 수레의 모양이 좀 달라요. 왼쪽의 것은 사방이 트여 있는데 오른쪽의 것은 앞쪽만 트여 있어요. 혹시 왼쪽이 남편의 수레, 오른편이 부인의 수레인가요?

아 빠 맞았어. 저 수레는 지금으로 치자면 자가용에 해당되겠지?

호 림 역시 옛날에도 남자에게는 오픈카가 어울렸던 것 같아요.

안악 3호분의 묵서명을 둘러싸고 논란이 많다

엄 마 이 앞방의 그림들에서 중요한 것들은 모두 다 살펴본 것인가요?

아 빠 아니, 가장 중요한 것이 하나 빠졌어. 서쪽 곁방의 왼쪽 장하독 머리 위의 글씨가 바로 그것인데 이 무덤의 주인공을 알려주는 것이라고 알려져 있어. 이 묵서명에 의하면 무덤의 주인공은 '동수'라고 해. 하지만 이것을 둘러싸고 논란이 많아.

엄 마 이 무덤에 대해 글로 남긴 것이 있다면, 오히려 있던 논란도 없어져야 정상 아닌가요?

아 빠 문제는 이 글씨가 무덤의 주인공 그림 위에 씌어진 것이 아니라, 시종무관인 장하독의 그림 위에 씌어진 것이야. 그래서 이 묵서명문이 장하독을 가리키는 것이라는 주장과 이 무덤의 주인공을 가리키는 것이라는 주장이 팽팽히 맞서고 있어. 일단 그 글을 한번 해석해 볼까?

엄 마 이해하기 쉽도록 띄어쓰기를 잘 해 줘요.

안악 3호분의 묵서명이 쓰여진 시기는 고국원왕 시절이다

아 빠 응, 알았어. 우선 첫 구절은 다음과 같아.

永和 十三年 十月 戊子朔 二六日 癸丑

(영화 13년 10월 무자삭 26일 계축)

이 부분은 연월일과 간지를 써서 이 글을 쓴 시기를 밝힌 것인데 여기서 영화(永和)는 중국 동진(東晋)의 연호이고, 서력으로 환산하면 357년이야.

엄 마 서기 357년이면 고국원왕 시절인가요?

아 빠 맞아. 고국원왕의 재위기간은 정확하게 331~371년 이야. 자 그럼 다음부분으로 넘어 갈게.

使持節 都督 諸軍事 平東將軍 護撫夷校尉

(사지절 도독 제군사 평동장군 호무이교위)

이 부분은 직책을 밝힌 것인데, 사지절(使持節)은 군왕이나 황제로부터 군사, 행정권을 위임받은 자를 뜻하는 것이고, 평동장군(平東將軍)은 동진(東晋)의 3품에 해당하는 장군벼슬이면서 호무이교위(護撫夷校尉)는 동이(東夷)족들을 담당하는 중급(中級) 군사 지휘관을 뜻해.

아 름 아빠, 이상해요. 중국에서는 우리민족을 동이족이라고 했고, 동수라는 사람은 우리민족을 담당하던 중국의 장수였다는 뜻인데, 그렇다면 고구려 입장에서 보면 동수는 적군의 장수인데 왜 이곳에

안악3호분 서쪽 앞 시종무관 묵서명 벽화와 글씨

묻혀 있죠?

아 빠 고국원왕이 고구려의 국왕이었을 당시, 고구려와 국경을 접하고 있던 중국은 소설 삼국지의 무대였던 위, 촉, 오 삼국시대가 하나로 통일된 지 얼마 지나지 않아, 북방의 5민족들이 여러나라를 세우면서 난립하던 5호16국 시대였어. 그 중에 전연(前燕)은 선비족(鮮卑族) '모용황(慕容皝)'에 의해 건국된 나라인데, 선비족의 우두머리인 '모용외(慕容廆)'가 죽은 뒤에 '모용외'의 뒤를 이은 '모용황(慕容皝)'과 '모용인(慕容仁)'이 대립하였고, 이때 '모용인'이 패배하자 '모용인' 편에 섰던 곽충(郭充), 동수(冬壽)는 고구려로 망명하였다고 '자치통감'에 기록되어 있는데 이 때가 서기 336년이라고 해.

호 림 동수는 한마디로 줄을 잘못 섰군요.

아 빠 2년 뒤 338년에는 전연의 동이교위(東夷校尉) 봉추(封抽)와 호군(護軍) 송황(宋晃), 거취령(居就令) 유홍(游泓) 등이 고구려로 망명해 왔다고 해. 이는 아마도 고국원왕이 망명객에 불과한 동수 등을 잘 대접해준 것에 영향을 받은 것으로 보여지고, 이들의 망명에는 동수(冬壽)의 영향이 컸을 것으로 짐작돼.

아 름 아, 고구려 입장에서 보면 적국의 망명세력을 흡수해서 국방을 강화한 셈이군요. 그리고 동수를 이용해서 더 많은 망명세력을 확보할 수 있었다는 뜻이군요.

동수는 고구려 입장에서 볼 때 아주 소중한 존재였다

아 빠 그렇지. 그래서 고구려 입장에서는 동수가 국가적으로 아주 소중한 존재였을 거야. 그래서 동수가 죽은 뒤에 일개 장군에 불과한 동수의 무덤을 왕릉급으로 만들어 주었다는 주장이 가능하지. 이제 나머지 부분도 살펴볼까?

樂浪相 昌黎 玄菟 帶方太守 都鄕侯

(낙랑상 창려 현토 대방태수 도향후)

엄 마 재상의 상(相), 태수(太守), 귀족을 뜻하는 후(侯) 자가 보이는 것으로 봐서는 분명히 벼슬과 관련이 있을 것 같아요.

아 빠 맞았어. 이 부분도 모두 지역 이름과 그 곳의 관직명이기는 한데, 재미있는 것은 낙랑상(樂浪相)이 동진(東晋)에는 없는 관직명이란 것이야. 또한 314년 이후 이 글에 나타난 낙랑(樂浪), 창려(昌黎), 현토(玄菟), 대방(帶方) 지역은 요하 방면이나 그 서쪽 방면이기 때문에 이 곳은 그 당시의 고구려 영역이 아니었다고 해. 그렇다면 357년 이전에 동진이나 고구려가 동수에게 낙랑상(樂浪相), 창려(昌黎), 현토(玄菟), 대방태수(帶方太守), 도향후(都鄕侯) 등이 들어가는 관직을 내렸을 가능성이 없다라는 거야.

엄 마 그것 참 이상하군요? 자기네 땅도 아닌 곳에 어떻게 관직을 줄 수가 있죠?

아 빠 여러가지 상황을 참조해 볼 때, 위의 관직은 동진(東晋)이 생전에 동수에게 내린 관직이 아니고, 동수가 죽은 후 고구려가 동수의 전력(前歷)을 참조하여 사후에 내린 관직으로 보여. 자, 그럼 또 진도를 나가 볼 까?

幽州 遼東 平郭都鄕 敬上里 冬壽 字

(유주 요동 평곽도향 경상리 동수 자)

이 부분은 모두 지명이므로 아마도 동수의 출신지 또는 근거지로 보여. 끝에 동수라는 이름이 나오지

호 림 그럼 이름 앞의 그 많은 글자가 고작 벼슬과 출신지역만을 나타낸다는 뜻인가요?

엄 마 벼슬을 통해서 그 사람의 일생을 축약적으로 알 수가 있어. 비석에 쓰이는 글자도 대부분 그렇단다.

아 빠 자, 이제 마지막 부분인데

□安 年六十九 薨官 (□안 년69 홍관)

이 부분은 한글자가 보이지 않는데, 뒤쪽의 뜻은 69세에 죽은 관리라는 뜻이야.

아 름 묵서명을 해석한 아빠의 이야기를 종합하면 동수는 중국에서 고구려에 망명한 장군인데, 동수를 통해서 더 많은 망명객을 받아들일 수 있었기 때문에 고구려에서는 아주 소중한 존재였다. 그래서 장군에 불과하지만 없던 관직도 만들어서 내려주었고, 무덤은 왕릉급으로 만들어 주었다. 뭐 대충 이런 내용이잖아요? 그렇다면 동수의 무덤이 거의 틀림없는데, 왜 논란이 있다는 거죠?

안악 3호분이 동수의 무덤이 아닐 가능성이 있다

아 빠 우리나라에서는 동수의 무덤이라는 설이 정설로 되어 있어. 하지만 북한의 대다수 사학자들은 동수의 무덤이 아니라 동수의 망명을 받아준 고국원왕의 무덤이라고 주장하고 있어.

호 림 그 근거는 뭐죠?

아 빠 우선 묵서명의 위치가 문제라는 거야. 일단 묵서명이 주인공의 묘지명이라면 무덤의 가장 반듯한 곳에 제대로 격식을 갖추어서 쓰는 것이 상식인데, 주인공의 초상화 근처에도 빈 공간이 많은데 왜 하필이면 문 밖에서 지키고 있는 시종무관인 장하독의 머리 위에 썼느냐는 거야. 또 글씨도 너무 조잡하고 글씨를 의도적으로 장하독에 맞춰 쓰려고 노력한 흔적이 보인다는 거야. 따라서 그 묵서명은 무덤의 주인이 아니라 바로 아래 그려져 있는 장하독에 대한 설명이라는 주장이야.

엄 마 그렇다면 반대쪽에 있는 장하독의 머리 위에도 묵서명이 있는 지를 살펴보면 되겠군요.

아 빠 북한에서는 묵서명의 반대쪽에 있는 장하독의 머리 위를 추가로 조사했는데 육안으로는 보이지 않았지만 시약을 통해 최소한 5개의 글자가 확인되었다고 발표를 했어. 그 말을 신뢰한다면 동수의 묵서명은 결국 무덤의 주인공이 아니라 바로 장하독을 가리키는 것이 될 가능성이 높아져. 또 묵서명의 마지막 부분도 논란거리야.

아 름 마지막 부분이라면 '69세에 죽은 관리'라는 뜻 말이죠?

아 빠 그래. 한문 어법으로 볼 때 69세에 죽었다는 표현으로는 '六十九薨'만으로도 문장이 완성되는데, 이미 완결된 문장 뒤에 '官'이라는 꾸미는 글자가 왜 또 붙느냐는 것이야. 따라서 '官'은 이 글자 밑에 그려져 있는 장하독이라는 인물을 꾸미는 말로 사용되어서 '69세에 죽은 관리인 장하독'이라고 해석이 가능하다는 주장이지.

호 림 동수의 무덤이 아니라면 도대체 누구의 무덤이라는 말인가요?

아 름 오빠, 정신은 어디다 두고 다녀? 조금 전에 아빠가 동수의 망명을 받아준 고국원왕의 무덤이라고 했잖아.

아 빠 북한의 학자들의 주장에 따르면 회랑에 있는 500명이나 되는 대행렬도는 왕이 아니면 거느릴 수가 없는 규모라는 거야. 게다가 행렬도의 제일 앞에는 각종 악기를 가진 악대가 앞장서는데 그 숫자만

해도 무려 200명이야. 삼국사기에 김유신이 죽었을 때 왕이 보낸 악대가 100여명이라고 했거든. 왕에 버금가는 대우를 받은 김유신보다도 두배나 많은 악대를 내세우고 행진을 할 수 있는 인물은 고구려왕이 아니면 생각할 수가 없다는 논리야.

엄 마 하기야 경주에 있는 김유신의 무덤을 봐도 왕릉보다 더 했으면 더 했지, 못하지 않은 규모에요. 또 다른 근거는 없나요?

아 빠 수레를 타고 가는 주인공의 앞에서 한 인물이 들고 가는 깃발에 씌어진 '성상번(聖上幡)'이라는 글자를 들 수 있어. 성상 또는 성왕이라는 말은 모두 왕을 가리키는 말이거든. 또 무덤의 주인공이 흰색의 곱고 섬세하게 짜인 '라'로 만든 덧관을 쓰고 있는데, 이 관이 '백라관'이고 수서 고구려전에서 고구려왕만이 썼다라는 기록이 있다고 해.

안악3호분 서쪽 곁방의 백라관을 쓴 무덤 주인공 벽화

안악 3호분 대행렬도 모형, 성성번이라는 깃발이 보인다

널방 천장의 연꽃무늬와 불교 도입 시기로 추정해 본 무덤의 주인공

엄 마 묵서명에 나온 영화(永和) 13년으로 추정해 볼 수 있는 것은 없나요?

아 빠 좋은 지적이야. 이 무덤을 만든 시기는 영화(永和) 13년, 즉 서기 357년이야. 그런데 무덤 곳곳에 연꽃무늬가 그려져 있는데, 특히 널방의 천정에는 엄청나게 큰 연꽃이 그려져 있어.

아 름 연꽃이라면 불교에서 나오는 꽃이잖아요?

아 빠 여보, 고구려에 불교가 언제 도입됐는지 기억나?

엄 마 그야 소수림왕 때죠. 잠깐만! 소수림왕은... 고국원왕의 아들인데... 고국원왕의 뒤를 이어 고구려의 제17대 왕에 오른 사람이잖아요?

안악3호분 널방 천정의 연꽃 벽화

아 빠 소수림왕은 서기 371년에 왕위에 올랐고, 불교는 바로 다음 해인 372년에 받아들였어. 따라서 안악 3호분이 동수의 무덤이라고 가정한다면 묵서명에 나와 있는 영화(永和) 13년인 357년에는 불교가 아직 고구려에 들어오기 전이기 때문에 연꽃무늬가 설명이 되지 않아.

호 림 과학적인 추론이네요.

아 빠 하지만 안악 3호분이 고국원왕의 무덤이라고 가정한다면, 소수림왕이 왕위에 올라 돌아가신 아버지의 무덤을 만들면서 불교적인 요소를 가미했다고 하면 시기가 딱 떨어지지. 안그래?

엄 마 하지만 무덤을 만든 것은 357년이고, 고국원왕은 371년에 전사했잖아요. 이것도 시기가 맞지 않아요.

아 빠 안악 3호분이 고국원왕의 무덤이라고 가정한다면, 그 묵서명은 무덤을 만든 시기를 가리키는 것이 아니라 묵서명의 아래에 있는 동수가 죽은 시기를 가리키는 것이 되는 셈이야.

아 름 그것 참 재미있네요. 아빠 이야기를 들으면 들을수록 점점 고국원왕의 무덤일 가능성이 높아지는 걸요?

아 빠 하지만 고국원왕의 무덤으로 보기에도 여러 가지 측면에서 미흡한 점이 많아. 우선 궁궐 안에서의 생활로 볼 수 있는 결정적인 단서도 없고, 여러 가지 생활모습이 궁중생활 이라기 보다는 귀족들의 생활 수준으로 보인다는 거야. 아무튼 이런저런 이유 때문에 아직까지도 논란이 한창 진행중이라는 말이야.

호 림 아빠, 잠깐 쉬어요. 너무 많이 공부를 했더니 머리 속이 복잡해요.

엄 마 그래, 안악 3호분에 대한 설명은 대충 이 정도로 하고, 이 곳 민속박물관은 다른 볼거리도 많으니깐 천천히 둘러보자. 그리고 관람이 끝난 후에는 너희들이 좋아하는 롯데월드에서 재미있게 놀다 가자꾸나.

아 빠 다음주 주말에는 고구려 중기 벽화고분 이야기로 넘어갈 거야. 중기 벽화고분의 대표적인 사례는 춤추는 그림으로 유명한 무용총인데, 다행히도 국내에서 무용총의 실물모형을 그대로 볼 수 있는 곳이 있어. 바로 천안에 있는 독립기념관의 제1전시관이야.

아 름 호두과자 실컷 먹을 수 있어서, 뚱보 오빠는 참 좋겠다.

고구려 중기 벽화고분의 대표사례 – 무용총

천안 독립기념관 제1전시실 무용총 실물 모형 앞

무용총은 방이 2개 뿐이다

아 빠 고구려 고분의 내부 구조는 시간이 흐를수록 어떻게 바뀐다고 했지?

아 름 이전 시대보다 더 간단한 형태로 바뀐다고 했어요.

아 빠 맞았어. 이 그림이 대표적인 고구려 중기 벽화고분인 무용총의 단면도야. 무용총은 중국의 지린성(吉林省)과 지안현(輯安縣)에 있는데 너무나도 유명한 광개토대왕비로부터 서북쪽으로 약 1km 정

입면도(왼쪽)와 평면도(오른쪽)

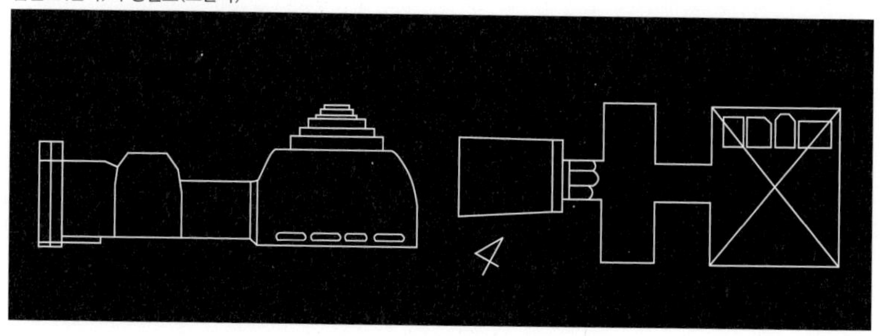

도 되는 지점에 있고, 씨름 그림으로 유명한 각저총(角抵塚)과는 바로 옆에 나란히 붙어 있어서 마치 쌍분이라는 착각이 들 정도야. 이 무용총과 초기 벽화고분인 안악 3호분과 비교해 보면 어떤 차이점이 보이니?

호 림 훨씬 단순해요. 안악 3호분은 방이 4개였는데, 무용총은 방이 2개 뿐이에요.

아 름 안악 3호분은 앞방이 중심이었다는 느낌인데, 무용총은 널방이 중심인 것 같아요. 게다가 널방을 둘러싸는 회랑도 없어요.

아 빠 일단 널길을 따라서 들어가다 처음 만나게 되는 것이 앞방인데, 대략 가로 1.0m, 세로 3.3m, 높이 2.1m 정도의 크기야.

아 름 아빠, 천장과 벽이 만나는 곳에 그려져 있는 저것은 뭐죠?

무덤은 음택이다
곧 죽은 사람의 집이므로 살아생전의 집과 똑같이 만들려고 했다

아 빠 얘들아, 풍수에서는 살아 있는 사람이 사는 집을 양택이라고 하고, 죽은 사람이 묻힌 곳을 음택이라고 한다고 했지? 굳이 풍수가 아니더라도 동서고금을 막론하고 옛날 지배층 사람들은 죽은 후에도 영혼은 살아있다고 믿었고, 그 때문에 자기가 살아 생전에 살던 집을 그대로 무덤 속에도 만들어 두려고 했어.

아 름 그래서 이 무덤도 살아 생전의 집과 똑같이 만들려고 했다는 뜻인가요?

아 빠 그렇지. 심지어 평소에 부리던 사람을 죽은 사람과 같이 묻는 순장이라는 제도도 있었는데 이 순장은 고대 이집트에도 있었고, 중국에도 있었고, 우리나라에도 있었어. 왜냐하면 지배층 사람들은 죽어서도 자신들에게 시중을 들어줄 하인들이 필요하다고 생각했던 거야.

엄 마 쉽게 말해서 이 무덤도 집이란 뜻이야. 그래서 무덤을 집처럼 보이게 하려고 천장과 벽이 만나는 곳에 저런 그림을 그린 거야.

아 빠 얘들아, 목조 건축물에서 집에서 벽과 천정이 만나는 곳에는 뭐가 있지?

아 름 그야... 지붕을 받쳐주기 위해 창방이랑 그 위에 보와 도리가 있죠. 아, 그렇구나! 저것이 기둥과 도리를 나타낸 것이구나!

엄 마 게다가 도리를 받쳐주기 위해 첨차와 소로까지 포함한 공포(栱包)가 그려져 있단다.

아 빠 지붕가구에 공포(栱包)를 그려넣었다는 것 자체가 이 무덤의 주인이 최상류 지배계층임을 나타내고 있어. 일반 사람은 공포가 있는 집에 살 수가 없거든. 앞방을 지나서 널방으로 들어서면 입구 좌우측에 나무가 그려져 있어.

무용총에서 중요한 것은 모두 널방에 모여있다

호 림 왜 하필 나무를 그렸죠?

아 빠 옛날 사람은 나무가 여러가지를 상징한다고 여겼어. 우선 나무는 동물과 달리 몇백 년씩 살 수도 있어. 즉, 장수의 상징인 거야. 게다가 나무는 하늘을 향해 쭉쭉 뻗어가는 모습 때문에 옛날 사람들은 나무가 마치 하늘과 땅의 중간 매개체 역할을 한다고 생각했어. 그래서 옛날에는 마을마다 마을을 수호하는 서낭당 옆에 신성시하는 나무(神樹: 신수)를 꼭 모셨어.

엄 마 유명한 신라의 금관도 나무가지를 형상화하여 만들었단다.

아 빠 널방의 서쪽 벽면에는 그 유명한 수렵도가 그려져 있어.

아 름 아빠, 그런데 사냥하는 사람들이 쏘는 화살촉이 이상해요! 끝이 뾰족하지 않고 뭉툭해요. 저런 화살로 어떻게 사냥을 하죠?

아 빠 혹시 효시(嚆矢)라는 말을 들어본 적 있니?

엄 마 예를 들면, '홍길동전은 한글소설의 효시이다.'라고 쓰지.

아 름 어떤 것의 맨 처음을 비유적으로 쓰는 말이군요.

아 빠 그래. 효시라는 말은 '장자(莊子)'의 '재유(在宥)편'에 나오는 말인데, 효는 '울릴 효(嚆)', 시는 '화살 시(矢)'자야. 총이나 대포가 없

무용총 수렵도

던 옛날에는 전쟁을 시작할 때 우는 소리가 나는 화살을 쏘아 올려서, 전쟁이 시작되었음을 알리는 용도로 썼어. 그 효시를 다른 말로 명적(鳴鏑)이라고도 해. '울 명(鳴)'자에, '화살촉 적(鏑)'자를 써.

호림 그럼 왜 사냥에서 저런 화살을 쏘죠? 저런 화살은 맞아도 사냥감이 다 도망갈 것 같은데...

아 빠 사냥의 목적이 사냥감을 잡아 먹기 위한 것이라면 분명히 뾰족한 화살을 썼을 거야. 하지만 사냥의 목적이 심신을 수련하는 것이 목적이라면 굳이 살생할 필요가 없었겠지?

아 름 생명을 소중히 여기는 조상들의 생각을 알 수가 있겠네요.

아 빠 살생을 멀리하라는 불교의 영향이 어느정도 작용을 한 것 같아. 무용총 널방 천장의 그림에도 연꽃이 있는 것을 보면 분명히 이 무덤을 만들었을 당시에 고구려에는 불교가 성행하고 있다는 것을 알 수 있어.

무용총의 활 그림은 고구려 활의 특징을 고스란히 보여준다

엄 마 여보, 화살만 이상한 것이 아니라 활도 특이해요. 활에 마디가 있는 것으로 봐서는 하나의 나무로 만들어 진 것이 아니라 여러 개로 만들어진 것이 분명해요.

아 빠 문헌으로 밝혀진 고구려의 활의 특징은 맥궁(貊弓), 합성궁合(成弓), 단궁(檀弓), 이중만곡형 만궁(彎弓)이라고 해. 삼국지 위지 동이전에서 단편적으로나마 확인할 수 있는 맥궁의 자료는 예맥족의 한 계열인 소수맥이 아주 좋은 활을 만들었다고 되어 있는데, 박달나무와 물소의 뿔 등으로 만든다고 하고, 하나를 만드는 데 약 2년

이 걸렸다고 해. 그리고 물소의 뿔이라는 특성상 활의 크기는 작았고, 이렇게 작은 크기로 만드는 이유는 이곳 그림에서도 확인 할 수 있는 것처럼 말위에서도 자유자재로 활을 쏠 수 있기 때문이었다고 해.

호 림 활의 크기가 작아서 단궁인가요?

아 빠 단궁의 단 자는 짧을 단(短) 자가 아니라 박달나무 단(檀) 자야. 박달나무로 만든 활이란 뜻이지.

아 름 합성궁은 뭔가요?

아 빠 활은 재료가 되는 나무의 종류수에 따라 단순궁(單純弓), 강화궁(强化弓), 합성궁(合成弓)으로 분류가 돼. 단순궁은 하나의 나무로 만들어지고, 강화궁은 서로 다른 종류의 나무를 이어서 만들어지고, 합성궁은 나무 이외의 재료가 들어간 활이야. 그런데, 활에서 가장 중요한 것이 뭘까?

호 림 사정거리가 제일 중요하겠죠.

아 빠 맞았어. 예로 부터 우리나라의 활은 중국에서도 탐을 냈던 활이었어. 활의 사정거리가 늘어나려면 활대가 굵어야 해. 그래야 활에 힘을 많이 실을 수가 있어. 그렇게 되면 활은 점점 크기가 커질 수 밖에 없어. 하나의 나무로만 만들어졌기 때문에 단순한 굴곡을 가진 단순궁의 약점은 바로 이 부분이야. 그래서 활의 크기는 줄이면서도 서로 다른 종류의 나무를 접합한 뒤 끈과 같은 것으로 감아서, 여러 개의 굴곡을 가진 강화궁(强化弓)이 나타나게 되었는데 강화궁은 단순궁에 비해 크기가 작으면서도 역학적으로 사정거리가 더 길어졌어.

엄 마 그런데 나무를 대신해서 다른 재료를 쓰면 강화궁보다도 훨씬 더 사정거리가 긴 활이 가능하다는 말인가요?

기마민족의 활은 합성궁이 제격이다

아 빠 바로 그것이 합성궁(合成弓)이야. 합성궁은 동물의 뿔과 힘줄을 더 첨가해서 훨씬 더 강력한 활을 만드는 거야. 하지만 만드는 과정이 너무 어렵고 시간이 많이 걸려서 무려 2년씩이나 걸린다고 해.

엄 마 그래서 저 그림의 활이 여러 개의 마디로 되어 있구나!

아 빠 합성궁은 사용하지 않을 때 시위를 벗겨놓으면 활의 몸체가 시위를 걸었을 때의 반대방향으로 휘는 특성이 있어. 그래서 반대로 굽는다는 뜻의 반곡궁(反曲弓) 또는 굽을 만자를 쓰는 만궁(彎弓)이라고 해. 합성궁은 그런 역학적인 구조 때문에 비록 크기는 작아도 커다란 단순궁에 못지 않은 큰 위력을 발휘하기 때문에 고구려와 같은 기마민족들의 주요무기로 쓰였고 활중에서는 가장 발달된 형태의 활이야.

아 빠 널방의 북쪽 면에 있는 그림은 주인이 손님을 맞이하고 있는 접객도야. 이 그림에서 무엇을 알 수 있을까?

아 름 주인이 손님 두분과 이야기를 나누고 있어요. 그런데 주인 앞에서 시중드는 사람을 너무 작게 그렸어요. 아마도 어린 아이 같아요.

호 림 어린 아동에게 일을 시키다니...

엄 마 세 사람이 겸상을 하지 않고 모두 독상을 하고 있어요. 그리고 탁자가 모두 7개인데 뒤쪽에 있는 탁자중에서 두 개는 다리가 넷인데 과일같은 것이 담겨져 있고, 사리가 셋인 탁자는 물항아리 같은 것이 올려져 있어요. 나머지 사람들은 모두 시중드는 사람들로 보여요.

아 빠 전문가들은 이 장면을 주인이 두 사람의 스님으로부터 설법을 듣고 있는 장면이라고 해. 그런데 주인공이 가장 크게 그려졌고, 다음으로 첫 번째 스님이 주인보다는 약간 작게 그려졌는데 모든 등장인물들이 철저하게 신분과 중요성에 따라서 크기가 결정되었다는 것을 알 수가 있어.

북한에서는 무용총을 춤무덤 이라고 부른다

아 빠 널방의 서쪽 면에는 이 무덤에서 가장 유명한 그림이 그려져 있어. 바로 춤을 추는 무용도야. 그래서 이 무덤을 무용총이라고 부르는데, 북한에서는 무용총이라고 하지 않고 춤무덤 이라고 불러.

호 림 그런데 저런 자세가 어떻게 가능해요? 팔이 부러진 사람 같아요.

엄 마 약간 과장되어 표현되어 있기는 하지만 저런 자세가 전혀 불가능한 것은 아니야. 양팔을 뒤쪽으로 쭉 뻗은 모습을 옆에서 그리다 보니 뒤쪽의 팔이 앞쪽에 겹쳐져서 안보이는 것 뿐이야.

아 빠 한줄로 춤을 추는 사람은 모두 다섯 명이고, 그 위에 반대방향으로 춤을 추는 사람이 한 사람 있어. 그리고 발만 보이는 사람이 있는데 최초의 발굴보고서에 의하면 완함이라는 악기를 들고 연주하는 사람이라고 해.

아 름 악기에 맞춰 춤을 춘다? 그러면 그 아래쪽에 있는 사람들은 합창단 인가요?

아 빠 맞았어. 노래를 하는 사람은 모두 7명이야.

아 름 아빠, 그런데 한 줄로 춤을 추는 다섯 무용수 중에서 맨 앞의 사람만 모자를 쓰고 있어요. 왜죠?

아 빠 그 사람을 도창이라고 하는데, 도창이란 노래를 바르게 이끌어 나가도록 인도하는 일을 맡은 사람이야. 즉 여기서는 무용수 전체를 이끄는 리더와 같은 존재지. 그래서 조우관(鳥羽冠)을 쓰고 있어.

호 림 조우관?

아 빠 새 조(鳥)에 깃 우(羽)자를 쓰는데, 우리 나라 삼국시대의 기록을 보면 절풍(折風)이나 나관(羅冠) 등의 관모 좌우에 새의 깃털인 조우를 꽂아서 신분의 귀천을 가렸다고 하는데, 깃털이 많을수록 신분이 높았다고 해.

모자 만으로도 사람의 신분을 알아낼 수가 있다

아 름 그럼 반대방향으로 춤을 추는 사람은 뭐죠?

아 빠 최초의 고분보고서 〈통구〉에서는 그를 영무(令舞)라고 표현을 했는데, 말하자면 중앙에 있는 다섯 사람의 춤을 총지휘하고 있다는 거야.

호 림 무용수와 합창단 앞에서 말을 타고 있는 사람은 어디서 본 듯한 사람인데...

엄 마 머리에 쓰고 있는 모자를 잘 살펴보렴.

아 름 아, 알았다! 조금 전에 보았던 접객도에 나왔던 무덤주인이구나! 똑같은 백라관을 썼어요!

아 빠 무용총에서도 우리가 쉽게 알 수 있듯이 우리 선조인 고구려인들은 노래와 춤을 매우 즐겼어. 유명한 당나라의 시인인 이태백은 당나라 궁중무용의 하나인 고려무, 곧 고구려의 춤을 보고 다음과 같은 한 편의 시를 남기기도 했대.

"깃털모양 금장식 절풍모를 쓰고 / 흰 무용신을 신고 망설이다가 / 어느새 팔을 저으며 훨훨 춤을 추어 / 새처럼 나래 펼치고 요동에서 날아 왔도다."

아 름 와! 그 시와 이 그림은 너무 완벽하게 잘 맞아요.

아 빠 또 구당서(舊唐書)라는 역사책에도 고구려 가무의 화려함을 다음과 같이 표현하고 있대.

"고구려의 악공인은 자라모에 조우를 장식하고 황대수에 자라대를 띠며 대구고, 적피화에 오색 도승을 장식한다. 춤추는 사람은 4명으로 추계를 뒤로 늘이고 강말액으로 머리를 매며 금귀고리를 장식한다. 2명은 황군과 황유에 적황고를 입는데 그 소매가 매우 길다. 이들은 오피화를 신고 쌍쌍이 나란히 춤을 춘다."

엄 마 그 부분을 듣고 나니 저 무용수들도 한줄로 나란히 선 것이 아니라 남자 무용수 2명과 여자 무용수 2명이 쌍을 이루어서 나란히 춤을 추고 있는 것이 보여요. 발의 위치를 보면 금방 알 수 있어요.

호 림 그런데 고구려 사람들은 땡땡이 무늬를 좋아하나봐요.

물방울 무늬 옷에서 교역의 흔적을 확인할 수 있다

아 빠 땡땡이 무늬? 그것은 점을 뜻하는 땐(땡)이라는 일본말이야. 따라서 물방울 무늬 또는 흑점 무늬라고 하는 것이 옳아. 아무튼 그런 무늬는 요즘 말로 방염(防染)이라고 하는, 무늬에만 물감을 들게 하는 염색법으로 만든 것인데 '사라사 염법'이라고도 해. 그런데 이 사라사 염법은 인도에서 기원해서 동남아시아와 중앙아시아를 거쳐 우리나라에 전해졌기 때문에 당시 고구려의 넓은 교역 폭을 보여주는 것이야. 자, 이제 널방의 천장을 볼 차례야. 내가 천장 사진 4장을 보여줄테니 그 속에 뭐가 보이는지 한사람씩 말해 봐.

엄 마 청룡과 백호처럼 생긴 그림이 있는 것으로 봐서는 아마도 사신도 그림을 그렸나 봐요.

아 빠 맞아, 여기에 나온 사신도는 원시적인 형태를 보이고 있어. 그렇지만 조금 더 시기가 뒤로 가면서는 무덤 내부에 다른 그림들은 모두 사라지고 본격적인 사신도가 등장을 해. 그것이 고구려 후기 고분 벽화의 특징이야.

호 림 와, 여기도 안악3호분과 똑같이 두사람이 서로 싸우는 그림이 있어요. 이런 그림을 가리키는 말이 무슨 과일 이름이었는데...

아 름 오빠, 조금 전에 수박희라고 배웠잖아. 까마귀 고기를 먹었나, 왜 그렇게 자주 까먹어?

호 림 뭐? 까마귀 고기? 쪼그만 녀석이 감히 오빠에게... 앗! 그러고 보니 까마귀 그림도 있어요. 그런데 그림을 잘못 그렸네요. 까마귀 발이 두 개가 아닌 세 개로 그렸어요. 이런 실수를 하다니...

까마귀의 발이 세 개인 것은 실수가 아니라 의도적인 것이다

아 빠 호림아, 그건 실수가 아니야. 그 까마귀는 중국 고대 신화(神話)에 나오는, 해 속에서 산다는 세 발 가진 까마귀라는 뜻에서 삼족오(三足烏)라고 불러. 또한 삼족오는 태양(太陽)을 달리 일컫는 말이기도 한데, 태양에 까마귀가 산다는 믿음은 중국의 전한(前漢)시대부터 시작된 것 같다고 해. 그리고 굳이 발을 셋으로 그린 이유는 음양이론에서 볼 때, 태양이 양(陽)이기 때문에, 양수(陽數)를 표현하기 위해서 발을 하나 더 그린 것이야.

아 름 왜 하필 까마귀가 양을 상징하나요?

아 빠 이 무용총의 널방 입구의 양쪽에 나무가 그려져 있던 것 기억나지? 옛날 사람들에게 나무는 하늘을 향해 쭉쭉 뻗어가는 모습때문에 옛날 사람들은 나무가 마치 하늘과 땅의 중간 매개체 역할을 한다고 생각했어. 그런 높은 나무 위에 살면서 자유롭게 날아다니는 것이 새들이잖아? 그래서 새를 하늘과 태양의 전령으로 생각했을 거야.

아 름 그럼 음양의 조화를 위해서 어딘가에는 음의 표식이 있겠네요?

호 림 내가 먼저 찾아야지. 음의 표식이라...

엄 마 무작정 찾을 것이 아니라, 생각을 하면서 찾아야지. 양의 상징이 하늘이라면 음의 상징은 땅이고, 양의 상징이 빠름이라면 음의 상징은 느림이야. 그리고 양의 상징이 홀수라면, 음의 상징은 짝수야.

아 름 땅, 느림, 짝수... 아, 찾았다! 저기 두꺼비에요. 보세요! 까마귀는 빠르고, 하늘을 나르고, 발이 셋인데, 두꺼비는 느리고, 땅위를 기어다니고, 다리가 넷이에요. 게다가 까마귀를 둘러싼 원은 색깔이 가득 차 있지만, 두꺼비를 둘러싼 원은 비어 있어요. 음양의 조화를 잘 맞추고 있죠?

아 빠 잘 찾았구나. 무용총 천장의 구조를 보면, 아래쪽 3단은 천장을 4방에서 계단식으로 좁혀서 괴었고, 그 위에 5단은 팔각형으로 좁혀 올린 팔각굄천장이야. 가장 아래쪽에 있는 단은 불꽃무늬의 염화문인데, 아마도 이승과 저승을 가르는 경계선을 나타낸 것 같아.

엄 마 두 번째 단은 물 위에 떠 있는 연꽃처럼 생겼어요. 연꽃이라면 불교의 영향이겠죠?

아 빠 응, 죽어서 극락에서 환생하라는 불교의 의미를 담고 있는 것 같아. 그 위에 세 번째 단은 원시적인 사신도가 그려져 있는데 아마도 그 위쪽의 신선들의 세계를 수호한다는 의미가 있는 것 같아. 그리고 4각형에서 8각형으로 모양이 달라지는 제4단 부터는 삼족오, 달두꺼비, 신선, 기린, 주작, 사람얼굴의 새, 학을 타는 신선 등이 그려져 있어서 신선의 세계를 나타내고 있어.

아 름 아하! 결국 아래쪽에서 위쪽으로 올라가면서 인간세계에서 벗어나 신선세계가 펼쳐지는 구나.

무용총의 천장구조는 불교의 28천과의 구조적 유사점이 있다

엄 마 속세로부터 위로 올라갈 수록 부처의 세계와 가까와 지는 불교의 28천과도 구조가 비슷하군요.

호 림 그런데 큰 점들을 이은 줄이 많이 보이는데, 그건 뭐에요?

아 빠 그건 별자리를 나타내는 거야. 전문가들의 연구에 의하면 무용청 천장에는 26개의 별자리가 있다고 하는데 그 중에서도 북두칠성과 남두육성은 방위를 확실하게 알 수 있는 별자리야.

엄 마 하늘의 별자리라면 당연히 28수가 있어야 되는 것 아닌가요?

아 빠 28수는 중국에서 들어온 별자리 개념이야. 그럼에도 무용총의 별자리가 26수 라는 것은 결국 고구려가 독자적인 천문대를 가지고 천체관측을 했다는 뜻이야. 우리가 잘 아는 조선의 천상열차분야지도(天象列次分野之圖)에 대한 조선초의 학자 권근(權近)의 기록에는 "고구려의 각석 천문도가 전란 중에 대동강에 빠졌는데 태조때 종이로 된 천문도를 찾아 새롭게 고쳐 천문도를 새겼다"고 해서 조선의 천문학이 고구려를 계승했다는 것을 알 수 있어.

아 름 삼족오와 두꺼비는 해와 달이고, 사신도와 26개의 별자리까지 합치면, 결국 무용총의 천장은 거대한 천문도(天文圖)였구나!

아 빠 이것으로 고구려 중기 벽화고분에 대한 내용은 마무리하고, 이제 마지막으로 고구려 후기 벽화고분을 찾아가자.

호 림 그곳이 어디에요?

아 빠 용산에 있는 국립 중앙 박물관이야.

고구려 후기 벽화고분의 대표사례 - 강서대묘

 용산 국립 중앙 박물관 고구려 전시실 내 강서대묘 모형관

국립 중앙 박물관에서 만나보는 강서대묘

아 름 국립 중앙 박물관에는 여러 번 와 봤지만, 너무 볼 것이 많아서 이 곳에 고구려 후기 벽화고분의 모형이 있다는 생각은 미처 못해 봤어요.

아 빠 이곳 강서대묘의 모형관은 실물크기의 고구려 사신도를 직접 볼 수 있는 곳이야.

호 림 강서대묘가 있다면 강서중묘, 강서소묘도 있나요?

아 름 설마 그럴 리가...

아 빠 호림이 말이 맞아. 실제로 북한의 평안남도 대안시 삼묘리에는 "강서삼묘"라고 불리는 강서대묘, 강서중묘, 강서소묘 가 있어. 옛날에는 지명이 평안남도 강서군 강서면 삼묘리 였기 때문에 강서삼묘라고 불렸고, 북한에서는 "강서 세무덤"이라고 불러.

아 름 고구려 후기 벽화고분의 구조는 매우 간단하다고 하셨죠?

아 빠 응, 널길끝에 달랑 돌방(석실)이 하나만 있는 외방무덤이야. 그리고 방의 네 벽면에 동서남북 방위에 따라서 각각 청룡과 백호, 주작과 현무를 그렸는데, 남쪽에는 출입구가 있어서 주작을 크게 하나로 그리지 못하고 출입구의 좌우벽면에 작은 크기로 하나씩 나눠서 그렸어.

강서대묘와 강서중묘의 사신도 구별하기

호 림 아빠, 강서삼묘에서 사신도는 이곳 강서대묘에만 있는 거에요?

아 빠 아냐, 강서소묘에는 없지만, 강서중묘에도 사신도가 있어. 그 이외에도 사신도가 그려진 고구려의 벽화무덤은 많아. 고구려의 후기 벽화고분에서는 전기, 중기 벽화고분에서 나오던 생활풍습도는 거의가 사라지고 대부분 사신도가 주류를 이루게 돼. 저기 현무그림의 옆면에 붙어있는 모니터를 보면 고구려의 사신도에 대한 영상내용이 잘 나오고 있어.

호 림 강서중묘의 사신도와 강서대묘의 사신도는 차이가 많은가요?

아 빠 지금 우리가 보고 있는 강서대묘의 사신도에 못지 않게 강서중묘의 사신도 역시 뛰어난 작품이야. 북쪽의 현무를 제외하면 강서대묘와 강서중묘의 나머지 사신도는 구분이 쉽지 않을 정도로 많이 닮아있어. 심지어 나도 헷갈릴 때가 있어. 그래서 내가 강서대묘와 강서중묘의 사신도를 쉽게 구분하는 방법을 하나 알려줄게.

아 름 뭔가 대단한 것이 있나봐요.

아 빠 우선 저기 청룡의 머리 뒤쪽을 봐. 마치 대형 철못의 흔적으로 보이는 네모난 점이 있지? 그 아래쪽에는 철의 녹이 흘러내린 것을 표현한 것과 같은 붉은 선도 있어. 이처럼 강서대묘의 사신도에는 대

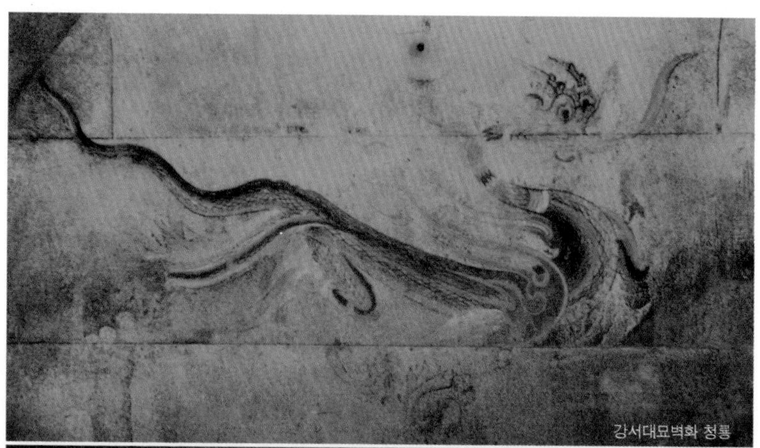
강서대묘벽화 청룡

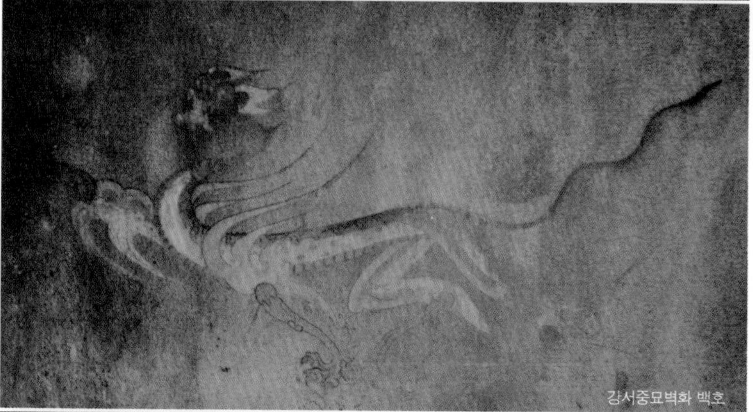
강서중묘벽화 백호

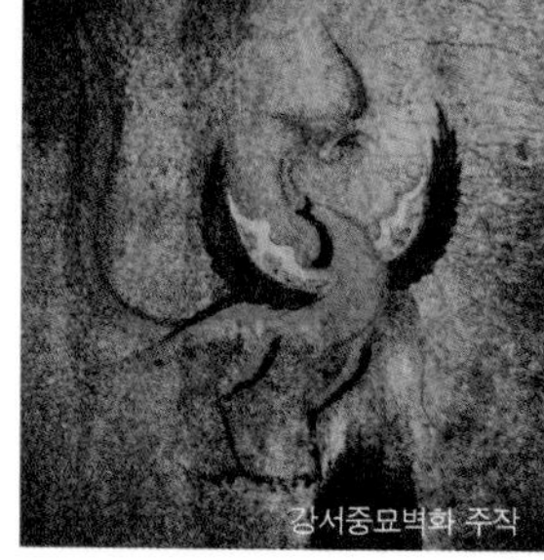
강서중묘벽화 주작

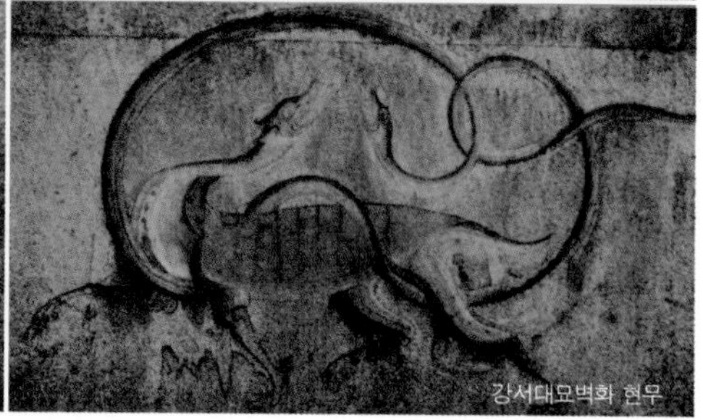
강서대묘벽화 현무

부분 비슷한 위치에 저 네모난 점이 있어.

엄 마 여보, 방위신을 왜 청룡, 백호, 주작, 현무라고 부르는지 그 이유가 궁금해요.

아 름 저도 그것이 정말 궁금했어요.

아 빠 음... 좋아. 그럼 쉬운 것부터 시작해 볼까? "황도(黃道) 12궁"이라고 들어봤어?

호 림 아빠, 너무해요! 쉬운 것부터 시작한다고 말해놓고서는 듣도 보도 못한 "황도 12궁"은 또 뭐예요? 복숭아 통조림 이름인가?

아 빠 그렇다면 다른 말로 해 볼게. 양자리, 황소자리, 쌍둥이자리, 게자리, 사자자리, 처녀자리, 천칭자리, 전갈자리, ...

아 름 아, 알겠다. 서양의 점성술에 나오는 별자리 이름이에요.

호 림 별자리 운세를 볼 때 나오는 것 말이죠?

아 빠 너희들이 알고 있는 그 12가지 별자리는 원래 점성술에서 나온 것이 아니라 서양의 고대 천문학에서 나온 거야. 하늘에서 태양이 지나가는 길을 황도(黃道)라고 하는데, 황도를 따라서 30도씩 떨어진 구역으로 나뉘어진 12개의 독립된 구역을 "황도 12궁"이라고 해. 30 곱하기 12는 360 이지? 즉 쉽게 말해서 태양이 지나가는 둥근 하늘 길을 12등분 했다고 보면 되는 거야.

엄 마 그렇다면 지구는 1년에 한번 태양주위를 공전하니깐, 1년에 한번 황도 12궁을 순환하겠군요!

아 빠 맞았어. 그런 황도 12궁에 속한 대표적인 별자리를 하나씩 가리켜 "황도 12궁 별자리"라고 해. 그 별자리의 모양이 각각 양, 황소, 쌍둥이, 게, 사자, 처녀, 천칭, 전갈 등과 같이 생겼다고 보는 거야.

호 림 그건 서양의 천문학 이야기죠? 동양의 천문학에서는 상황이 다르겠죠?

서양의 황도12궁 별자리는 동양의 28수 별자리에 해당한다

아 빠 서양에서는 황도를 30도씩 12개로 쪼갰는데, 동양에서는 황도를 동서남북 방향으로 90도씩 4개로 쪼갰어. 그리고 황도를 따라서 28개의 별자리가 있다고 생각했어. 그것이 28수(宿)야.

엄 마 그렇다면 동서남북 각각에 7개의 별자리가 있겠군요. 4 곱하기 7은 28 이니깐.

아 빠 바로 그거야. 동쪽에 있는 7개의 별자리의 이름을 한자로 쓰면 각항저방심미기(角亢氐房心尾箕)야. 그런데 7개의 별자리를 모두 모아보니 전체 모양이 마치 용의 모양과 닮았던 거야.
예를 들면, 각(角) 별자리는 용의 뿔을 닮았고,
항(亢) 별자리는 용의 목,
저(氐) 별자리는 용의 가슴,
방(房) 별자리는 용의 배,
심(心) 별자리는 용의 심장,
미(尾) 별자리는 용의 꼬리,
기(箕) 별자리는 용의 항문에 비유하는 거지.

호 림 별자리 이름이 너무 어렵네요. 서양 별자리 이름은 누가 들어도 쉬운데...

엄 마 그래도 몇개의 글자는 쉬운 것도 있어. 각(角)은 뿔이라 뜻이고, 심(心)이랑 미(尾)는 심장과 꼬리라는 것을 금방 알 수 있잖니?

아 빠 동쪽에 있는 7개의 별자리와 같은 방식으로 서쪽의 7개의 별자리는 규루위묘필자삼(奎婁胃昴畢觜參)인데 호랑이를 닮았다고 보았는데, 맨 처음의 규(奎) 별자리부터 각각 호랑이의 눈, 위장, 입, 몸,

꼬리 등에 비유하고 있어.

호 림 동쪽 별자리는 용의 각 부분인데, 서쪽 별자리는 호랑이의 각 부분?

아 빠 뭔가 짚히는 게 있니? 자, 계속할게. 남쪽의 7개의 별자리는 정귀유성장익진(井鬼柳星張翼軫)인데 하늘을 나는 주작을 닮았다고 보았고, 맨 처음 나오는 정(井) 별자리부터 각각 봉황의 벼슬, 눈, 부리, 날개 꼬리 등에 비유했어. 마지막으로 북쪽의 7개의 별자리는 두우여허위실벽(斗牛女虛危室壁)인데, 현무를 닮았다고 보는 거야.

방위신의 그림 사신도는
동서남북 방향에 있는 별자리의 모양에서 나왔다

아 름 이제 완전히 알겠다. 사신도는 결국 동서남북 방향에 있는 7개의 별자리의 모양으로 결정된 것이구나!

엄 마 동양의 천문학에서는 음양오행으로 모든 것을 해석한다는데, 태양과 달, 그리고 동서남북의 네 개의 별자리로는 음양과 사행밖에 안 되잖아요.

아 빠 좋은 지적이야. 사신도 만으로는 오행이 될 수 없어. 그래서 사신도에 한가지가 더 추가되는 거야.

호 림 사신도에 하나가 어떻게 추가되지? 오신도라고는 들어본 적이 없어요.

아 름 혹시 남쪽에 있는 주작이 출입문 양쪽으로 두 마리가 그려져 있어서 오행이 완성되는 것인가요?

아 빠 그런 것이 아니야. 여기 박물관 모형에는 없지만, 실제 강서대묘의 천장을 보면 한가운데에 뭔가가 그려져 있어. 그것이 뭘까? 힌트는 경복궁의 근정전이야.

엄 마 맞아요! 경복궁의 근정전 월대에도 동서남북 방향의 난간에 사신도의 석상이 올라가 있어요!

호 림 근정전 월대의 한가운데라면 당연히 근정전이 있는데, 그곳의 천장에는…

아 름 생각났다! "황룡"이 그려져 있어요! 황룡의 위치가 동서남북의 한가운데라서 음양오행에서 가운데의 토에 해당되므로 당연히 토의 색깔인 황색이어야 해요!

사신도의 동물은 모두 상상 속의 동물이다

아 빠 자, 이제 우리 사신도를 하나씩 자세히 살펴볼까? 우선 가장 유명한 북쪽의 현무부터 꼼꼼히 보자.

호 림 현무는 거북이라고 알고 있는데 거북이라기 보다는 뱀에 더 가까운 것 같아요.

아 빠 그래도 화면의 한가운데는 거북의 등껍질이 보이잖니? 그리고 사신도는 모두 상상 속의 동물이야. 따라서 실제 거북이 아니라 거북과 비슷한 모습을 가진 상서로운 동물이라고 이해를 해야 해. 조금 더 자세히 설명하자면 수컷인 뱀과 암컷인 거북이가 하나의 몸에 합쳐져 있는 상상의 동물이야.

엄 마 현무의 거북 몸을 감은 뱀이 거북의 다리 사이를 지나서 거북의 등위로 반원을 그리면서, 머리를 돌려 거북과 마주보고 있는 모습이 거북의 운동감과 뱀의 탄력을 동시에 나타내고 있어서, 그림을 보고 있노라면 나도 모르게 역동적인 느낌을 받아요.

아 름 엄마, 현무만 그런 것이 아니에요. 사신도가 모두 금방이라도 그림 속에서 튀어나올 것만 같아요. 서쪽의 백호도 실제 호랑이가 아니라 호랑이과 비슷한 모습을 가진 상서로운 동물이죠? 그래서 왠지 호랑이보다는 용에 가깝게 느껴졌어요.

아 빠 호랑이라는 단어에는 두가지 동물의 뜻이 들어있다는 말 들어봤니?

호 림 호랑이가 두가지 동물이라뇨? 처음듣는 말이에요.

아 빠 영어로 이야기하자면 호랑이는 tiger와 wolf를 동시에 부르는 말이야.

아 름 wolf? 늑대 말씀인가요? 호랑이에 늑대라는 뜻이 왜 들어가 있어요?

아 빠 호랑이는 '호랑(虎狼)'이라고 하는 한자말에 '이'라는 접미사가 붙어서 생긴 말이야. 여기서 호(虎)자는 범 호(虎)자이고, 랑(狼)자는 이리 랑(狼)자이기 때문에, 원래 호랑이라는 말은 순 우리말로 하자면 범과 이리를 동시에 나타내는 말이었어. 그러던 것이 '범'만을 가리키는 말로 변화를 한 것이지.

엄 마 '범'이라는 말을 잘 안 쓰다보니 이제는 하룻강아지 범 무서운줄 모른다 라는 속담에서만 만날 수 있어요.

아 빠 그 속담에서도 '하룻강아지'는 원래 '하릅강아지'였어. 하릅강아지는 나이가 한 살된 강아지를 가리키는 말이야.

아 름 어쩐지… 태어난지 하루도 안된 강아지는 눈도 제대로 못뜨는데 그런 강아지가 범 무서운 줄 모른다는 속담은 왠지 이상했어요.

비석 위에 올라가는 용은 뿔이 없는 용이다

아 빠 백호의 맞은편에 있는 청룡은 입을 크게 벌려 포효하면서 창공 속을 내달리며 남쪽을 향해 내려오는 모습인데, 청룡은 대체로 몸통에는 뱀과 같은 비늘이 있고 날카로운 발톱과 사슴뿔이 달린 모습으로 표현해. 용의 종류에는 뿔이 없는 용도 있는데 그것을 뭐라고 하는지 기억나니?

아 름 아, 그 용은 비석의 맨 위쪽에 올라가는 용이라고 했는데, 이름이… 잘 생각이…

호 림 혹시 이무기 아닌가요?

아 빠 정확한 이름은 교룡(蛟龍)이야. 그런데 교룡 교(蛟)자를 교룡 이(螭)자로 쓰기도 해. 그래서 머리에 교룡을 새겼다는 이수(螭首)라는 말은, 건축물이나 공예품에서 뿔 없는 용의 상서로운 모양을 아로 새긴 형상을 가리키는데 흔히 궁전의 섬돌이나 인장(印章), 비석의 머리 등에 쓰이고 이두(螭頭)라고도 해.

엄 마 남쪽의 주작은 항상 저렇게 두마리가 마주보고 있나요?

아 빠 응, 고구려의 벽화무덤에서는 거의 예외없이 암수 한쌍으로 그려진다고 하는데 아무래도 남쪽에는 출입구가 있어야만 하기 때문에 다른 방향의 벽들처럼 벽면 가득히 그림을 그릴 수가 없어서 그런 것 같아. 그리고 저 주작을 자세히 보면 부리에는 넝쿨 잎에 싸인 한 줄기 연꽃봉오리를 물고 있어서 불교의 영향을 받았다는 것을 짐작할 수가 있고, 주작의 다리 아래쪽에는 산악도가 그려져 있어서 가장 오래된 산수화의 원형이 아닐까 여기지고 있어.

호 림 와, 이것으로 고구려 고분공부는 모두 끝이 났네요. 이제 뭐 하죠?

아 름 뭐하긴, 고구려 다음에는 당연히 백제지! 아빠, 백제고분 공부하려면 공주나 부여로 가야겠죠?

엄 마 애들아, 백제고분 공부는 서울에서부터 시작해야 한단다.

제 3 장

백제 고분

도읍지의 위치에 따른 백제 고분의 변천

백제는 도읍지의 위치에 따라
한성백제, 웅진백제, 사비백제 시대로 분류된다

아 름 예? 백제고분을 공부하는데 공주나 부여로 가지않고 서울에서 시작해야 한다구요? 서울에 무슨 백제고분이 있어요?

호 림 아름이 말이 맞아요. 지난 가을 우리가족이 백제문화제를 보러 갔을 때도 공주와 부여에 다녀왔잖아요?

아 빠 얘들아, 삼국유사 등의 역사책을 종합해 볼 때, 백제는 수도의 위치에 따라서 3시기로 구분을 해. 먼저 온조가 백제를 건국한 서력기원전 18년부터 고구려군에게 개로왕이 전사한 기원후 475년까지를 제1기 한성백제시대라고 하고, 문주왕이 수도를 한성에서 웅진(공주)으로 옮긴 475년 이후부터 성왕이 다시 수도를 사비(부여)로 옮긴 538년까지를 제2기 웅진백제시대라고 하고, 마지막으로 538년부터 백제가 나당연합군에게 멸명한 660년까지를 제3기 사비백제시대라고 불러.

아 름 그럼, 제1기 한성백제는 무려 493년동안 지속되었는데 반해서, 제2기 웅진백제는 겨우 63년, 그리고 제3기 사비백제도 122년 밖에 안되네요?

호 림 백제의 첫 수도가 한성이라고 한다면, 그곳이 정확히 어디에요?

아 빠 그 답을 하기전에 내가 먼저 질문을 할게. 백제를 세운 사람이 누구지?

아 름 그야 고구려를 세운 주몽의 아들, 비류와 온조 형제죠.

호 림 그렇지만 갑자기 나타난 유리왕자에게 밀려났죠. 불쌍한 비류와 온조.

아 빠 그래, 소서노의 아들이었던 비류와 온조형제는 왕위계승서열에서 유리왕자에게 밀리게 되자, 남쪽으로 내려와서 형인 비류는 지금의 인천부근인 미추홀에 정착을 했고, 동생인 온조는 위례성에 근거지를 두었다고 역사책에 기록되어 있어.

엄 마 그때 온조가 처음 세운 나라의 이름은 '십제(十濟)'였다고 해.

아 빠 하지만 미추홀에 정착했던 비류 집단과의 합류를 계기로 해서 온조는 중심지를 하남위례성(河南慰禮城)으로 옮기면서 국호를 '백제(百濟)'라 하였다고 전하고 있어.

아 름 하남(河南)이라고 한다면, 글자 그대로 강의 남쪽이라는 뜻이군요.

한성백제의 위치는 풍납토성과 몽촌토성 주변으로 추정된다

아 빠 그렇지. 하남위례성의 위치에 대해서 '삼국사기'에 기록된 내용을 살펴보면, '하남의 땅은 북쪽은 한수(漢水)를 띠고, 동쪽은 고악(高岳)을 의지하고 있으며, 남쪽은 기름진 옥토를 바라보고, 서쪽은 큰 바다로 막혀 있다.'고 기록되어 있어.

엄 마 애들아, 한강의 남쪽이면서 큰 도읍이 들어설만한 곳이 어딘지 짐작이 가니? 지금도 그 흔적이 남아있는 곳이 있단다.

아 름 도읍이 들어서려면 성이 있어야 할텐데… 한강 아래쪽에 있는 성이라고 한다면…

호 림 남한산성이 있잖아. 게다가 거기가 하남시야. 하남위례성과 딱 맞아 떨어지잖아! 내 말이 맞죠?

아 름 그렇지만 도읍지를 산성안에 만드는 사람이 누가 있어?

아 빠 처음에는 하남위례성의 위치에 대해서 호림이 말처럼 지금의 경기도 하남시 남한산성 일대라고 주장하는 학설이 유력했지만, 그 곳의 지형은 동,서,남쪽 세 방면이 막혀있고, 북쪽만이 트여 있기 때문에 삼국사기에서 인용한 백제 초기 하남위례성의 지형설명과는 다르다고 보는 견해가 우세해.

엄 마 게다가 그곳은 왕궁터의 기본형이 되는 남향도 아니란다. 거의 대부분의 왕궁은 군주남면의 법칙을 따르거든.

아 빠 최근의 연구결과에 의하면, 서울의 풍납토성(風納土城)과 몽촌토성(夢村土城)일대로 추정하고 있어.

아 름 그럼, 풍납토성과 몽촌토성 주위의 고분을 찾아보면 백제의 초기 고분을 찾을 수 있겠네요?

호 림 몽촌토성 근처의 고분이라면 혹시 잠실 롯데월드 근처의 그 고분?

아 빠 왜 아니겠니? 송파구 석촌동 고분군과 방이동 고분군이야. 자, 우선 석촌동 고분군으로 가 보자.

뱀의 발 백제의 국가 성립

백제건국 시기에 관해 일반적으로 《삼국사기》기록에 실린 온조설화에 따라 기원전 18년에 부여 또는 고구려 계통의 유민 세력과 한강 유역의 토착 세력의 결합으로 성립된 것으로 보고 있다. 최초의 백제의 이름은 십제였다. 우수한 철기 문화를 보유한 고구려 유민 집단이 지배층을 형성하였다.

《삼국사기》의 백제 건국 설화에 따르면 졸본부여 사람인 비류와 온조가 남쪽으로 함께 내려온 뒤 비류는 미추홀에, 온조는 하남위례성에 각기 도읍을 정하고 나라를 세웠으며, 비류가 죽자 그 신하와 백성이 모두 위례성으로 옮겨오므로 비로소 백제(百濟)라는 큰 나라로 성장했다고 한다. 온조집단이 한강 유역에 정착하였을 때 이 지역은 직산-천안을 중심으로한 목지국 중심의 마한에 속하여 있어 마한으로부터 100리의 땅을 할애받아 십제를 세우고 미추홀 지역의 비류집단과 연맹을 형성하여 초고왕때 지역연맹의 맹주가 되어 백제라고 이름을 고쳤다.

서울 송파구 석촌동 고분군 (사적 제243호)

서울시 송파구 석촌동 고분군 대형 안내도앞

우리나라에도 피라미드가 있다

호 림 와! 이 곳의 고분은 생김새가 특이해요! 작은 피라미드 같아요.

아 름 어쩐지 이 곳의 고분은 눈에 많이 익은 것 같은데… 맞다! 고구려의 돌무지 무덤인 장군총과 비슷해요! 그런데 백제의 무덤이 왜 고구려의 무덤과 닮았을까?

엄 마 백제를 세운 사람이 누구라고 했지?

아 름 그야, 주몽의 아들인… 아, 그렇구나! 결국, 초기 백제의 지배층은 고구려 사람들이구나!

호 림 그렇지만, 백제를 대표하는 가장 유명한 고분은 공주의 무령왕릉이잖아요!

아 빠 백제의 초기 지배층은 북방에서 내려온 고구려 계통의 사람들이었지만 시간이 흐르면서 남방의 토착 원주민들과 섞이면서 문화도 서로 융화되는 현상이 벌어져. 그런 이유 때문에 백제고분의 다양성은 다른 지역에 비해 크게 돋보일 수 밖에 없어.

엄 마 결국 그런 고분의 다양성은 고분을 사용하는 주인의 문화적 다양성을 나타내 주겠군요.

아 빠 바로 이곳 석촌동 고분이 분묘제도의 다양성을 보여주는 대표적인 유적지라고 할 수 있지. 백제 초기 주체세력의 다양함은 결국 이처럼 다양한 분묘제도의 고분들의 형태로 나타나고, 이는 백제의 성장, 변천과 함께 변화하였는데, 고분의 양식이 변화하는 모습은 각 지역의 토착적 전통 분묘제도 위에 새로운 분묘제도가 도입되거나, 또는 분묘제도 간의 결합을 통해 새로운 유형의 분묘가 탄생했어. 특히 외국과의 적극적인 대외교섭을 통한 활발한 신문물의 도입과정에서 새로운 유형의 고분형태도 등장을 했는데 호림이가 말한 공주의 무령왕릉이 가장 대표적인 경우야.

피라미드형식의 돌무지 제3,4호분

백제고분은 ‘기단식 돌무지무덤’에서 ‘굴식 돌방무덤’으로 변화되어 간다

엄 마 그렇다면, 백제고분은 어떤 식으로 변화를 하죠?

아 빠 간단히 요약을 하자면, 우선 초기 한성백제시대에는 도읍지인 위례성 주위로 ‘돌무지무덤’ 특히 ‘기단식 돌무지무덤’이 등장을 해. 그러다가 시간이 흐르면서 ‘굴식 돌방무덤’이 백제사회에 유입이 되면서 ‘기단식 돌무지무덤’과 병행해서 사용이 되다가 점점 ‘굴식 돌방무덤’이 백제의 주류 분묘제도로 자리를 잡게 돼.

호 림 쉽게 말하자면, 굴러온 돌이 박힌 돌을 뺀 셈이군요.

아 빠 그런 셈이지. 그러다가 제2기인 웅진백제시대로 들어서면 백제의 주류 고분문화로 자리잡은 ‘굴식 돌방무덤’양식에 일정부분 정체현상이 나타나게 돼.

엄 마 문화의 피로현상인가? 아무튼 그래서 그 시기에 중국으로부터 벽돌무덤 이라는 새로운 양식이 들어왔군요!

아 름 아, 그 유명한 무령왕릉!

아 빠 맞아. 마지막으로 제3기인 사비백제시대의 백제의 분묘제도는 중국으로부터 들어온 벽돌무덤의 영향까지도 충분히 흡수해서 완전한 백제식으로 정착이 되었는데, 예를 들면 초기 돌방무덤의 구조가 궁륭식(穹窿式) 혹은 아치식 이었다면 후기에는 모두 평천장 형식으로 바뀌었어. 그리고 ‘굴식 돌방무덤’도 합장 혹은 다장(多葬)의 기능이 추가되어서 전통적 장법 상에 변화가 나타나고, 그로 말미암아 ‘앞트기식 돌방무덤’이라는 새로운 분묘제도 까지 등장을 했어.

아 름 요점만 간단히 정리하자면 '기단식 돌무지 무덤'에서 '굴식 돌방무덤'으로 바뀌었다는 뜻이죠?

아 빠 아름이가 잘 정리해 주었구나. 그런데 그런 무덤의 변천과정을 한 곳에서 확인할 수 있는 곳이 바로 이 석촌동 고분군과 방이동 고분군이야. 방이동 고분군은 이곳, 석촌동 고분군에서 직선으로 겨우 1.3 km 떨어진 곳에 있어. 자, 이곳, 석촌동 고분군의 안내도를 들여다 볼까?

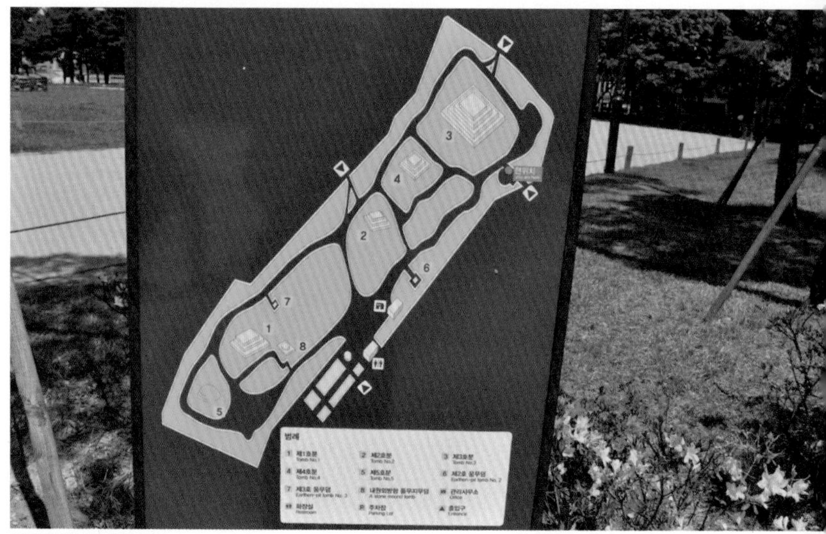

석촌동고분군 안내도

호 림 봉분은 네 개 밖에 안보이네요. 그 중에서 세 개는 평면이 네모나고, 한 개는 둥근 모양이에요.

아 름 봉분은 없고 내부 평면이 땅위에 드러난 고분도 두 개나 있어요. 아마 아직 발굴 중인 모양이죠?

아 빠 내부가 드러난 그 고분은 현재 발굴 중인 고분이 아니라 이미 윗부분이 파괴되어서 상부의 구조를 알 수 없기 때문에 저런 상태로 놔둔 거야. 지금은 이곳에 고분이 모두 8기가 있고 그나마 형태가 온전하게 복원되어 있는 것은 4기밖에 없지만, 1916년 조사에서는 흙무덤(봉토분)이 23기, 돌무덤(적석총)이 무려 66기가 있었다고 해. 이렇듯, 이곳에는 옛날부터 돌무덤이 많았기 때문에 이곳 동네의 이름도 '돌마을' 또는 '돌마리'로 불렸고, 한자로는 '석촌동(石村洞)'이 된 거야.

2011년 7월 11일자로 사적 지정명칭 부여방식이 개선, 변경됐다

엄 마 여보, 예전에는 이곳의 이름에 백제라는 명칭이 분명히 들어있었던 것으로 기억하는데, 지금은 왜 빠져있나요?

아 빠 응, 당신 말대로 예전에는 이곳을 '석촌동백제초기적석총'이라고 불렀어. 인근에 있는 방이동 고분군도 예전에는 '방이동백제고분군'으로 불렀지. 하지만 2011년 7월28일자로 문화재청에서는, 국가지정 문화재 중에서 그동안 통일된 기준이 없던 사적 지정명칭 부여방법을 개선해서, 국민 누구나 쉽게 이해하고, 알 수 있도록 명칭부여 기준을 마련한 뒤에 사적 439건의 지정명칭을 변경했는데, 석촌동 고분군과 방이동 고분군도 거기에 포함이 되었어.

엄 마 그러고 보니 지역명을 통일하여 지정했고, 띄워쓰기로 쉽게 알 수 있게 했군요!

아 빠 예를 들어 예전 방식대로 문화재를 표기한다면, 조선왕릉 중에서 '장릉'은 세 곳이나 되어서, 반드시 한자로 써야만 비로소 구분이 되었어. 하지만 지금은 김포 장릉(章陵), 파주 장릉(長陵), 영월 장릉(莊陵) 이런 식으로 지역명을 병기하고, 띄워쓰기를 해서 쉽게 이해를 할 수 있는 거야.

아 름 경주의 신라왕릉들은 대부분 비슷하게 생겼는데, 이 곳 고분들은 왜 모양이 서로 다르죠?

아 빠 우선 이색적으로 보이는 것이 북쪽에 몰려있는 2, 3, 4호분 일거야. 저런 형태는 중국의 지린성 지안현에 나타나는 전형적인 고구려의 기단식 돌무지무덤 양식인데, 이것으로 우리는 이 무덤의 주인공들이 고구려 계통임을 추정할 수 있어.

가장 큰 규모의 기단식 돌무지 무덤인 제 3호분은 만주의 장군총 보다도 면적이 크다

기단식 돌무지 제3호분

호 림 저런 무덤을 어떻게 만들까요? 저 속에 모두 다 돌이 들어있나요?

아 빠 발굴조사한 결과에 따르면 우선 잘 다져진 터 위에 40~50 cm 두께로 진흙을 깔고, 그 위에 얇은 돌을 한겹으로 깔아서 기초를 만들어. 그런 다음 그 위로 밑테두리에는 매우 크고 긴 돌을 두르고, 나머지는 자연석으로 네모지게 층단을 이루면서 3단으로 쌓아 올렸어. 동서 길이가 50.8 m, 남북 길이가 48.4 m, 높이가 4.5 m인데, 이 정도면 면적만 놓고 봤을 때 만주에 있는 장군총의 규모보다도 더 커.

아 름 장군총보다도 더 커요?

아 빠 응, 그래서 이 정도 규모가 되는 무덤의 주인공이라면, 아마도 고구려 사람들이 남쪽으로 내려와서 한강유역에 백제를 세웠을 때의 절대권력자의 무덤으로 봐도 무방할 것 같아.

엄 마 혹시 삼국유사와 같은 역사책에 이 무덤의 주인공을 추정할만한 내용은 없나요?

아 빠 삼국사기 백제본기편 개로왕조에 "한강에서 큰 돌을 주워 석곽을 만들고, 아버지의 뼈를 묻었다"라는 기록이 있는 것으로 봐서는 적어도 5세기 중반까지는 백제에 돌무지 무덤양식이 존재했음을 알 수 있어. 또 시기적으로 봤을 때, 이 정도 규모의 무덤의 주인공이 될 수 있는 사람은, 백제가 한반도에서 최강국이었던 시절인 근초고왕 뿐이라고 추정하는 사람도 있지만, 그런 주장 역시 확실한 근거가 없기 때문에 단정할 수는 없어. 자, 이제 옆에 있는 제4호분으로 가 보자.

뱀의 발 장수왕릉(長壽王陵)

장수왕릉은 중국 지린성 퉁화시 지안현(輯安縣) 퉁구(通溝)의 토구자산(土口子山) 중허리에 있는 고구려 시대의 돌무덤(石塚)으로서, 현재 가장 완벽한 형태를 유지하고 있는 적석총이다. 흔히 장군총(將軍塚)으로 불린다. 산 아래에 광개토왕릉비가 있다.

무덤은 총 7층의 단계식 피라미드로 이루어져 있고, 평면은 장방형으로서 한 변의 길이는 31.5~33 m이며, 무덤의 높이는 현재 14 m로 아파트 5층 높이에 달한다. 기단(基壇)의 무덤 둘레로 한 변에 세 개씩 호석(護石)이라 하는 적석 밀림 방지석이 배치되어 있는데, 분실되었는지 오직 동쪽 변만 가운데 호석 없이 두 개뿐이다.

정부(頂部)는 만두형(饅頭形)을 하고 상단부에 1열의 구멍이 있어 정상에 건축물이 있었음을 보여준다. 그 안쪽에는 향당이라 불리는 사당이 있었으리라 추정했지만, 무덤 동쪽에 초대형 제단이 발견됨으로써 현재는 불탑이나 비석이 서 있었을 것으로 보는 추세이다. 이곳은 현재 중국 정부의 동북공정 정책으로 인해 많이 훼손되었다.
안팎 전부를 화강석으로 쌓아올린 석축릉으로 구조가 정연하고 규모가 매우 장대하다. 이 묘는 일찍이 도굴당한 듯하여 아무런 부장품이 남아 있지 않으며, 축석분으로서 거의 안전한 모양을 갖추고 있는 유일한 것이며, 중국에서도 볼 수 없는 독특한 양식이다.

내부 구조를 살펴보면, 묘실은 횡혈식으로 벽화가 그려졌던 흔적이 있으나 지금은 남아 있지 않다. 석실의 위치는 높고 밑으로부터 3단째 단을 상(床)으로 하고 있다. 최상단의 상면(上面)과 거의 같은 높이에 장방형의 거대한 1매의 천정석이 있으며, 연도(羨道)는 서남방으로 있으며 천장은 큰 돌 3매로 되어 있다. 현실의 4벽은 6단으로 쌓고 각 벽의 위에는 굵고 모진 기둥을 옆으로 높여서 천정석으로 받치고 있다. 현실의 크기는 가로 · 세로의 높이가 모두 5미터 이상이며 상(床)으로 오기(基)의 관대(棺臺)가 있으며, 기단의 4주에는 넓이 4미터의 돌을 두르고 자갈로 채워져 있다. 4벽과 천장에는 본래 칠을 하였으며 벽화가 있었던 흔적이 보이나 지금은 전부 박락(剝落)되고 없다. 각 층의 외부에는 기와로 덮었던 것으로 생각되나 모두 무너지고 잡초만이 무성하다.

이 무덤은 돌무지무덤의 일종인 적석분의 대표적인 것이다. (출처: 위키백과)

제 4호분은 이주세력과 토착세력 간 지배관계의 변화모습을 보여주고 있다

호 림 제 4호분은 제 3호분과 크기만 다르지, 똑같은 모양이네요!

아 름 오빠, 좀 자세히 봐. 크기 뿐만 아니라 모양도 약간 달라.

호 림 뭐가 달라? 돌로 만든 기단이 3단으로 된 돌무지 무덤이잖아!

엄 마 호림아, 제일 윗단을 자세히 보렴.

호 림 어라? 여기에는 돌이 아니라 흙이 채워져 있네?

아 빠 제 4호분을 발굴한 결과에 따르면, 두 번째 기단의 석축안에는 네모난 흙기둥이 있고, 그 위쪽의 세 번째 단 내부에는 흙으로 채운

기단식 돌무지에 맨 위의 단을 흙으로 마무리한 제4호분

뒤에, 맨 위쪽에는 세번재 단의 석축과 내부를 덮어주는 둥근 형태의 봉분을 쌓아서 마무리를 했다고 해.

엄 마 석축 속에 네모난 흙기둥이 있다는 말은 무슨 뜻이죠?

아 빠 만약 석축을 먼저 쌓았다면 그 속에 흙기둥을 만들 이유가 없지? 그냥 흙을 채우기만 하면 될테니깐. 흙기둥이 있는 이유는 이 무덤이 원래는 흙무덤으로 만들어 졌다는 것을 뜻해. 그런 흙무덤을 무슨 이유에서인지 정확히 알 수는 없지만 주변을 깎아내고 석축으로 보강을 한 것이야. 이렇게 함으로써 흙무덤이 돌무지 무덤으로 바뀐 것이지. 이런 방식의 돌무지 무덤은 순수 고구려식이 아닌 '백제식 돌무지 무덤'이라고 부를 수 있어.

호 림 마치 오래된 건물의 벽을 뜯어내고 새 대리석으로 리모델링 공사를 한 것 같네요.

아 름 왜 그렇게 했을까요?

아 빠 한성백제시대에는 북방에서 내려온 고구려 계통의 이주세력과 원래부터 이곳에 살고 있었던 토착세력이 공존하고 있었어. 추운 지방에서 온 이주세력은 전통적인 돌무지 무덤을 사용했고, 따뜻한 지방출신인 토착세력은 흙무덤을 사용했을거야. 그런데 한성백제의 최고지배계층은 토착세력이 아닌 이주세력 이었어.

엄 마 주몽의 아들인 온조가 백제의 왕이었다는 사실이 이를 증명하고 있는 거란다.

아 빠 그런데 제 4호분은 원래 토착세력의 흙무덤으로 만들어 졌지만, 후손들 가운데서 권력을 가진 자가 나타나서 자신의 선조가 묻힌 '흙무덤'을 이주세력의 무덤인 '돌무지 무덤'으로 형태를 바꾼 것으로 추정이 돼.

호 림 말하자면, 족보를 세탁한 것이군요!

아 빠 아무튼 이것으로 우리는 한성백제시대의 이주세력과 토착세력 간의 국가지배권력을 둘러싼 모종의 변화를 짐작해 볼 수 있어. 자, 이제 바로 옆의 제 2호분으로 가 볼까?

호 림 제 4호분과 제 2호분은 분명히 모양도 같아요. 이 안에도 흙기둥이 있겠죠?

아 빠 제 2호분은 처음부터 바깥쪽에 석축을 먼저 쌓은 다음, 그 안쪽을 점토로 메우는 방식을 썼어.

아 름 그렇다면 제 4호분과는 만드는 방법이 또 다르네요?

먼저 석축을 쌓은 다음 점토를 메운 제2호분

아 빠 그렇지. 제 4호분은 고구려식의 돌무지 무덤을 흉내낸 것이라고 한다면, 제 2호분은 고구려식의 돌무지 무덤과 토착세력의 흙무덤이 완전하게 하나로 합쳐진, '백제식 돌무지 무덤'의 완성으로 볼 수가 있어. 너희가 꼭 기억해야 하는 것은 지금까지 우리가 보았던 제 2, 3, 4호분은 남한 땅에서는 이 곳에서 밖에는 볼 수 없는 기단식 돌무지 무덤이란 거야.

엄 마 자, 이번에는 분위기를 바꿔서 공원의 제일 끝에 있는 흙무덤인 제 5호분으로 가 보자.

제 5호분은 즙석봉토분이다

즙석봉토분인 제5호분

아 빠 이 제 5호분도 매우 특이한 무덤양식이야.

호 림 그냥 겉보기에는 보통의 흙무덤과 다를 바가 없는 걸요?

아 빠 발굴보고서에 의하면 이 무덤은 흙의 층중에 회(灰)가 섞이고 다져진 선이 중심을 향해 있고, 또한 지표면밑(表土下) 140 cm 쯤에 마치 지붕을 덮듯이 한 겹의 돌들로 봉토를 덮고나서, 다시 그 위에 흙을 얹어 봉분을 마무리 하였는데, 2개 이상의 작은 분구(墳丘)를 뒤에 1개의 봉토로 덮은 형태로 봐서는 아마도 가족묘적인 성격을 띠고 있다고 보고 있어.

엄 마 왜 이런 식의 무덤 양식이 나왔을까요?

아 빠 이런 식으로 봉토 중간부분을 돌로 덮은 양식의 무덤을 즙석봉토분

(葺石封土墳)이라고 해. 여기서 즙(葺)이라는 글자는 평소에는 잘 쓰이지는 않지만 '지붕을 이다'라는 뜻을 가졌어. 그리고 이런 양식의 무덤은 가락동과 석촌동 등 한강유역의 초기 백제무덤에서만 볼 수 있는데, 토착세력이 고구려 돌무지 무덤의 영향을 받아서 만든 것으로 추정하고 있어.

아 름 토착세력이 고구려의 돌무지 무덤의 영향을 받은 것은 제 4호분과 같이 흙무덤의 밖을 석축으로 둘러싼다고 하셨잖아요? 그런데 왜 이 무덤은 흙무덤의 밖이 아니라 흙무덤의 속을 돌로 덮었을까요?

아 빠 좋은 질문이야. 아마도 이 즙석봉토분은 초기 백제시대에 이 지역 지배계층의 한 부류이기는 하지만 주변에 만들어진 기단식 돌무지 무덤의 피장자보다는 신분이 낮고, 여기저기 산재해 있는 소형 석실묘나 토광묘에 묻힌 사람들보다는 신분이 조금 높은, 중간계층 사람들의 분묘로 추정이 가능해.

아 름 요약하자면 초기 한성백제시대에는 외견상 돌로 만든 무덤은 신분이 높고, 흙으로 만든 무덤은 신분이 낮았다는 것을 뜻하네요? 그래서 중간계층 사람들은 신분이 높은 사람들을 의식해서 차마 밖으로는 돌을 사용하지 못하고, 무덤 속에만 돌을 사용한 것으로 볼 수 있겠군요!

아 빠 자, 이제 옆쪽에 있는 1호분 쪽으로 가 볼까?

제 1호분은 부부합장묘로 추정되는 쌍분이다

호 림 이 무덤은 윗부분이 파괴되어서 이렇게 되었다고 하셨죠? 그런데 무덤모양이 왜 이렇게 길어요?

부부합장묘로 추정되는 제1호분

아 빠 그 이유는 이 무덤이 두 개가 합쳐진 쌍분이어서 그런 거야. 우선 북쪽의 무덤이 먼저 만들어진 후에 남쪽의 무덤이 덧붙여져서 쌍분이 되었어.

엄 마 동시에 만들어진 것이 아니라 무덤 하나가 먼저 만들어지고, 나머지 하나가 뒤에 만들어졌다면 분명히 부부 중 한 사람이 먼저 죽고, 그 뒤에 나머지 한사람이 죽어서 그렇게 된 것 아닌가요?

아 빠 학자들도 그렇게 추정을 하고 있어. 이 무덤의 내부 구조를 보면 북쪽 무덤과 남쪽 무덤이 서로 달라. 북쪽의 무덤은 석축내부가 점토로 채워진 백제식 돌무지 무덤이야.

아 름 제 2호분과 같은 방식이네요?

아 빠 그렇지! 하지만 남쪽 무덤은 내부에 돌덧널(석곽)을 가진 전형적인 고구려식 무덤이거든. 따라서 학계의 추정으로는 토착세력 출신의 부인이 먼저 죽은 후에 북쪽 무덤이 만들어 졌고, 훗날 고구려계 이주세력 출신이었던 남편이 죽어서 남쪽 무덤을 만들때 부인의 무덤에 덧붙여서 돌무지 무덤을 쌍분 형태로 만든 것으로 보고 있어.

제 1호분 옆의 내원외방분은 전방후원분을 연상시킨다

호 림 아빠, 제 1호분 옆에도 무덤이 하나 또 있어요. 부부묘와 바짝 붙어 있는 것으로 봐서는 아마도 어려서 죽은 아이의 무덤이 아닐까요?

아 빠 그렇게 단정할 수는 없어. 왜냐하면 쌍분인 제 1호분의 무덤이 남쪽과 북쪽무덤 모두 각각 한변이 10 m를 넘지 못하는데 비해서, 그 옆에 있는 무덤은 한변이 16 m에 이르기 때문에 어려서 죽은 자식의 무덤으로 보기에는 무리가 있어. 그런데 재미있는 것은 이 무덤의 모양이야. 자세히 봐!

아 름 바깥쪽은 사각형인데, 안쪽에는 원형으로 되어 있네요?

엄 마 마치 전통조경에서 연못을 만드는 원리를 보고 있는 듯 하네요? 우리나라의 무덤에도 천원지방 사상을 접목시킨 것이 있어요?

아 빠 이 무덤에 대해 자세히 밝혀진 사실은 아직 없어. 다만 석축의 안쪽 바닥에 토광적석묘 2기와 석곽묘 3기가 들어 있었고, 그 위에 돌무지 무덤이 만들어졌다는 것만 밝혀졌어.

엄 마 전혀 다른 형태의 무덤이, 그것도 여러 개가 같이 있다는 뜻인데, 그렇다면 부부 합장묘도 아니고...

백제 고분

내원외방형 돌무지무덤

아 빠 현재로서는 신분과 시대가 다른 무덤양식이 중첩되어 있다는 것 이외에는 다른 해석이 없어. 다만 나는 여기서 전방후원분(前方後圓墳)이 연상이 돼.

엄 마 전방후원분이라면... 일본의...

아 빠 그렇지. 일본에서 서기 3~6세기 고분시대에 지배층 사이에서 유행했던 무덤 양식이야. 일본에서는 전방후원분이라고 하고, 우리나라에서는 장구형 무덤이라고 불러.

아 름 전방후원이라면 앞쪽은 네모나고, 뒤쪽은 둥근모양이라는 뜻인가요?

아 빠 응, 대표적인 전방후원분은 주로 일본에 있지만 우리나라에도 전라남도 지역에 10여기가 있어. 대체로 후원 부분쪽이 사체를 매장한 분묘 부분이고, 앞의 네모난 부분은 제단의 역할을 한 것으로 추정되고 있지.

호 림 비슷한 모양의 무덤이 있다면 서로 교류가 있었다는 것을 뜻하잖아요?

아 빠 물론이지! 실제 백제와 고대일본 사이에는 활발한 교류가 있었다는 것이 여러 기록을 통해서 확인이 되고 있어. 특히 무덤의 양식이 같다는 것은 문화교류보다 더 큰 의미가 있어. 무덤의 양식은 쉽게 바뀌는 것도 아니고, 보통 같은 혈족끼리만 같은 무덤의 양식을 쓰거든. 혹시 백제가 언제 멸망했는지 아니?

아 름 그럼요! 서기 660년이에요.

백제가 멸망할 때 일본은 무려 2만7천명의 구원군을 보냈다

아 빠 사실은 백제멸망의 시기가 660년 아닌 663년 8월이라고 보는 것이 맞아. 왜냐하면 660년 백제의 수도 사비성이 함락되자 백제에서는 부흥군이 조직되었고 일본에서도 무려 2만7천명의 구원군을 보내서 663년에 백강(白江) 어귀에서 대해전을 벌렸다는 기록이 우리나라의 삼국사기, 일본의 일본서기, 그리고 중국의 구당서에 나와.

호 림 이상하군요? 일본은 왜 남의 나라가 망했는데 무려 2만7천명이나 되는 구원군을 보내줘요?

아 빠 중국의 역사서 후한서에는 고대 한반도의 삼한에 대해 이런 기록도 있어.

> 韓有三種 一曰馬韓 二曰辰韓 三曰弁辰
>
> 한(韓)은 마한(馬韓), 진한(辰韓), 변진(弁辰)의 세 종류가 있다.
>
> 馬韓在西 其北與樂浪 南與倭接
>
> 마한은 서쪽에 위치하고 북쪽으로는 낙랑이 있고 남쪽으로는 왜(倭)와 접해있다.

엄 마 마한의 남쪽이 왜와 접해있다? 이상하네요? 왜는 바다건너에 있어야 하는데, 접(接)이라는 말은 육지로 서로 경계하고 있을 때 쓰는 말이잖아요?

아 빠 그 다음 구절도 들어봐.

> 辰韓在東 十有二國 其北與濊貊接
>
> 진한은 동쪽에 있고 12개 정도의 나라가 있으며 그 북쪽은 예맥과 접하고 있다.
>
> 弁辰在辰韓之南 亦十有二國 其南亦與倭接
>
> 변진은 진한의 남쪽인데 대략 12개국이 있고 그 남쪽은 왜(倭)와 접하고 있다.

아 름 마한의 남쪽뿐만이 아니라, 변진의 남쪽도 왜와 접해 있다고요?

호 림 일본열도가 한반도와 붙어 있었나?

아 빠 한편, 삼국지(三國志), 위서(魏書), 한전(韓傳)에서는 한(韓)과 왜(倭)를 이렇게 설명하고 있어.

> 한(韓)은 대방(帶方)의 남쪽에 있는데, 동쪽과 서쪽은 바다로 한계를 삼고, 남쪽은 왜와 접해 있으며(南與倭接),
> 면적은 사방 4,000리쯤 된다....
> (변진의) 독로국은 왜와 경계가 접해 있다(與倭接界).

엄 마 여러 역사서의 기록을 종합해 보면 왜(倭)의 위치는 한반도의 남부지방이라는 결론이네요?

아 빠 그렇지. 지금까지의 자료를 종합해 본다면 우리가 상식적으로 알고 있는 왜(倭) = 일본이라는 공식이 깨지는 거야. 이런 오류는 동이족 = 우리 한민족 이라는 생각에서도 발견돼. 동이족은 중국 입장에서 봤을 때, 우리민족을 포함해서 여진족, 말갈족 등을 모두 아울러서 부르는 용어야. 따라서 같은 맥락에서 볼 때, '왜(倭)'라는 용어는 중국 입장에서 한반도 남쪽의 부족과 일본을 모두 아울러서 부르는 용어라고 생각돼.

아 름 중국 역사책 말고 일본의 역사책에는 뭐라고 쓰여 있나요?

아 빠 일본의 역사서인 일본서기에는 백강 전투에서 패전하고 백제 부흥군의 수도인 주류성까지 함락되자 일본의 지배층〔國人〕이 '조상들의 무덤이 있는 그곳을 언제 다시 가볼 수 있겠는가〔丘墓之所, 豈能復往〕'라고 한탄했다고 되어 있다고 해.

엄 마 그렇다면 백제와 일본의 지배계층은 서로 한 뿌리라는 뜻이 될 수도 있군요. 그래서 전방후원분이라는 비슷한 무덤양식도 발견되는 것이구요.

호 림 그럼 일본 사람들을 얕볼 때 왜놈이라고 하면 안되겠구나!

아 빠 과거의 아픈 역사때문에 나는 인정하기는 싫지만 삼국시대의 백제와 일본의 지배계층은 혈연관계로 맺어진 가까운 인척관계라는 생각이 들어. 자, 이 곳의 답사는 이 정도로 마무리를 짓고, 근처에 있는 방이동으로 가 보자. 그 곳에도 백제 고분들이 모여 있거든.

뱀의 발 서울 석촌동 고분군 (서울 石村洞 古墳群)

종 목: 사적 제243호
명 칭: 서울 석촌동 고분군 (서울 石村洞 古墳群)
분 류: 유적건조물 / 무덤/ 왕실무덤/ 고대
수량/면적: 49,999㎡
지정(등록)일: 1975.05.27
소 재 지: 서울 송파구 석촌동 61-6
시 대: 백제
소유자(소유단체): 국유
관리자(관리단체): 송파구

적석총이란 고구려 초기부터 나타난 고구려 계통의 무덤으로서 돌무지무덤이라고도 한다. 석촌동 무덤들은 백제 초기에 만들어진 무덤으로서 일제 때 처음 조사되었다. 1호, 2호 무덤은 주민들이 농사 짓는 땅으로 이용해서 내부구조와 유물은 정확히 알 수 없었으며, 3호 무덤은 기원전 · 후부터 나타나는 고구려 무덤 형식인 기단식돌무지무덤(기단식적석총)이다.

무덤은 높은 지형을 평평하게 하고 밑 테두리에는 매우 크고 긴 돌을 두르고 자연석으로 층단을 이루면서 쌓아올려 3단으로 되었는데, 옛 고구려 지역인 만주 통구에 있는 장군총보다 큰 것임이 밝혀졌다. 5호 무덤은 조사가 완전하게 되지 않아 구조와 유물에 대해서는 확실히 알 수 없으며, 무덤 주변에는 무덤을 두르고 있는 돌을 2단으로 쌓았다.
내부구조에 대해서 확실히 알 수는 없고, 이 지역 지배계층의 무덤으로서 주변에 만들어진 무덤의 주인보다는 낮은 계층의 사람들 같고, 독무덤(옹관묘)이나 작은 돌방무덤(석실묘)에 묻힌 사람들 보다는 조금 높은 신분계층의 사람들의 무덤으로 볼 수 있다.
이 무덤들은 가락동 · 방이동 무덤과 함께 초기 백제의 문화와 역사를 알려주는 중요한 자료이다.
(출처: 문화재청)

서울 송파구 방이동 고분군 (사적 제270호)

서울시 송파구 방이동 고분군 입구 안내문 앞

외관상 석촌동 고분군과 방이동 고분군은 확연히 다르다

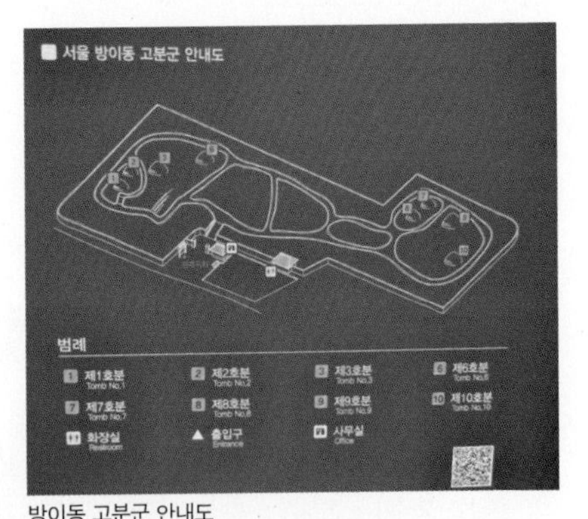

방이동 고분군 안내도

호 림 석촌동 고분에서 이곳, 방이동 고분까지는 자동차로 5분도 안 걸리네. 걸어와도 되겠다.

엄 마 직선거리로는 1.3 km 떨어져 있단다.

아 름 아빠, 외관상 석촌동 고분들은 돌무지 무덤이 대부분이었는데, 이곳의 고분들은 모두 흙무덤 이네요?

아 빠 외관상은 흙무덤으로 보이지만, 내부 전체가 흙무덤은 아니야.

엄 마 같은 한성백제 시대의 무덤이면서 외관이 바뀌었다면, 이곳, 방이동 고분들은 석촌동 고분들 보다는 시기적으로 늦게 만들어졌나요?

아 빠 확실한 근거가 없기 때문에 반드시 그렇다고 단정지을 수는 없어. 왜냐하면 이곳이 남방계 백제사람들 만의 무덤들일 수도 있거든. 아무튼 여기 방이동 고분군은 서북쪽에 1, 2, 3, 6호분이 몰려 있고, 반대쪽인 동남쪽에 7, 8, 9, 10호분이 몰려 있어.

아 름 아빠, 가까운 거리에 있는 백제 고분들의 모습이 왜 이렇게 차이가 나죠?

아 빠 좋은 질문이야. 석촌동과 방이동의 고분들이 만들어진 제도를 비교해서 연구해 보면, 우리는 그 옛날 백제사람들이 고분을 만들던 양식이 시대에 따라서 어떻게 변해가는 것을 대략적으로 알 수 있어.

엄 마 한성백제를 대표하는 석촌동과 방이동 고분군뿐만 아니라, 백제가 수도를 옮겼던 공주와 부여의 고분들까지 한꺼번에 비교한다면, 백제의 전체 고분의 흐름을 알 수가 있겠군요!

방이동 고분군은 초기 횡혈식 석실고분(굴식 돌방무덤)이다

아 빠 그렇지. 이미 잘 알려진 사실이지만 백제의 가장 대표적인 무덤양식은 '횡혈식 석실고분'이야.

호 림 아빠, 어려운 한자 말고 쉬운 우리말로 해 주세요.

아 빠 좋아. '횡혈식 석실고분'은 순우리말로 '굴식 돌방무덤'이야. 이런 방식은 무덤내부에 돌로 만든 널방(석실 또는 현실)을 만들어서 그곳에 관을 넣은 뒤에, 이 돌방까지 이어지는 통로인 널길(현도)을 붙이고, 그 위에 흙으로 봉분을 만들어 덮는 방식이야. 백문이 불여일견 이라고 했지? 자, 저 위쪽의 제 1호분으로 가 보자.

아 름 와, 무덤 속이 보여요.

아 빠 이곳 방이동 고분군 중에서 유일하게 제1호분만 공개를 하고 있어.

보수공사 중인 서북쪽 1호분

엄 마 당신 말처럼 입구에서부터 널방까지 모두 깬돌로 쌓아 올린 다음, 천장에는 큰 돌로 마감을 했어요. 입구의 쇠창살에 자물쇠가 잠겨 있어서 널방까지는 못가 보는 것이 좀 아쉽네요.

호 림 엄마, 나는 자물쇠를 열어 준다해도 저 안에 들어가는 것은 절대 사양합니다. 컴컴한 무덤 속에 왜 들어가요? 아유~ 무서워!

아 빠 어때? 이렇게 실제로 보고 나니, 백제의 대표 무덤양식인 '굴식 돌방무덤'에 대해서 이제 확실히 이해가 가지?

아 름 그럼 여기 있는 나머지 고분들도 모두 제 1호분과 같은 방식의 고분들인가요?

아 빠 그렇지는 않아. 내가 알아본 바로는 이 곳 8기의 고분 중에서 네 개만이 발굴조사 되었다고 해. 그 중에서 제 6호분은 널방을 둘로 나누는 중간 벽이 북쪽에서 널길까지 이어지면서 쌓여있는 특이한 구조를 하고 있는데, 중간 벽의 북쪽 끝 부분에 구멍까지 뚫려 있다고 해.

엄 마 그렇다면 그것은 영락없이 부부의 합장묘군요.

아 빠 그렇지. 그렇게 뚫린 구멍을 영공(靈孔)이라고 하는데, 일반적인 부부 합장묘에서 부부의 영혼이 서로 소통할 수 있도록 해 주는 역할을 해. 그리고 또 한 고분은 널길이 없는 돌덧널무덤(석곽묘)으로 조사되었어. 그렇지만 주류 무덤양식은 역시 굴식 돌방무덤이야.

아 름　또 질문이 있어요. 이 곳 방이동 고분들과 공주나 부여에 있는 고분들은 어떤 차이가 있나요?

아 빠　그 녀석 참 급하기도 하지. 공주나 부여에 가서 자세히 설명하려고 했는데 이왕 질문이 나왔으니 개략적인 것만 설명해 줄게. 방이동 고분들과 공주나 부여의 고분들은 모두 굴식 돌방무덤이라는 공통점은 있지만 약간씩 차이점이 있어.

엄 마　한성백제에서 웅진백제, 그리고 사비백제로 넘어가는 시대의 흐름에 따라 생긴 차이점이겠죠?

부부합장묘로 추정되는 서북쪽 6호분

한성, 웅진백제 시대의 고분과 사비백제 고분에는 시대 흐름에 따라 생긴 차이점이 있다

아 빠 물론이지. 이곳, 방이동의 고분들과 공주의 송산리 고분들의 경우에는 주로 깬돌로 널길과 널방을 만들었지만, 사비백제를 대표하는 부여의 능산리 고분들의 경우에는 깬돌이 아니라 잘 다듬은 돌로 널길과 널방을 만들었어.

아 름 구석기 시대의 깬석기(타제석기) 문화에서 신석기 시대의 간석기(마제석기) 문화로 바뀐 것과 비슷하네요?

엄 마 참, 기발한 생각이구나!

아 빠 아름이가 참 좋은 비유를 했구나.

호 림 그런데요, 저도 궁금한 것이 하나 있어요. 우리가 먼저 보았던 석촌동 고분군은 모두 평지에 있는데 이곳 방이동 고분군은 왜 언덕 위에 올라가 있어요?

산지형인 서북쪽 1, 2, 3, 6호분

아 빠 와! 호림이가 그렇게 훌륭한 질문을 할 것이라고는 전혀 예상하지 못했는데, 정말 놀랐어. 우리나라의 고분들은 크게 북방계와 남방계로 나뉘는데, 북방계는 주로 평지형이고 남방계는 산지형으로 분류가 돼.

엄 마 아, 그래서 중국에 있는 고구려 고분들이 거의 평지에 있구나!

아 빠 그리고 고구려 계통의 한성백제 지배층은 석촌동 고분군에서 보듯이 이전의 전통을 따라서 평지형으로 만들었어. 하지만 시대가 흐르면서 자연스럽게 남쪽의 토착세력과 융합이 되면서 점차 산지형으로 위치 변화가 생겼어. 이 곳 방이동 고분군의 1,2,3,6호분이 구릉지대에 있는 것이 산지형으로 변화하는 과정을 보여주고 있어.

엄 마 공주의 송산리 고분군이나 부여의 능산리 고분군도 모두 산의 구릉지대에 있는 산지형이야.

경주의 신라고분들이 북방계 라는 증거가 있다

아 름 하지만, 경주에 있는 신라고분들은 남쪽 지방인데도 평지에 있는 걸요? 그건 왜죠?

아 빠 경주에 있는 신라고분들, 특히 평지에 있는 돌무지덧널무덤(적석목곽분)은 핵심되는 부분을 모두 강돌을 쌓아 만든 것만 봐도 북방계라는 것을 반증하고 있는 거야. 추운 북방출신 사람들은 돌무지무덤을 쓰고, 따뜻한 남쪽출신 사람들은 흙무덤을 쓰는 것이 일반적인데, 평지에 있는 신라고분들의 위치가 비록 기후가 따뜻한 남쪽지방에 있어도 그 고분의 주인공들은 추운 북방출신 이었다는 것을 말해주는 거야.

호 림 따뜻한 경상도 지방에 있었던 신라사람들이 북방계라고요? 설마요... 그것을 뒷받침해주는 증거가 있나요?

아 빠 신라사람 전체가 북방계라고 말하는 것이 아니야. 신라의 지배층만을 북방계라고 말하는 거야. 내가 한가지 물어볼게. 신라를 건국한 사람이 누구지?

아 름 그야 쉽죠. 박혁거세요.

아 빠 그럼, 아빠의 스마트폰에서 '박혁거세'와 '파소'를 검색해 봐!

호 림 갑자기 웬 검색?

아 름 잠시만요. 지금 검색하고 있어요. 이제 결과가 나왔는데, 어라? 이럴 수가!

호 림 왜? 뭐라고 쓰여 있는데?

아 름 "신라시조 혁거세의 어머니 파소공주는 동부여 건국시조인 해부루왕의 딸이다."라는 글이 많아.

알에서 태어났다는 난생신화는 북방계라는 것을 반증한다

아 빠 파소공주에 대해서는 동부여의 왕녀라는 설과, 중국출신이라는 설 등 여러학설이 있지만, 한가지 분명한 것은 혁거세의 어머니는 북방계 출신이라는 거야. 따라서 신라의 지배계층도 북방계일 가능성이 높은 거야. 또 고구려의 주몽이 알에서 태어난 것처럼 혁거세도 알에서 태어났다는 난생신화(卵生神話)는 신라의 지배계급이 북방계라는 것을 반증하는 또 다른 증거야.

엄 마 여보, 그런데 여기 안내문을 보면 "6호 무덤에서 나온 회청색경질 굽다리접시의 경우, 굽구멍(투창)이 전형적인 신라토기에서 볼 수 있는 형식이다. 이는 6세기 이후 한강유역이 신라영토로 되었을 때 만들어진 신라무덤일 가능성도 있다."라고 되어 있어요.

아 빠 이곳 한강유역은 6세기까지 고구려, 백제, 신라가 서로 치열하게 영유권 다툼을 하던 곳이야. 그래서 6세기 이후라면 신라의 무덤이 하나 정도 끼어들었을 가능성도 있을 거야. 하지만 신라고분의 주류는 굴식 돌방무덤이 아니기 때문에 이 고분군 전체를 신라무덤으로 보는 것은 무리라고 생각해. 자, 한성백제의 고분여행은 이 정도에서 정리하고, 이제 곰나루인 웅진백제의 고분여행을 떠나볼까?

호 림 아빠, 모처럼 여기까지 왔는데 롯데월드에서 놀이기구 좀 타면서 놀다가면 안될까요?

방이동 고분군 안내판

뱀의 발 서울 방이동 고분군 (서울 芳荑洞 古墳群)

종 목: 사적 제270호
명 칭: 서울 방이동 고분군 (서울 芳荑洞 古墳群)
분 류: 유적건조물 / 무덤/ 무덤/ 고분군
수량/면적: 31,154㎡
지정(등록)일: 1979.12.28
소 재 지: 서울 송파구 방이동 125
시 대: 백제
소유자(소유단체): 국유
관리자(관리단체): 송파구

서울 방이동 일대에 있는 백제전기(4C초~475)의 무덤들이다. 제1호 무덤은 봉토의 지름이 12m, 높이 2.2m로 널길(연도)과 널방(현실)을 가진 굴식돌방무덤(횡혈식석실분)이다. 도굴로 인해 남아 있는 유물이 없었으나, 주민에 의해 3점의 토기가 수습되었다. 4호 무덤은 아치형천장(궁륭식천장)을 한 굴식돌방무덤으로, 자연적으로 유약이 입혀진 회청색경질 굽다리접시(고배)와 굽다리접시뚜껑을 비롯한 토기류와 철제류가 출토되었다.
6호 무덤에서 나온 회청색경질 굽다리접시의 경우 굽구멍(투창)이 전형적인 신라토기에서 볼 수 있는 형식이다. 이는 6세기 이후 한강유역이 신라영토로 되었을 때 만들어진 신라무덤일 가능성도 있다. 방이동 유적은 백제의 수도가 한성에 있을 때 만들어진 전기무덤으로 가락동 · 석촌동무덤과 함께 한성백제의 문화를 알 수 있는 유적이다. (출처: 문화재청)

공주 송산리 고분군 (사적 제13호)

충청남도 공주시 웅진동 송산리 고분군 입구 매표소 앞

송산리 고분군은 현재까지 모두 7기의 고분이 확인되었다

아 름 송산리 고분군이라면 이 곳에 고분이 여러 개 있다는 뜻이죠?

호 림 나는 무령왕릉 밖에는 아는 것이 없는데…

아 빠 응, 이곳 송산리에는 그 유명한 무령왕릉을 포함해서 확인된 것만 일곱 개야.

엄 마 지금까지 알려진 백제의 고분들은 모두 떼지어 있나요?

아 빠 응, 일반인들이 육안으로 확인할 수 있도록 기초적인 복원작업이 진행되었거나 외견상 확연히 드러나는 왕릉급 백제고분들로는, 우리가 먼저 살펴 본 서울의 석촌동에 6기가 있고, 그 근처인 방이동에 8기가 있어. 그것들은 모두 한성백제시대의 고분들이야.

아 름 한성백제 다음에는 웅진백제와 사비백제죠?

아 빠 그렇지. 웅진백제시대의 수도였던 이곳 공주의 송산리 고분군에 7기가 있고, 그리고 마지막 사비백제시대의 수도였던 부여의 능산리

고분군에도 7기가 있어.

아 름 신기하게도 평균이 7개네? 백제의 왕이 모두 몇 명이죠?

엄 마 백제의 시조인 온조왕부터 마지막 왕인 의자왕까지 모두 31명이란다.

호 림 그렇다면 석촌동, 방이동, 송산리, 능산리 고분군을 합치면 모두 28기의 왕릉이 있으니깐 나머지 세명의 왕릉만 찾으면 백제왕릉은 모두 찾은 셈이네요?

아 빠 그렇지 않아. 그 왕릉들 중에서 실제 주인이 알려진 것은 이 곳 송산리 제 7호분인 무령왕릉 뿐이야. 나머지 고분들은 주인이 왕인지, 아니면 귀족인지 정확히 알 수가 없어. 게다가 이 곳 송산리 고분군은 우리가 확인한 것만 7기의 고분이 있을 뿐이지 또 다른 고분이 숨어있을 지도 몰라.

엄 마 맞아. 이 곳 송산리 고분군도 무령왕릉이 발견되기 전까지는 6기의 무덤만 있는 줄 알았단다.

위에서 본 송산리 고분군

무령왕릉은 배수로 공사도중 우연히 발견됐다

아 름 그럼 무령왕릉은 어떻게 발견이 되었어요?

아 빠 무령왕릉은 1971년 7월에 송산리 제 6호분의 바로 옆에서 발견이 되었는데, 장마철에 빗물이 자꾸 6호분으로 스며드는 것을 방지하기 위한 배수로 공사를 하다가 우연히 발견됐어.

호 림 왕릉인데도 그때까지 전혀 존재를 몰랐던 이유가 뭐죠?

아 빠 그것은 오랜 세월 때문이야. 천오백년 가까운 세월이 흐르면서 봉분의 외형이 분명치 않게 된 것이라고 추정할 수 있어.

엄마 신라의 왕릉에 비해서 백제의 왕릉이 상대적으로 작은 규모인 탓도 있는 것이지. 그래도 오히려 그런 이유 때문에 도굴을 당하지 않은 처녀분으로 발견되는 행운을 누렸단다.

무령왕릉

아 빠 이집트의 투탕카멘 왕의 무덤도 비슷한 사연이 있어.

아 름 저도 투탕카멘 왕의 무덤만이 이집트의 피라미드 중에서 유일하게 도굴되지 않고 완벽하게 발굴되었다고 들어서 알고 있는데 그 이유가 궁금해요.

아 빠 그 이유는 간단해. 투탕카멘 왕의 무덤 바로 위쪽에 람세스 6세의 무덤이 있었기 때문이야.

호 림 무덤 아래에 또 무덤이 있을 줄 누가 상상이나 했겠어요? 정말 기발한 아이디어다.

아 름 무령왕릉이 도굴되지 않은 채 발견되었다면 우리나라 고고학의 최고 성과 였겠군요!

아 빠 우리의 일반적인 예상과는 달리 무령왕릉 발굴은 우리나라 고고학의 최고의 성과이자, 최악의 성과로 기록되고 있어.

무령왕릉 발굴은
우리나라 고고학 역사상 최악의 발굴로 평가받고 있다

호 림 아니, 최악의 성과라니요? 그건 왜 그렇죠?

아 빠 무령왕릉은 1971년 7월 8일 발굴단이 무덤에 들어간 지 10시간만에 모든 발굴을 마쳤어. 공주박물관 자료에 따르면 무령왕릉에서 출토된 유물은 모두 108종 4,687점이야.

호 림 네? 대충 계산해도 1분에 거의 8점의 유물을 발굴했다구요?

엄 마 그건 발굴이 아니라, 거의 유물을 쓸어담는 수준이에요! 어떻게 그럴 수가!

아 빠 그래서 우리나라 고고학 역사상 최악의 발굴이었다는 평가가 있는 거야.

아 름 무령왕릉의 발굴이 왜 그렇게 평가받는지 자세히 좀 알려주세요.

아 빠 무령왕릉의 발굴은 우리나라의 대표적인 고고미술사학자이자 국립중앙박물관장까지 역임하신 고 김원룡 박사와 더불어 공주박물관장이면서 백제사에 관한 각종 기록을 꿰뚫고 있던 재야사학자인 김영배 두 분이 주도하셨어. 그런데 당시로서는 사회적인 환경과 학문적인 성숙도가 너무 취약했던 탓에 이런 엄청난 고고학적 발굴을 우리 스스로가 제대로 할 수 있는 능력이 없었던 거야. 따라서 발굴을 어떻게 하는 것이 올바른 것인 지 제대로 모르는 상황에서 사상 최악의 발굴을 진행하였어.

호 림 아무리 그래도 국립 중앙 박물관장과 공주 박물관장까지 지내신 두 분이 그런 식의 발굴을 했다는 것이 전혀 이해가 안가요.

아 빠 김원룡 박사는 자신의 회고록에서도 그 부분을 매우 후회하고 있다고 쓰고 있어. 우선 국내언론들의 협박에 가까운 무덤공개 요구를 발굴단이 제대로 제지하지 못했어. 심지어 뒤늦게 현장에 도착한 중앙일보 기자는 문화재관리국 공무원의 뺨을 때리는 사건까지 일어났어. 그렇게 분위기가 흉흉하게 돌아가자 발굴단이 섣부른 결정을 내린 것이지. 빨리 발굴하지 않으면 더 큰 사고가 생길 수 있다고 판단한 거야.

엄 마 도대체 그때 경찰들은 뭐하고 있었대요?

아 빠 당시 새로운 백제왕릉 발견 뉴스를 듣고 국내 언론사의 취재단은 물론이고 공주 현지의 주민들까지도 너도나도 몰려드는 상황이었는데, 이를 적절히 통제를 해야 할 공주경찰서 소속 경찰관들조차도 경비는 뒷전인 채로 발굴 현장을 보겠다고 서로 아우성이었다고 해.

호 림 그 정도라면 안 봐도 비디오네요.

아 빠 일단 누구의 무덤인지도 모르는 상황에서 간단하게 위령제를 지낸 다음, 무덤입구를 막은 벽돌을 걷어내고 김원룡과 김영배 두 분이 먼저 무덤 안을 탐사하고 나온 뒤에 무령왕릉임을 발표했어. 그랬더니 각 언론사에서 사진촬영을 요구하기 시작했어.

엄 마 발굴도 하기전에 사진 촬영이라니? 그게 상식적으로 납득이 가요? 그 안의 유물들을 어떻게 하라고…

아 빠 당신 말이 맞아. 발굴 전 사진촬영이라는 것은 어느 나라에도 없는 사례야. 따라서 무령왕릉의 발굴이 얼마나 졸속으로 이루어졌는지를 여기서도 또 한번 확인할 수 있어. 아무튼 취재기자 1명당 2~3장의 사진촬영이 허용되었는데, 누가 그런 것을 지키겠어? 특종이 눈 앞에 있는데… 일단 무덤으로 들어간 사진기자들은 막무가내로 찍어댔어.

엄 마 그런 상황이라면 무덤 안의 유물도 많이 손상을 입었을 것 같아요.

아 빠 대표적인 것이 부러진 청동숟가락이야. 물론 이것도 기자들이 부러뜨린 것이라는 확증은 없지만 최소한 의심이 가장 많이 가는 대목이야. 아무튼 기자들의 촬영이 끝나고 나서 발굴단의 2시간에 걸친 실측작업이 있은 후에 바로 유물을 꺼내는 작업이 시작되었어. 이 때가 대략 밤 10시쯤이었다고 해.

호 림 한밤 중에 무덤에서 작업을? 어째 좀 으스스 한데…

아 빠 이때 발굴작업을 돕기 위해서 당시 공주군청에서 발전기를 가져왔는데, 이 발전기의 상태에 따라서 전등이 희미해졌다가 밝아지기도 했고, 때로는 아예 꺼져 버리는 경우도 있었다고 해.

아 름 도대체 제대로 된 것이 하나도 없군요.

아 빠 아무튼 이런 열악한 환경 속에서도 마침내 왕릉의 첫 유물이 밖으로 나왔는데 이 때가 대략 밤 12시쯤이었다고 해. 그리고 나서는 수없이 많은 유물들이 1500여년만에 세상 밖으로 나왔는데, 첫 유물이 나온지 8시간만인 다음날 7월 9일 오전 8시쯤에는 더 이상 꺼낼 유물이 없었어.

엄 마 박물관장까지 지내신 분들이 왜 그렇게 발굴을 서둘렀을까? 내 상식으로는 도무지 이해가 안가요. 혹시 그해 7월에 무슨 일이라도 있었나요?

아 빠 일설에는 정치적인 고려가 있었다는 해석도 있어. 1971년은 박정희 대통령의 3선개헌이 있었던 시기이고 무령왕릉이 발견되기 일주일 전인 1971년 7월 1일은 날치기로 통과시킨 3선개헌을 토대로 박정희 대통령이 제7대 대통령으로 취임한 날이기도 해. 따라서 3선개헌으로 취약해진 정통성을 보완해 주는 취임선물로 딱 안성

맞춤이라는 해석이야.

엄 마 하기야 그때는 충분히 그랬을 것 같아요.

아 빠 또한 고 김원룡 박사의 회고록을 보면 충분히 그랬을 것 같은 대목이 있어. 사상 유례없는 졸속 발굴이 끝난 지 며칠 후에 청와대로 추측되는 전화가 걸려오고 이어 발굴을 지휘했던 김원룡과 김영배는 무령왕릉 출토 유물 중에서 몇 가지 금속제 장신구를 챙겨서 청와대로 들어갔어.

호 림 아무리 대통령이라지만 국보급 문화재를 개인적으로 가져오라고 하다니, 그건 좀 너무한 것 같다.

아 빠 그런데 청와대에서 어떤 사건이 일어난 줄 알아? 김원룡 박사의 회고록을 보면 박정희 대통령이 무령왕릉비의 팔찌를 휘었다 펴는 사건이 기록되어 있어. 내가 그 대목을 읽어 줄게.

> '끝으로 무령왕릉과 함께 잊지 못할 또 하나의 일은 왕릉 출토의 금제 장신구들을 들고 장관과 함께 박 대통령을 찾아갔을 때의 일이다. 이날 박 대통령은 몹시 기분좋은 표정으로 유물들을 들여다보더니 왕비의 팔찌를 들고 '이게 순금인가' 하면서 두 손으로 쥐고 가운데를 휘어 보는 것이었다. 그러니까 팔찌는 정말 휘어졌다 펴졌다 하는데 아차 하면서도 어찌할 수 없는 순간이었다. 가슴은 철렁했지만 소년처럼 신기해하는 대통령의 표정을 지금도 잊을 수가 없다'

아 름 정말 어이없다.

아 빠 그 후로도 박정희 대통령은 73년과 75년 경주에서의 천마총과 황남대총의 발굴 등에 직접적인 개입을 하면서 좋은 의미로는 고고학을 후원했고, 나쁜 의미로는 고고학을 정치적으로 이용했다는 평가

횡혈식 석실고분인 1~4호분

를 받고 있어. 자, 이제 무령왕릉 발굴이야기는 이 정도로 하고, 송산리 고분군의 전체 배치도를 살펴보자.

호 림 위쪽에 1호부터 4호까지의 고분이 나란히 있구요, 아래쪽에 5, 6호 고분이 있네요. 그런데 무령왕릉은… 아, 저기 6호분의 옆에 있어요.

아 빠 잘 찾았구나. 우선 위쪽에 있는 1호부터 4호 고분은 백제의 주류방식인 굴식 돌방무덤 (횡혈식 석실고분) 인데 일제강점기인 1927년에 조사가 이루어졌고, 이전에 이미 도굴된 것으로 밝혀졌어. 대부분 자연할석으로 무덤방을

5,6호분 및 뒤쪽 무령왕릉

쌓고 벽면에는 회칠을 했는데 이런 방식은 한성백제시대부터 내려오던 무덤 방식을 그대로 따른 것이라고 볼 수 있어.

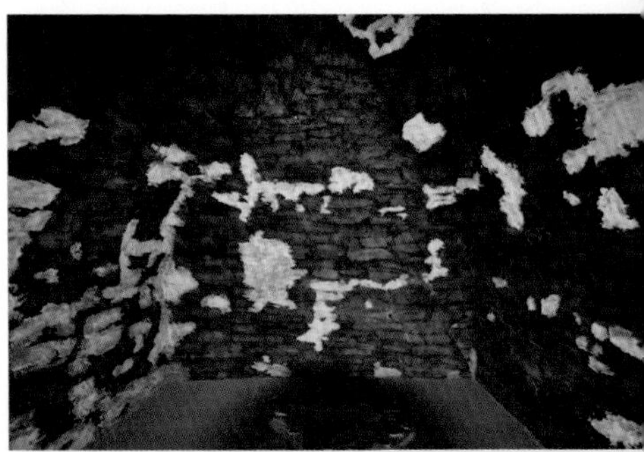

모형전시관 내 횡혈식 석실고분인 5호분 내부 모형(위)과
모형전시관 내 굴식 벽돌무덤인 6호분 내부 모형(아래)

아 름 아, 방이동 백제고분과 같은 방식이요?

아 빠 그렇지! 잘 기억해 냈구나. 그리고 아래쪽에 있는 제 5호분 역시 일제 강점기인 1932년에 우연히 발견되어 조사되었는데, 위쪽에 있는 제 1호분~제 4호분과 마찬가지로 굴식 돌방무덤(횡혈식 석실고분)이야. 130 cm 높이 까지는 벽면을 수직으로 쌓고, 그 위는 안쪽으로 기울어지게 쌓아서 천장이 돔 형태가 되도록 했는데 이것도 조사 전에 이미 도굴되어 겨우 토기 1점과 약간의 장신구, 그리고 관못 등을 건질 수 있었어.

아 름 그런데 아빠가 제5호분만 따로 떼어서 설명했다는 것은 제6호분은 다른 형태의 무덤이란 뜻인가요?

엄 마 아름이는 눈치가 참 빨라.

아 빠 그렇구나. 제 6호분은 굴식 돌방무덤(횡혈식 석실고분)인 제 1호분 ~ 제 5호분과는 달리, 제 7호분이라고도 불리는 무령왕릉과 함께 우리나라에서는 보기 드문 굴식 벽돌무덤(전축분)으로 중국 남조의 영향을 받은 것으로 평가받고 있어. 또한 무덤의 내부에는 벽화도 있는데 백제의 벽화고분으로는 부여 능산리의 것과 함께 단 두 개밖에 없어.

호 림 백제의 벽화고분은 단 두 개밖에 없다? 이런 것이 시험에 꼭 나온다니깐...

아 름 무령왕릉과 붙어 있으면서 또한 무덤양식도 벽돌무덤으로 같다는 것은 곧 무덤의 주인이 무령왕의 바로 전대의 왕이거나 후대의 왕일 가능성이 높겠군요.

아 빠 그렇지. 그래서 제6호분을 무령왕의 전대인 제24대 동성왕릉이거나 제26대 성왕릉으로 보기도 하는데 성왕은 수도를 사비로 옮겼으니 동성왕릉일 가능성이 조금 더 높다고 할 수 있어. 하지만 남아있는 유물이 없어서 증명할 길이 없어.

엄 마 사실 무령왕릉이 발견되기 전까지는 제 6호분이 벽돌무덤 이면서도 벽화까지 그려져 있어서 송산리 고분군의 대표자리를 차지하고 있었는데 무령왕릉이 발견되면서 대표자리를 무녕왕릉에게 내 주고 이제는 세상사람들의 관심 밖으로 밀려났단다.

호 림 세상은 2등을 기억하지 않아요!

뱀의 발 우리나라의 벽화고분

1. 사적 제13호: 공주 송산리 고분군 제6호분
2. 사적 제14호: 부여 능산리 고분군 제1호분
3. 사적 제165호: 고령 고아리 벽화 고분
4. 사적 제239호: 거창 둔마리 벽화 고분
5. 사적 제313호: 영주 순흥 벽화 고분

모형전시관 내 굴식 벽돌무덤인 무령왕릉 내부 모형

아 빠 그리고 제 6호분의 바로 위쪽에 있는 것이 무령왕릉이야.

아 름 방이동 고분군에서는 제1호분의 입구를 공개해서 들여다 볼 수 있었는데, 이 곳은 어떻게 되어 있어요?

아 빠 예전에는 제 5호분과 제 6호분은 입구를 공개했었는데 무덤내부가 점점 훼손이 되었기 때문에 영구폐쇄하기로 결정을 했고, 최근에 모형전시관을 크게 만들어서 무덤내부를 직접 체험할 수 있도록 했어.

호 림 아, 저기 모형전시관 입구가 보여요.

뱀의 발 공주 송산리 고분군 (公州 宋山里 古墳群)

종 목: 사적 제13호
명 칭: 공주 송산리 고분군 (公州 宋山里 古墳群)
분 류: 유적건조물 / 무덤/ 무덤/ 고분군
수량/면적: 238,301㎡
지정(등록)일: 1963.01.21
소 재 지: 충남 공주시 금성동 산5-1
시 대: 백제
소유자(소유단체): 국유,사유
관리자(관리단체): 공주시

공주시 금성동에 있는 웅진 백제시대 왕들의 무덤이 모여있는 곳이다.
무령왕릉을 포함한 이 일대의 고분들은 모두 7기가 전해지는데, 송산을 주산으로 뻗은 구릉 중턱의 남쪽 경사면에 위치한다. 계곡을 사이에 두고 서쪽에는 무령왕릉과 5 · 6호분이 있고 동북쪽에는 1~4호분이 있다. 1~6호분은 일제시대에 조사되어 고분의 구조와 형식이 밝혀졌고, 무령왕릉은 1971년 5 · 6호분의 보수공사 때 발견되었다.

고분들은 모두가 표고 약120m 정도되는 송산(宋山)을 북쪽의 주산(主山)으로 한 중턱 남쪽경사면에 자리하고 있는데, 1~5호분은 모두 굴식 돌방무덤(횡혈식 석실분)으로, 무덤 입구에서 시신이 안치되어 있는 널방(현실)에 이르는 널길이 널방 동쪽벽에 붙어 있는 것이 특징이다. 1~4호분은 바닥에 냇자갈을 깔아 널받침(관대)을 만들었는데, 5호분은 벽돌을 이용하였다. 이처럼 같은 양식의 무덤이면서 구조와 규모에 있어서 약간의 차이가 나는 것은 시기 차이가 반영된 것으로 보인다. 5호분은 원형으로 남아 있으나, 1~4호분은 조사되기 전에 이미 도굴되었다. 이외에 벽돌무덤(전축분)으로 송산리벽화고분이라고도 불리는 6호분과 무령왕릉이 있다.

6호분은 활모양 천장으로 된 이중 널길과 긴 네모형의 널방으로 되어 있는데 오수전(伍銖錢)이 새겨진 벽돌로 정연하게 쌓았다. 널방 벽에는 7개의 등자리와 사신도 · 일월도 등의 벽화가 그려져 있다. 무령왕릉도 6호분과 같이 연꽃무늬 벽돌로 가로쌓기와 세로쌓기를 반복하여 벽을 쌓았다. 벽에는 5개의 등자리가 있고, 무덤주인을 알 수 있게 해주는 지석 등 많은 유물이 출토되었다.

6호분과 무령왕릉은 현재 남아있는 백제의 벽돌무덤으로, 모두 터널형 널방 앞에 짧은 터널형 널길을 가지고 있으며 긴 배수로도 갖추고 있다. 이러한 형식의 벽돌무덤은 중국의 영향을 받은 것이며, 벽화는 고구려의 영향을 받은 것으로 보인다. 특히 무령왕릉의 경우 확실한 연대를 알 수 있어 백제사회의 사회, 문화상을 연구하는데 절대자료로 평가된다. (출처: 문화재청)

부여 능산리 고분군 (사적 제14호)

충청남도 부여군 부여읍 능산리 15, 백제왕릉원 입구 매표소 앞

능산리 고분군은 이제 '백제왕릉원'으로 불린다

아 름 어라? 이곳의 이름이 능산리 고분군이 아니라 백제왕릉원이네?

엄 마 예전에는 능산리 고분군이라고 했는데, 최근 백제왕릉원이라고 이름이 바뀌었단다.

호 림 아빠, 이 곳의 무덤도 겉으로 보기에는 공주 송산리 고분들과 별반 차이가 없는 것 같아요.

부여 능산리 고분군 안내도

아 빠 외관상으로는 이곳 능산리 고분들도 흙으로 봉분을 만들었기 때문에 흙무덤처럼 보이지만, 그 내부의 구조는 전형적인 백제양식인 굴식 돌방무덤(횡혈식 석실분)이야. 원

래는 이곳 능산리에 총 16기의 고분이 있었다고 하는데 현재까지 제대로 복원된 것은 7기 뿐이야. 자, 이 안내도를 봐. 앞쪽에 세개의 무덤과 뒤쪽의 세개의 무덤, 그리고 맨 위쪽에 하나의 무덤이 있어.

호 림 이 고분들은 어떻게 구분을 해요? 내가 보기에는 7개의 고분이 다 똑같아 보이는데…

엄 마 아빠없이 우리끼리 왔으면 다 똑같은 고분이라고 생각하고 그냥 갔을 거야. 하지만 우리에게는 아빠가 있잖니? 똑같아 보이는 7개의 고분이지만 아빠의 설명을 듣고 나면 분명히 달라 보일 거야.

	제7호분	
제4호분(서상총) 평사천장식	제5호분(중상총) 평사천장식	제6호분(동상총) 평사천장식
제3호분(서하총) 평사천장식	제2호분(중하총) 터널형천장식	제1호분(동하총) 평천장식

아 빠 앞쪽에 있는 것 중에서 동쪽에서 서쪽으로 가면서 제 1호분(동하총), 제 2호분(중하총), 제 3호분(서하총)이라고 하고, 뒤쪽에 있는 것은 반대로 서쪽에서 동쪽으로 가면서 제 4호분(서상총), 제 5호분(중상총), 제 6호분(동상총)이고, 맨 위쪽에 있는 것이 제 7호분이야. 이곳 고분들에 대한 발굴조사는 일제강점기에 실시되었는데 그때는 제 6호분까지만 발굴되었고, 1966년에 추가로 제 7호분이 발견되었다고 해.

엄 마 이곳의 지명이 왕릉이 있는 산이라는 뜻에서 능산리 라고 하는 것으로 봐서는 옛날부터 이곳에 왕릉이 있었다는 것을 증명하는 듯 해요. 고분의 내부는 어떻게 생겼나요?

뱀의 발 부여 능산리 고분군 (扶餘 陵山里 古墳群)

종 목: 사적 제14호
명 칭: 부여 능산리 고분군 (扶餘 陵山里 古墳群)
분 류: 유적건조물 / 무덤/ 무덤/ 고분군
수량/면적: 268,756㎡
지정(등록)일: 1963.01.21
소 재 지: 충남 부여군 부여읍 능산리 15
시 대: 백제
소유자(소유단체): 국유
관리자(관리단체): 부여군

부여 능산리 산의 남쪽 경사면에 자리잡고 있는 백제 무덤들이다. 무덤은 앞뒤 2줄로 3기씩 있고, 뒤쪽 제일 높은 곳에 1기가 더 있어 모두 7기로 이루어져 있다. 오래 전부터 왕릉으로 알려져 왔던 곳으로 일제시대에 1~6호 무덤까지 조사되어 내부구조가 자세히 밝혀졌고, 7호 무덤은 1971년 보수공사 때 발견되었다. 고분의 겉모습은 모두 원형봉토분이고, 내부는 널길이 붙은 굴식돌방무덤(횡혈식 석실분)으로 뚜껑돌 아래는 모두 지하에 만들었다.

내부구조와 재료에 따라 크게 3가지로 나눌 수 있다. 먼저, 1호 무덤(동하총)은 네모형의 널방과 널길로 이루어진 단실무덤으로 널길은 비교적 길고 밖으로 갈수록 넓어지는 나팔형이다. 널방의 네 벽과 천장에는 각각 사신도와 연꽃무늬, 그리고 구름무늬의 벽화가 그려져 있는데, 고구려 고분벽화의 영향으로 보인다. 2호 무덤(중하총)은 무령왕릉과 같이 천장이 터널식으로 되어 있으며, 가장 먼저 만들어진 것으로 보인다. 3호 무덤(서하총) · 4호 무덤(서상총)은 천장을 반쯤 뉘어 비스듬히 만든 후 판석을 덮은 평사천장이고 짧은 널길을 가졌다. 이 형식은 부여지방에 많으며 최후까지 유행한 것으로 보인다.

능산리 무덤들은 일찍이 도굴되어 두개골 파편 · 도칠목관편 · 금동투조식금구 · 금동화형좌금구 등 약간의 유물만 수습되었다. 무덤들 서쪽에서는 절터가 발굴되어 백제금동대향로(국보 제287호)와 백제창왕명석조사리감(국보 제288)이 출토되었는데, 이로 인해서 능산리 무덤들이 왕실 무덤지역라는 것을 재확인시켜 주었다. (출처: 문화재청)

능산리 고분구조는 평천장식, 평사천장식, 터널형 천장식 이렇게 세 종류가 있다

아 빠 발굴 보고서에 의하면, 여기 고분들의 내부 매장주체시설의 구조 형식에는 세 종류가 있다고 해. 우선 양쪽의 수직벽면 위에 넓다란 판석 1장 만을 올려놓은 평천장식(平天障式)석실이 있고, 평천장식과는 비슷해 보이지만 양쪽 수직벽면 위에 긴 장대석을 45도 각도로 안쪽으로 조금 경사지게 쌓은 뒤, 그 위에 다시 널따란 판석을 올려놓은 평사천장식(平斜天障式) 석실이 있어.

엄 마 평사천장 할 때의 사(斜)자는 경사면 할 때의 비스듬하다는 뜻의 사(斜)자 인가요?

아 빠 맞아! 비낄 사(斜)라고 해. 좀 더 시각적으로 설명을 하자면, 무덤방을 정면에서 볼 때 평천장식이 4각형 모양이라면, 평사천장식은 양쪽의 귀퉁이를 45도로 접은 8각형 모양이야. 자, 이제 마지막 남은 한 종류는 터널형천장식 석실인데, 양쪽 수직벽면 위에 긴 장대석 여러 개를 안쪽으로 경사지게 쌓는데, 그 모양이 곡면을 이루고 있어서 마치 터널처럼 보인다고 해서 그런 이름이 붙었어.

아 름 평천장식, 평사천장식, 터널형천장식... 좀 어렵다.

아 빠 능산리 고분군 중에서 제 1호분은 평천장식이고, 제 2호분은 터널형천장식이고, 제 3호분부터 제 6호분까지는 평사천장식이야. 평사천장식 고분의 숫자가 많다는 뜻은 사비시대에 유행했던 고분양식이란 뜻으로 풀이할 수 있어.

능산리 고분군 중에서는 제1호분과 제2호분이 가장 주목받는 고분이다

엄 마 그렇다면, 이 곳 능산리에 있는 이 고분들 가운데서 가장 주목할 만한 고분은 어떤 것이죠?

아 빠 응, 앞줄에 있는 두 개의 왕릉인 제 1호분과 제 2호분이 가장 주목을 많이 받는 고분이야.

아 름 맞아요, 그 두 고분만 사비시대에 유행했던 평사천장식 고분이 아니라고 했어요.

아 빠 먼저 동쪽의 아래쪽에 있다는 뜻에서 동하총 이라고도 불리는 제 1호분은 백제 고분으로는 드물게 사신도 벽화가 있어서 유명해.

호 림 아, 기억난다. 백제 고분중에는 딱 두 개만이 벽화고분이라고 하셨어요. 시험에도 나올 만 해서 꼭 외워두고 있었는데, 공주의 송산

부여 능산리 고분군 우측이 1, 2호분

리 6호분 맞죠?

아 빠 호림이가 제법인걸? 또 '중하총'이라고도 불리는 제2호분은 널방 천장이 터널형으로 축조되어 있어서 공주 송산리 제6호분 및 무령왕릉과 유사한 구조때문에 그 세 고분들 사이에는 어떤 연관성이 있을 것으로 추정되고 있어.

아 름 아! 기억나요. 지난번 공주 송산리 고분군 답사할 때, 송산리 제6호분과 무령왕릉이 서로 붙어 있으면서 또한 무덤양식도 벽돌무덤으로 같았다고 들었어요.

엄 마 잘 기억하고 있었구나. 그런 이유 때문에 공주 송산리 제6호분의 무덤 주인은 백제 제25대 무령왕의 바로 전대의 왕이거나 후대의 왕일 가능성이 높다고 할 수 있지.

아 름 지금까지의 이야기를 종합해 보면, 무덤 구조가 비슷한 공주의 송산리 제6호분과 무령왕릉, 그리고 부여의 능산리 제2호분의 주인공은 사망시기가 가장 비슷한 사람들의 무덤일 것 같아요.

아 빠 힌트를 하나 줄게. 무령왕의 바로 직전 왕은 제24대 동성왕이고, 무령왕 직후의 왕은 제26대 성왕이야. 그리고 또 하나의 힌트는 무령왕의 후대왕인 성왕이 백제의 수도를 웅진에서 사비로 옮겼다는 사실이야.

아 름 그렇다면 성왕의 무덤은 웅진에 있을 확률보다는 사비에 있을 확률이 높겠네요? 아하! 이제 정리가 되었어요. 공주의 무령왕릉 바로 옆에 남아있는 송산리 제6호분의 주인은 제24대 동성왕일 가능성이 좀 더 높다고 볼 수 있구요. 이곳, 부여 능산리 제2호분의 주인은 사비로 천도한 제26대 성왕일 것 같아요.

호 림 무덤의 구조만 가지고도 그런 추리가 가능하다니...

뱀의 발 부여 능산리 사지 (扶餘 陵山里 寺址)

종 목: 사적 제434호
명 칭: 부여 능산리 사지 (扶餘 陵山里 寺址)
분 류: 유적건조물 / 종교신앙/ 불교/ 사찰
수량/면적: 28,989㎡
지정(등록)일: 2001.09.29
소 재 지: 충남 부여군 부여읍 능산리 산15-1 외
시 대: 백제
소유자(소유단체): 충청남도 외
관리자(관리단체): 부여군

능산리 절터는 부여능산리고분군(사적 제14호)과 부여나성(사적 제58호) 사이에 위치한 백제시대 절터유적으로, 1992년부터 2000년까지 6차례에 걸친 발굴조사 결과 중문, 목탑, 금당, 강당이 남북 일직선상에 배치된 이른바 일탑일금당(一塔一金堂)의 전형적인 백제 가람형식을 하고 있는 것으로 밝혀졌다.

특히 1993년 이 절터 내의 공방(工房)으로 생각되는 건물터에서 '백제금동대향로(국보 제287호)'가 출토되어 백제의 높은 금속공예기술 수준과 예술 역량을 널리 알리는 계기가 되었다. 또한 이 향로와 함께 출토된 '백제창왕명사리감(국보 제288호)'에는 사리를 모신 때와 공양자 및 절이 세워진 연대를 알 수 있는 글자가 새겨져 있어 매우 귀중한 유물로 평가된다.

사리감에 새겨진 기록으로 보아 이 절은 왕실에서 지은 국가 사찰로 왕릉으로 추정되는 능산리고분군에 축원을 빌기 위한 사찰이었을 가능성이 매우 높다. 창건연대와 더불어 삼국시대의 역사학과 건축공학, 고고학, 미술사학의 연구에 있어 매우 중요한 유적으로 평가된다. (출처: 문화재청)

능산리 제1호분은 위덕왕의 무덤일 것으로 추정한다

동하총 1호분 실물크기 모형내부

아 빠 자, 이제부터는 이 곳 능산리 고분군의 무덤구조를 종합해서 분석해 볼까? 아름이가 정리한대로 공주의 무령왕릉과 유사한 구조를 가지는 터널식천장형 석실인 제 2호분의 주인공은 사비시대의 백제 왕중에서는 가장 오래된 무령왕의 아들인, 제26대 성왕일 가능성이 높아. 그리고 그 동쪽에 있는 제 1호분은 주인공은 성왕의 아들, 제27대 위덕왕일 가능성이 있는 거야.

엄 마 제1호분이 위덕왕의 무덤이라고 추정하는 근거는 무엇이죠?

아 빠 제3호분 부터는 무덤구조가 평사천장식으로 바뀌잖아? 그런데 평천장식은 제1호분 하나 밖에 없어. 따라서 평천장식은 평사천장식으로 무덤형식이 옮아가는 과정에서 잠시 나타난 형태라고 결론내릴 수 있지.

아 름 저기 봉분 앞쪽에 입구가 보이는 저것이 사신도 벽화가 그려진 제 1호분 맞죠? 입구가 있다면 지금 들어가서 볼 수가 있나요?

아 빠 제1호분은 무덤의 훼손을 막기 위해서 지금은 일반인의 출입을 금하고 있어. 하지만 일반인들의 관람을 위해 서쪽 편 끝쪽에 실물크기의 모형을 만들어 두었으니 그 곳에서 체험을 할 수 있어.

백제왕릉원 벽화고분 모형 앞

능산리 제1호분은 실물크기 모형으로 확인할 수 있다

아 빠 이 곳이 벽화고분인 제 1호분인 동하총의 모형이야. 자 들어가 볼까?

호 림 모형이라고 해도 무덤에 들어갈 때는 항상 기분이 좀 으스스 해요.

아 빠 여기서 내가 퀴즈를 하나 낼게. 백제에는 벽화고분이 단 두 개뿐인데, 하나는 이곳 능산리에 있고, 나머지 하나는 무령왕릉 바로 옆에 있는 공주 송산리 제 6호분 이야. 그렇다면 송산리 제6호분의 벽화와 이곳 능산리 제 1호분의 벽화에는 어떤 차이가 있을까?

호 림 우리에게는 너무 어려운 문제예요.

아 빠 무덤의 재료를 잘 생각해 보렴.

아 름 무덤의 재료? 공주 송산리 6호분은 벽돌무덤이고, 이곳 능산리 벽화고분은 돌방무덤인데...

엄 마 아! 알겠다. 공주 송산리 6호분은 벽돌무덤이어서 조각조각 되어 있는 벽돌위에 직접 그림을 그릴 수가 없기 때문에 벽돌 위에 뭔가를 발라서 벽면을 깔끔하게 한 뒤 그림을 그렸어요. 하지만 이곳 능산리 벽화고분은 돌방무덤이어서 편평한 큰 돌 위에 직접 그림을 그렸어요.

아 빠 엄마가 정확히 맞추었구나. 공주 송산리 6호분의 경우에는 네 벽에 진흙과 호분을 바르고 그 위에다 사신도와 해와 달, 그리고 별들을 그렸어. 미술용어로는 프레스코 기법이라고 해. 그에 반해 이곳 능산리 벽화고분은 널방의 벽면과 천장을 각각 1장짜리 거대한 판석으로 마무리를 했어. 그리고 돌의 표면을 깔끔하게 물갈이를 하고

뱀의 발 백제 금동대향로 (百濟金銅大香爐)

종 목: 국보 제287호
명 칭: 백제 금동대향로 (百濟金銅大香爐)
분 류: 유물 / 불교공예/ 공양구/ 공양구
수량/면적: 1점
지정(등록)일: 1996.05.30
소 재 지: 충남 부여군 부여읍 금성로 5, 국립부여박물관 (동남리,국립부여박물관)
시 대: 백제
소유자(소유단체): 국유
관리자(관리단체): 국립부여박물관

백제 나성과 능산리 무덤들 사이 절터 서쪽의 한 구덩이에서 450여점의 유물과 함께 발견된 백제의 향로이다. 높이 61.8㎝, 무게 11.8㎏이나 되는 대형 향로로, 크게 몸체와 뚜껑으로 구분되며 위에 부착한 봉황과 받침대를 포함하면 4부분으로 구성된다. 뚜껑에는 23개의 산들이 4~5겹으로 첩첩산중을 이루는 풍경을 보여주고 있다. 피리와 소비파, 현금, 북들을 연주하는 5인의 악사와 각종 무인상, 기마수렵상 등 16인의 인물상과 봉황, 용을 비롯한 상상의 날짐승, 호랑이, 사슴 등 39마리의 현실 세계 동물들이 표현되어 있다. 이 밖에 6개의 나무와 12개의 바위, 산 중턱에 있는 산길, 산 사이로 흐르는 시냇물, 폭포, 호수 등이 변화무쌍하게 표현되어 있다.

뚜껑 꼭대기에는 별도로 부착된 봉황이 목과 부리로 여의주를 품고 날개를 편 채 힘있게 서 있는데, 길게 약간 치켜 올라간 꼬리의 부드러움은 백제적 특징이라 하겠다. 봉황 앞 가슴과 악사상 앞뒤에는 5개의 구멍이 뚫려 있어 몸체에서 향 연기를 자연스럽게 피어오를 수 있게 하였다. 몸체는 활짝 피어난 연꽃을 연상시킨다. 연잎의 표면에는 불사조와 물고기, 사슴, 학 등 26마리의 동물이 배치되어 있다. 받침대는 몸체의 연꽃 밑부분을 입으로 문 채 하늘로 치솟 듯 고개를 쳐들어 떠받고 있는 한 마리의 용으로 되어 있다.

이 향로는 중국 한나라에서 유행한 박산향로의 영향을 받은 듯 하지만, 중국과 달리 산들이 독립적•입체적이며 사실적으로 표현되었다. 창의성과 조형성이 뛰어나고 불교와 도교가 혼합된 종교와 사상적 복합성까지 보이고 있어 백제시대의 공예와 미술문화, 종교와 사상, 제작 기술까지도 파악하게 해주는 귀중한 작품이다. (출처: 문화재청)

1호분 모형내부 연꽃문양 천장

그 위에 직접 사신도를 그렸어.

엄 마 천장에는 연꽃문양이 있는 것으로 봐서는 불교의 영향을 받은 것 같아요.

호 림 저기 앞에도 조그만 고분이 있어요. 저것도 모형인가요?

아 빠 아니야. 그 고분은 신암리 고분인데 모형이 아닌 실물이야.

신암리 고분

아 름　아니 저렇게 조그만 고분도 있어요? 정말 귀엽다.

아 빠　한번 들어가 보렴. 그리고 그 안의 구조를 잘 살펴봐. 조금 전에 보았던 동하총 모형의 구조와는 확연히 다른 점이 있을거야.

호 림　애고, 너무 작아서 기어서 들어갈 수 밖에 없네. 어라? 여기는 천장의 모양이 좀 다르네요. 조금 전에 보았던 동하총 모형은 정면에서 보았을 때 단면이 사각형이었는데, 이 신암리 고분은 육각형 모양이에요.

평사천장식 신암리 고분 내부

아 름　오빠, 지금까지 공부한 것을 그새 다 까먹었어? 이런 것을 평사천장식이라고 하는 거야.

아 빠　그래, 평사천장식이 바로 이렇게 생긴 것이야. 벽과 천장이 만나는 지점이 90도로 꺾이지 않고 양쪽 귀를 45도로 기울어지게 만든 방식이야. 그래서 이런 구조를 비낄 사(斜)자를 써서 평사천장식이라고 해.

뱀의 발 부여 능산리사지 석조사리감 (扶餘 陵山里寺址 石造舍利龕)

종 목: 국보 제288호
명 칭: 부여 능산리사지 석조사리감 (扶餘 陵山里寺址 石造舍利龕)
분 류: 유물 / 불교공예/ 사리장치/ 사리장치
수량/면적: 1점
지정(등록)일: 1996.05.30
소 재 지: 충남 부여군 부여읍 금성로 5, 국립부여박물관 (동남리,국립부여박물관)
시 대: 백제
소유자(소유단체): 국유
관리자(관리단체): 국립부여박물관

백제 때 사리를 보관하는 용기로, 능산리 절터의 중앙부에 자리한 목탑 자리 아래에서 나왔다.
출토 당시 이미 사리감은 폐기된 상태였으므로 사리 용기는 없었다. 사리감은 위쪽은 원형, 아래쪽은 판판한 높이 74㎝, 가로 · 세로 50㎝인 터널형이다. 감실 내부의 크기는 높이 45㎝ 정도로 파내어 턱을 마련하였는데 내부에 사리 장치를 놓고 문을 설치했던 것으로 추정된다.

감실의 좌 · 우 양 쪽에 각각 중국 남북조 시대의 서체인 예서(隸書)풍의 글자가 10자씩 새겨져 있는데, 명문(銘文)의 내용은 성왕(聖王)의 아들로 554년 왕위에 오른 창왕(昌王)〔위덕왕(威德王)〕에 의해 567년 만들어 졌으며, 성왕(聖王)의 따님이자 창왕(昌王)의 여자 형제인 공주가 사리를 공양하였다는 내용이다.

이 사리감은 백제 역사 연구에 새로운 금석문 자료로서 백제와 중국과의 문화교류의 일면을 파악할 수 있는 자료이며, 사리를 봉안한 연대와 공양자가 분명하고, 백제 절터로서는 절의 창건연대가 당시의 유물에 의해 최초로 밝혀진 작품이다. (출처: 문화재청)

제 4 장

신라 고분

대릉원

경주의 특산품 황남빵과 경주빵

아 빠 애들아, 이번에는 신라고분을 만나러 가자.

아 름 아빠, 오전부터 돌아다녔더니 힘들어요. 아무리 엄마 아빠가 그토록 좋아하는 경주라고 해도 그건 부모님 사정이고, 저희들은 이미 지쳤단 말이에요. 뱃속에서는 벌써 꼬르륵 소리가 나요.

엄 마 우리가 갈 곳이 황남동 인데도 안갈거야?

호 림 황남동? 혹시 그 유명한 황남빵을 만든 곳 말씀인가요?

아 름 오빠는 먹는 얘기라면 자다가도 벌떡 일어나는구나! 그런데 황남빵은 뭐야? 나는 경주빵은 들어봤어도 황남빵은 잘 모르겠는데...

호 림 아름아, 잘 들어봐. 너가 알고 있는 경주빵은 가짜야. 황남빵이 오리지널이거든. 아빠, 제 말이 맞죠?

엄 마 황남빵과 경주빵은 둘 다 경주지방의 특산품인데, 맛과 모양이 매우 비슷해서 마치 눈을 가린 채로 코카콜라와 펩시콜라를 구별하라고 하면 잘 못하는 것처럼 보통 사람들은 그게 그거라고 생각하기도 해.

아 빠 그렇지만 호림이 말대로 황남빵이 진짜 원조라고 할 수 있어. 황남빵은 일제강점기였던 1939년에 경주 최씨 집안의 최영화라는 분이 직접 개발한 것인데, 경주시 황남동에서 처음으로 밀가루 반죽에 팥을 넣는 방식으로 만들어졌기 때문에 황남빵이라고 불러. 내가 알기로는 상호뿐만 아니라 제조공정까지 모두 특허와 등록을 받았다고 들었어.

대릉원 근방의 황남빵집과 대릉원 입구 경주빵집

아 름 그럼 경주빵은 누가 만든 거죠?

아 빠 경주빵은 최영화 씨의 황남빵 가게에서 일하던 기술자 중의 한사람이 1978년에 독립해서 차린 가게의 브랜드야. 기존의 황남빵이 상호와 특허등록까지 받았기 때문에 다른 상호와 상표가 필요했을 거야. 하지만 원래 황남빵을 만들던 기술자가 만든 것이라서 경주빵

뱀의 발 찰보리빵

황남빵, 경주빵과 더불어 경주시의 또 다른 특산식품이 찰보리 빵이다. 찰보리빵은 찰보리 밀가루로 만든 팬케이크인데, 두 개의 층으로 되어 있으며 팥 믹스를 섞어 만든다. 경주 고속터미널 입구 바로 옆의 빵집과 천마총 주차장에서 팔기 시작하였는데, 지금은 경주빵을 파는 대부분의 업소에서 같이 취급하고 있다. 보리 밀가루는 경주 밭 등지에서 일구어낸 찰보리로 만든다. 모양은 둥글고 평평하며 질감은 차진 스펀지 케이크와 비슷하다.

의 맛과 모양도 황남빵과 거의 흡사하지. 하지만 경주빵이 황남빵보다 널리 알려진 것에는 이유가 있어. 황남빵은 상호와 특허 때문에 확산 및 보급에는 한계가 있어서 지금도 매장이 잘 보이지가 않지만, 경주빵은 그런 제약이 없어서 전국에 많이 보급되어 있지. 난 둘 다 맛있기 때문에 굳이 구분할 필요가 없다고 생각해.

호 림 아빠, 저도 동감이에요. 호두과자도 고속도로 휴게소에서 파는 것이랑 천안 원조집에서 사 먹는 것이랑 둘 다 맛있잖아요. 이러쿵 저러쿵해도 배고플 때 먹는 것이 제일 맛있어요.

엄 마 자, 다 왔다. 얘들아, 일단 황남빵 하나 사서 먹고 구경을 하자.

→ 대릉원 앞 주차장

대표급 신라 고분을 만나려면 황남동으로 가자

호 림 어, 저기 첨성대가 보이네?

아 름 주변에는 고분들이 많이 보여요.

아 빠 이곳 일대를 대릉원 일원이라고 해. 이 지도를 잘 봐. 지금은 고분군들 사이로 이렇게 많은 도로가 생겨서 황남동고분군, 황오동고분군, 노동동고분군, 노서동고분군, 인왕동고분군 이런 식으로 구분해서 부르고 있지만, 사실 이 고분군들은 신라의 궁궐이었던 월성에서부터 이곳까지 계속해서 이어진 같은 구역 안에 있는 거야.

아 름 아빠, 이곳의 고분들은 모두 평지에 있네요? 신라의 고분들은 이곳처럼 모두 평지에 있나요?

엄 마 좋은 질문이구나. 그 전에 고구려와 백제의 고분들은 어땠는지 기

첨성대

억나니?

아 름 음... 고구려는 잘 기억이 안나지만, 백제의 고분들 중에서 초기의 고분은 평지에 있었는데, 후기로 가면서 산기슭이나 구릉지로 옮겨갔다고 생각이 나요.

엄 마 아름이가 큰 흐름을 잘 알고 있었구나. 초기 한성백제의 고분들은 서울의 석촌동고분군과 방이동고분군에서 볼 수 있듯이 평지에 위치를 했었고, 이후에 중기 웅진백제와 후기 사비백제의 경우에는 송산리고분군와 능산리고분군에서처럼 산기슭이나 구릉지에 조성되었어.

아 빠 신라의 고분도 삼국의 통일을 기준으로 전기와 후기, 이렇게 크게 두 시기로 나눠 볼 수가 있어.

호 림 두 시기로 나눈다는 것은 삼국을 통일하고 나서 무덤의 양식이 변했다는 뜻인가요?

아 빠 호림이도 이제 제법 눈치가 생겼구나. 삼국통일 이전까지의 신라의 고분은 고구려, 백제, 가야 등의 고분에 비해서 그 구조나 형식이 매우 단조로웠어. 특히 돌무지덧널무덤(적석목곽분)이라는 신라 특유의 고분들이 주류를 이루었어. 하지만 삼국이 통일되면서 고구려, 백제의 영향을 받아서 고분의 양식이 굴식돌방무덤(횡혈식석실고분)으로 바뀌게 되었어.

신라 전기 고분은 돌무지덧널무덤, 후기고분은 굴식돌방무덤이 주류를 이루었다

엄 마 고분의 양식뿐만 아니라 고분이 들어서는 위치도 변화가 생겼대.

신라 전기의 고분은 고구려나 백제 초기와 비슷하게 평지에 만들어졌는데, 신라 후기의 고분은 백제의 중기, 후기 및 가야의 고분들처럼 산기슭이나 구릉지에 많이 조성 되었어.

아 름 그럼 이곳처럼 평지에 몰려 있는 대부분의 고분들은 삼국통일 이전 시대란 말씀이죠?

아 빠 그렇지. 자, 이곳에서 가장 대표적인 신라고분을 찾아가 보자. 저기 대릉원이라고 쓰인 현판 보이지?

호 림 예, 보여요. 그런데 이곳에서는 실제 무덤 속을 볼 수도 있나요?

엄 마 그럼. 여기까지 왔는데 무덤 속을 안보고 갈 수는 없잖니?

아 빠 자, 이 현판을 봐. 클 대, 무덤 릉, 뜰 원, 대릉원(大陵園)이야.

호 림 큰 무덤이 있는 정원? 그럼 이곳에 신라고분 중에서 가장 큰 고분이 있기 때문에 그런 이름이 붙은 건가요?

엄 마 신라고분 중에서 가장 규모가 큰 황남대총이 이곳에 있기는 하지만

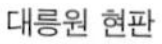
대릉원 현판

그 이유 때문에 대릉원이란 이름이 붙은 것은 아니란다.

아 빠 대릉원이란 이름은 바로 우리 앞에 있는 저 미추왕릉 때문에 붙여진 이름이야.

대릉원이란 이름은 미추왕릉 때문에 생겨났다

아 름 저 정도 크기의 고분은 주변에도 많이 있는데 왜 저 미추왕릉 때문에 대릉원이라는 이름이 붙었죠?

아 빠 신라는 박씨, 석씨, 김씨 라는 세 성씨가 왕위에 올랐는데 그 중에서 미추왕은 김씨 성을 가진 최초의 왕이였어. 김부식이 쓴 삼국사기에는 미추왕릉과 관련된 두 가지 기록이 있는데 그 중 하나는 '미추왕은 백성에 대한 정성이 높아 다섯 사람의 신하를 각지에 파견하여 백성의 애환을 듣게 하였다. 재위 23년만에 돌아가니 대

미추왕릉, 앞에 상석이 있다

릉에 장사 지냈다.'라는 구절이야. 그래서 이곳의 이름이 대릉원이 된 거야.

호 림 또 다른 기록은 뭐예요?

아 빠 나머지 기록은 미추왕릉과 관련된 전설이야. 미추왕 다음으로 왕위에 오른 신라 유례왕 14년(297)에 이서고국(伊西古國) 사람들이 수도인 금성(경주)을 공격해서 위급한 상황에 처했다고 해. 그런데 갑자기 대나무 잎을 귀에 꽂은 이상한 군사들이 수도 없이 나타나서 신라군과 함께 적을 물리치고는 흔적도 없이 사라졌대. 그 뒤 그들이 간 곳을 아무도 알지 못하던 차에 누군가가 미추왕릉에 댓잎을 수북이 쌓인 것을 보고는 미추왕이 죽어서도 신라를 도와주었다고 해서 미추왕릉을 죽장릉(竹長陵) 또는 죽현릉(竹現陵)이라 불렀대.

아 름 그런데 이 곳에서 유독 미추왕릉만 담으로 둘러쳐 있어요. 왜 그

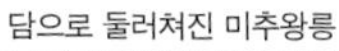
담으로 둘러쳐진 미추왕릉

렇죠?

아 빠 미추왕릉은 대릉원에 있는 고분 중에서 유일하게 무덤의 주인이 알려진 능이야. 게다가 신라 최초로 김씨 성을 가진 왕이었으니 자손들의 자부심도 대단하겠지? 그래서 우리가 들어온 출입구의 바로 왼쪽편에는 대릉원과 담하나를 사이에두고 신라 최초의 김씨 임금인 13대 미추왕과 삼국을 통일한 30대 문무왕, 그리고 신라 마지막 김씨 임금인 경순왕의 위패를 모신 사당인 숭혜전이 있어.

숭혜전

호 림 와, 저쪽에 사람들이 엄청나게 많이 몰려 있어요.

천마총은 대릉원에서 내부가 공개된 유일한 무덤이다

엄 마 그곳이 이 대릉원의 하이라이트인 천마총이란다.

아 빠 대릉원에 담장을 둘러친 이유가 바로 저 천마총 때문이지. 도굴되지 않은 신라고분 중 유일하게 내부가 공개된 고분이기 때문이야.

아 름 천마총이라면 저 무덤에서 천마와 관련된 유물이 나왔기 때문이죠? 아빠가 예전에 저희들에게 설명해 주실 때 주인공이 확실히 알려지지 않은 고분 중에서, 발굴된 출토 유물로 미루어 봤을 때 왕릉이나 왕비릉이라고는 충분히 짐작이 되기는 하지만, 그렇다고 이것을 '릉(陵)'이라고 부르기엔 확실한 증거가 없고, 그렇다고 묘라고 부르기에도 좀 곤란한 경우에는 출토된 유물 가운데서 가장 대표적인 것의 이름을 붙여서 '총(塚)'이라 부른다고 하셨어요.

내부가 공개된 천마총 입구

엄 마　아름이가 정확하게 기억하고 있었구나. 이 천마총에서는 하늘을 나는 말 그림인 천마도가 나왔단다.

호 림　그럼 발굴하기 전에는 뭐라고 불렀어요?

아 빠　제155호 고분이라고 불렀어.

호 림　155호라구요? 신라에 왕들이 그렇게 많았어요?

아 빠　고분이라고 해서 모두 왕과 왕비들의 무덤은 아니야. 귀족들의 무덤도 크게 만들기도 해. 대표적인 것이 김유신 장군의 묘야. 이곳 대릉

김유신장군묘

원도 23기의 능이 있지만 이중에서 왕릉으로 확인된 것은 미추왕릉 하나뿐이야.

아 름 대릉원 내의 23기의 고분을 모두 발굴했나요?

아 빠 아니야. 내가 알기로 지금까지 발굴한 것은 미추왕릉(제106호분), 천마총(제155호분), 황남대총(제98호분), 검총(제100호분), 제151호분 정도야.

호 림 나머지 고분들은 왜 발굴을 하지 않죠? 모든 고분들을 발굴하면 몰랐던 사실도 많이 알게 될텐데...

고분의 발굴은 부득이한 경우에만 해야 한다

아 빠 고분은 가능하면 발굴하지 않는 것이 최선이라고 할 수 있어. 왜냐하면 시간이 지날수록 더 좋은 기술과 장비가 나오기 때문이야. 발굴도 어떤 측면에서 보면 일종의 훼손이라고 볼 수 있어. 그런 이유 때문에 고분의 일부가 도굴이 되었거나 피치 못할 사정으로 훼손이 되었을 경우에, 전체 고분을 다시 정비하고 보존할 목적으로 발굴을 하는 거야. 특히 무령왕릉처럼 존재를 전혀 몰랐던 처녀분이 발견되었을 경우에는 심사숙고해서 발굴여부를 결정하는 거야.

엄 마 맞아요. 무령왕릉의 경우에는 너무 졸속으로 발굴을 해서 두고두고 후회가 되기도 하죠. 그런데 천마총과 황남대총의 경우에는 왜 발굴을 했죠?

아 빠 내 추정이기는 하지만 그것도 아마 무령왕릉 때와 마찬가지로 정치적인 의도가 있었던 것 같아. 무령왕릉의 발굴과 천마총, 황남대총의 발굴이 모두 박정희 정권에서 이루어졌어. 사실 박정희 정권은

쿠데타로 집권한 정권이었기 때문에 나름대로 콤플렉스가 많았어.

엄 마 역사적으로 본다면 고려 때의 '무신정권'과 비슷하다고 볼 수 있죠.

아 빠 그렇지. 그래서 박정희 정권은 '무'보다는 '문'에 집착했던 거야. 한자로 대표되는 기득권 학계를 견제하기 위해서 한글 우선 정책을 펴는 한편, 일반 국민들에게는 문화적인 콘텐츠로 정권의 역량을 과시했지. 대표적인 것이 무령왕릉의 발굴인데, 무령왕릉의 발견 및 발굴이 하필이면 박정희가 제7대 대통령으로 취임한 시기와 맞아 떨어져. 즉 무령왕릉을 오랜기간 심사숙고 하면서 발굴여부를 결정했어야 하는데 그냥 박정희의 취임식 선물로 발굴했다고 할 수 있는 해석이 가능하지. 그 때문에 졸속 발굴이 된 것이고.

엄 마 그 이야기는 무령왕릉 답사 때도 들었던 것 같아요.

아 빠 전국의 주요 고고학 발굴현장에는 청와대로 바로 연결되는 직통전화가 있었다는 사실도 그렇고, 현재의 국가정보원의 전신이었던 중앙정보부 요원이 발굴현장에 상주하다시피 하면서 현장을 통제했던 사실도 박정희 정권의 의도를 의심하게 만들지. 아무튼 박정희 정권은 70년대 초반에 '경주 종합 개발 계획'에 의거해서 황남대총(황남동 제98호분)의 내부를 일반인에게 공개하고 이를 관광자원으로 적극 활용한다는 계획을 수립하였어.

호 림 하기야 기왕이면 가장 큰 고분이 훨씬 홍보효과가 크겠죠.

황남대총 발굴전 연습삼아 천마총을 발굴했다

아 빠 그런데 황남대총은 경주 최대의 고분이기 때문에, 이를 제대로 발굴하기 위해서 위험부담을 줄이기 위해 이보다 작은 규모의 고분을 시험발굴하여 경험과 정보를 얻은 후에, 황남대총을 본격적으로 발굴한다는 방침을 세웠어.

아 름 아, 그 시험발굴 대상이 바로 천마총이었구나.

아 빠 그래, 맞아! 그래서 당시 제155호 고분이라고 불리던 천마총은 1973년 문화공보부 문화재관리국 조사단에 의해 발굴조사가 실시되었어. 그런데 막상 뚜껑을 열어보니 대박이 터진거야. 고분자체가 돌무지덧널무덤(적석목곽분)이라는 신라특유의 고분축조방식에 충실할 뿐만 아니라 그 속에서 엄청난 보물들과 함께 신라금관까지 나온거야.

호 림 꿩 대신 닭인줄 알았는데, 알고보니 봉황이었군!

엄 마 자, 우리 천마총으로 들어가 보자.

아 름 와, 저것이 말로만 듣던 돌무지덧널무덤의 내부 모습이구나!

돌무지덧널무덤

아 빠 자, 자세히 봐. 무덤의 벽을 나무로 상자처럼 만들었지? 저것을 한자로는 목곽(木槨)이라고 하고, 우리말로는 나무덧널, 줄여서 덧널이라고 해.

아 름 덧널 위쪽으로도 돌이 쌓여 있어요.

아 빠 그래서 이 무덤을 돌무지덧널무덤(적석목곽분)이라고 하는 거야. 무덤의 바닥을 봐. 가운데 비어있는 부분이 목관과 부장품을 넣어둔 나무궤짝을 놓았던 자리야. 발굴당시 목관 자리에는 금제 허리띠를 두르고 금관을 쓴 주검이 누워있었는데, 환두대도 라고 하는 칼의 손잡이 끝부분에 둥근 고리가 있는 고리자루칼을 차고 있었고, 팔목에는 금팔찌와 은팔찌, 손가락에는 금반지를 끼고 있었대.

게다가 여기서 출토된 유물들은 대부분 순금제 였대.

호 림 옆의 벽에 그 유물들이 전시되어 있어요. 와, 이것들이 모두 순금이란 말이죠?

엄 마 여기 있는 유물들은 모두 복제품이란다. 진품은 모두 국립 경주 박물관에 있어.

아 름 아, 그래서 경주에 오면 꼭 국립 경주 박물관을 가야 하는구나!

천마총 내부 금관모형

신라고분들은 대부분 도굴당하지 않았다

호 림 그런데 질문이 하나 있어요. 유물이 나온 신라고분이 이곳 천마총뿐인가요?

엄 마 유물이 출토된 신라고분은 이곳 천마총 말고도 아주 많단다.

아 름 제가 알기로는 무령왕릉을 제외한 백제의 고분들은 대부분 도굴을 당해서 남아있는 유물이 거의 없다고 들었는데, 신라의 고분은 어떻게 도굴을 당하지 않을 수가 있었을까요?

아 빠 모든 고분을 발굴한 것이 아니어서 단정적으로 말하기는 쉽지 않지만, 신라의 고분들도 일부는 도굴당한 것도 있어. 하지만 고구려나 백제에 비해서는 상대적으로 많은 신라고분들이 도굴당하지 않은 것 같아. 최소한 20세기 이후에 대대적인 발굴을 한 신라고분에서는 대부분 수많은 유물들이 쏟아져 나왔기 때문에 그런 추정이 가능하지.

호 림 그럼 신라고분이 쉽게 도굴당하지 않은 이유가 뭐죠?

아 빠　그것은 돌무지덧널무덤 이라는 신라고분의 구조적 특성 때문이야. 돌무지덧널무덤은 대략적인 구조가 목관과 부장품을 넣어둔 목곽을 둘러싸고 사람 머리만한 강돌을 쌓아 올린 다음, 그 위에 물이 새어들지 못하도록 진흙으로 덮고 다시 그 위에 흙을 덮어서 마무리를 했어. 그리고 봉분의 규모를 엄청나게 크게 만들었지. 마치 무덤이 아니라 산처럼 보이게끔 말이야.

호 림　그것이 어떻게 도굴을 당하지 않을 이유가 되나요?

아 빠　호림아, 도굴꾼들이 도굴을 할 때에는 벌건 대낮에 하겠니? 아니면 밤에 몰래 하겠니? 그리고 대놓고 무덤을 파헤치겠니? 아니면 작은 굴을 파서 들어가겠니?

호 림　그야, 당연히 밤에 몰래, 그것도 남의 눈에 띄지 않도록 작은 굴을 파서 하겠죠.

아 빠　맞아, 일단 봉분의 규모가 크면, 도굴꾼이 아무리 작은 굴을 파도 무덤의 표층에서 나오는 흙이 많아서 남들 눈에 쉽게 발각이 되는 거야. 게다가 흙층과 점토층을 지나서 안쪽까지 들어가면 이번에는

뱀의 발　천마총 출토 국보와 보물

1. 국보 제188호: 천마총 금관(天馬塚 金冠), 경북 경주시 국립경주박물관
2. 국보 제189호: 천마총 관모(天馬塚 金製冠帽), 경북 경주시 국립경주박물관
3. 국보 제190호: 천마총 금제 허리띠(天馬塚 金製銙帶), 경북 경주시 국립경주박물관
4. 국보 제207호: 천마총 장니 천마도(天馬塚 障泥 天馬圖), 경북 경주시 국립경주박물관
5. 보물 제617호: 천마총 금제 관식(天馬塚 金製冠飾), 경북 경주시 국립경주박물관
6. 보물 제618호: 천마총 금제 관식(天馬塚 金製冠飾), 경북 경주시 국립경주박물관
7. 보물 제619호: 천마총 목걸이(天馬塚 頸胸飾), 경북 경주시 국립경주박물관
8. 보물 제620호: 천마총 유리잔(天馬塚 琉璃盞), 경북 경주시 국립경주박물관
9. 보물 제621호: 천마총 환두대도(天馬塚 環頭大刀), 경북 경주시 국립경주박물관
10. 보물 제622호: 천마총 자루솥(天馬塚 鐎斗), 경북 경주시 국립경주박물관

사람 머리만한 둥근 강돌들이 엄청나게 많이 쌓여 있어. 이 강돌층의 구조적인 특징은 밑에서 하나를 빼면 위의 돌들이 아래로 쏟아져 내려. 그러면 도굴꾼이 돌에 깔려 죽을 수도 있어. 그래서 도굴하기에 매우 어려운 구조를 가지고 있다는 뜻이야.

엄 마 자 이제 밖으로 나가볼까?

황남대총은 남남북녀의 고분이다

아 름 저 황남대총은 마치 낙타등처럼 생겼네요. 모양이 왜 저렇게 생겼어요?

아 빠 황남대총은 두 개의 고분이 맞물려 있는 고분이야. 1973년과 1975년에 문화재관리국 조사단이 발굴 조사한 바에 따르면 2개의 원형고분이 남북으로 표주박 모양으로 맞닿아 있는데 동서로 지름이 80m, 남북 지름이 120m, 남쪽봉분 높이가 23m, 북쪽봉분 높이가 22m에 이르는 신라 최대의 고분이야. 그리고 두 고분의 기초부분 주위에 각각 쌓은 외호석(外護石)의 맞닿아 있는 상태로 볼 때, 먼저 남쪽 고분이 축조되었고, 뒤에 북쪽 고분이 맞닿아 축조되었던 것으로 밝혀졌어. 그리고 이 고분도 천마총과 마찬가지로 신라 전기에 유행했던 돌무지덧널무덤 양식이야.

호 림 굳이 두 무덤을 붙여 놓았다면 혹시 부부의 무덤이어서 그런 가요?

아 빠 그렇지. 북쪽고분에서는 금관, 목걸이, 팔찌, 곡옥, 금제 허리띠, 금제 귀고리 등과 같은 장신구가 수천점이 출토되었고, 남쪽고분에서는 금동관, 은관 및 수많은 무기류가 출토되었어.

아 름 아, 알겠다. 장신구가 나온 북쪽 고분은 부인인 왕비의 무덤이고,

무기가 나온 남쪽 고분은 남편인 왕의 무덤이에요.

엄 마 그렇구나. 알고보니 이 고분도 남남북녀가 적용되는구나. 그런데 남편인 왕의 무덤에서는 금동관이 나오고, 부인인 왕비의 무덤에서는 금관이 나왔다는 것은 좀 이해가 안돼요.

아 빠 그것이 황남대총의 미스터리중의 하나야. 내가 보기에는 아마도 부인인 왕비의 권력이 왕의 권력을 능가하는 사람이었을 가능성도 있는 것 같아. 출토된 유물로 봐서는 황남대총은 대략 5세기 정도의 고분으로 추정되는데 그 시기의 신라왕들을 조사해보면 내물왕, 실성왕, 눌지왕, 자비왕, 소지왕, 지증왕, 이렇게 대략 6명 정

낙타 등 모양 황남대총

도로 압축이 돼. 그런데 그 중에서 유독 실성왕은 왕족이 아니면서 왕위에 올랐어.

호 림 쿠데타로 왕위에 올랐나요?

아 빠 아니, 실성왕은 내물왕의 사위였어. 이런 정황을 놓고 본다면 공주 출신이었던 왕비의 권력이 비왕족 출신 왕의 권력을 넘어설 수도 있다고 해석할 수도 있지. 게다가 신라는 우리나라 역사상 여왕이 세명이나 탄생한 나라잖아? 자, 이제는 대릉원 출구를 나가서 새로운 고분군을 만나자.

뱀의 발 황남대총 출토 국보와 보물

1. 국보 제191호: 황남대총 북분 금관(金冠), 서울 용산구 국립중앙박물관
2. 국보 제192호: 황남대총 북분 금제 허리띠(金製 銙帶), 서울 용산구 국립중앙박물관
3. 국보 제193호: 황남대총 남분 유리병 및 잔(琉璃甁 및 盞), 서울 용산구 국립중앙박물관
4. 국보 제194호: 황남대총 남분 금목걸이(金製頸飾), 서울 용산구 국립중앙박물관
5. 보물 제623호: 황남대총 북분 금팔찌 및 금반지(金製釧 및 金製指環), 경북 경주시 국립경주박물관
6. 보물 제624호: 황남대총 북분 유리잔(琉璃盞), 서울 용산구 국립중앙박물관
7. 보물 제625호: 황남대총 북분 은제 관식(銀製冠飾), 경북 경주시 국립경주박물관
8. 보물 제626호: 황남대총 북분 금제 고배(金製高杯), 경북 경주시 국립경주박물관
9. 보물 제627호: 황남대총 북분 은잔(銀盞), 서울 용산구 국립중앙박물관
10. 보물 제628호: 황남대총 북분 금은제 그릇 일괄(金銀器一括), 경북 경주시 국립경주박물관
11. 보물 제629호: 황남대총 남분 금제 허리띠(金製 銙帶), 서울 용산구 국립중앙박물관
12. 보물 제630호: 황남대총 남분 금제 관식(金製冠飾), 서울 용산구 국립중앙박물관
13. 보물 제631호: 황남대총 남분 은관(銀冠), 경북 경주시 국립경주박물관
14. 보물 제632호: 황남대총 남분 은제 팔뚝가리개(銀製肱甲), 경북 경주시 국립경주박물관

노동동, 노서동 고분군

 대릉원 일원 노서동 고분군

금관총에서는 최초의 신라금관이 출토됐다

호 림 어라? 여기는 가운데 길을 사이에 두고 고분들이 길 양쪽으로 있네?

엄 마 그래서 이곳을 노동리 고분군, 노서리 고분군 이라고 부른단다.

아 빠 행정구역 개편으로 지금은 노동동 고분군, 노서동 고분군이라고 하는데, 길의 동쪽에 있는 고분군, 그리고 길의 서쪽에 있는 고분군이란 뜻이야. 그렇지만 이런 현대식 길은 20세기에 들어와서 생겨난 것이고 그전에는 이곳에서부터 대릉원과 인왕동 고분군까지 하나로 연결되는 고분지역이었을 거야.

호 림 아빠, 이 곳을 좀 더 잘 보기 위해서는 저기 제일 높은 고분 위에 올라가서 보면 되겠네요.

아 름 오빠, 제발 정신 좀 차려라. 고분 위에 올라가지 말라는 저 푯말 안 보여?

호 림 알았어. 그럼 그 대신 저기 길 옆에 흙으로 만든 작은 언덕 위에서 보면 되겠네.

아 빠 호림아, 그곳은 흙으로 만든 언덕이 아니라, 금관총 자리야.

호 림 금관총? 그렇다면 이 곳에서 그 유명한 신라금관이 나왔다는 뜻인가요?

엄 마 그렇지. 전세계에서 단 10개밖에 없는 금관 중의 하나란다.

아 름 전세계를 통털어 금관이 겨우 10개밖에 없다구요?

노서리 고분군에 있는 금관총 자리

뱀의 발 국가지정 문화재 국보와 보물 중 금관

1. 국보 제87호: 금관총 금관 및 금제 관식(金冠塚 金冠 및 金製冠飾), 경북 경주시 국립경주박물관
2. 국보 제138호: 전 고령 금관 및 장신구 일괄(傳 高靈 金冠 및 裝身具 一括), 서울 용산구 삼성미술관 리움
3. 국보 제188호: 천마총 금관(天馬塚 金冠), 경북 경주시 국립경주박물관
4. 국보 제191호: 황남대총 북분 금관(皇南大塚北墳 金冠), 서울 용산구 국립중앙박물관
5. 보물 제338호: 금령총금관(金鈴塚金冠), 서울 용산구 국립중앙박물관
6. 보물 제339호: 서봉총금관(瑞鳳塚金冠), 경북 경주시 국립경주박물관

전세계에서 단 10개뿐인 금관 중에서 신라금관이 6개다

아 빠 응, 순수한 금관은 전세계에서 10개밖에 없다고 해. 그 중에서 한국에서 출토된 금관이 8개인데 신라금관이 6개, 가야금관이 2개야. 그리고 신라금관 중에서 가장 먼저 발견된 것이 1921년에 바로 이 금관총에서 출토된 금관이야.

아 름 조금 전 들렀던 대릉원 안쪽의 천마총과 황남대총에서도 금관이 나왔다고 하셨잖아요? 거기다 이곳 금관총까지 합치면 모두 3개의 금관이 나왔네요? 나머지 금관 3개는 어디어디에서 나왔나요?

아 빠 녀석, 참 급하기도 하지. 나머지 세 금관 중 하나는 바로 옆에 있는 서봉총에서 나왔고, 또 하나는 길 건너편 금령총에서 나왔어. 그리고 나머지 하나는 발굴작업에서 나온 것이 아니라 도굴 당해서 장물로 돌아다니던 것을 찾아낸 거야. 출처를 확인해 보니 교동의 어느 폐고분에서 나왔다고 했대.

호 림 금관이 도굴된 것까지 있어요?

아 름 금관의 모양이 거의 비슷해 보이던데, 뭔가 차이점이 있나요?

아 빠 시기에 따라서 금관의 모양이 조금씩 달라. 도굴품이었던 교동금관은 아주 원시적인 형태의 금관이어서 아마도 가장 오래된 것 같아. 그래서 우리 눈에 익숙한 금관은 5개로 좁혀지지. 금관들을 자세히 볼 때 특히 눈에 띄는 것이 가장 정면에 있는 날 출(出)자 장식이야. 금관총, 서봉총, 황남대총의 금관은 3단으로 되어 있는 반면에, 금령총과 천마총의 금관은 4단으로 되어 있어. 전문가들의 의견으로는 3단에서 4단으로 변화한 것 같다고 해. 그리고 신라금관들은 모두 곡옥이라고도 불리는 굽은 옥이 달려있는데 유독 금령총 것만 없어.

호 림 나는 다 똑같은 모양인 줄 알았더니 모두 다 다르구나!

아 름 그럼 날 출(出)자 장식을 살펴봐서 4단으로 된 것 중에 굽은 옥이 있으면 천마총 금관, 없으면 금령총 금관이겠네요! 나머지 금관을 구분하는 법도 알려 주세요.

아 빠 출(出)자 장식이 3단으로 된 것 중에서는 테두리 부분에 좌우 3개씩 구슬장식이 달려있는 것이 황남대총 금관이고, 금관내부에 전후좌우로 반원십자형 관테 연결장치가 있는 것이 서봉총 금관이야. 이도 저도 아닌 것이 금관총 금관이지. 어때? 정리되겠니?

아 름 아... 복잡하기는 해도 이제 어느 정도 구분할 수 있을 것 같아요.

호 림 아빠, 이곳 서봉총은 외국사람이 발굴을 했나봐요. 안내판에 그런 내용이 있어요.

서봉총 발굴에 스웨덴의 구스타프 황태자가 참여했다

아 빠 일제강점기였던 1921년 가옥공사 중에 우연히 발견된 금관총에서 금관이 처음 발견되고 1924년 금령총에서도 금관이 발견되자 조선총독부는 신라고분발굴에 혈안이 되었어. 그런데 때마침 일본에는 신혼여행 중이던 스웨덴의 황태자 아돌프 구스타프 가 있었는데 이 사람이 고고학자 출신이었어. 일본은 유럽열강에 잘 보이기 위해 구스타프에게 신라고분 발굴을 제의했고 구스타프는 이를 수락해서 1926년 10월에 발굴현장에 도착을 했어. 그런데 바로 그날 마지막 발굴작업에서 신라금관이 나온 거야. 그 신라금관을 구스타프가 직접 수습했어.

스웨덴 구스타프황태자가 발굴에 참여한 서봉총

엄 마 발굴현장에 도착한 날 금관을 발굴했다? 뭔가 좀 이상한 느낌이 드는데요?

아 빠 그렇지? 나도 그렇다고 생각해. 아무튼 발굴이 끝나고 나서 구스타프 일행을 위한 저녁만찬 때였어. 당시 일제 관리들은 이 고분의 명칭을 스웨덴의 한자식 표현인 서전(瑞典)을 따서 서전총으로 하자고 했어.

호 림 아부가 너무 심하다.

아 빠 그런데 구스타프는 사양하면서 출토된 금관의 관에 세 마리의 봉황

뱀의 발 구스타프 6세 아돌프 (Gustaf VI Adolf)

구스타프 6세 아돌프(스웨덴어: Gustaf VI Adolf, 1882년 11월 11일~1973년 9월 15일, 재위 1950년 10월 29일~1973년 9월 15일)는 스웨덴의 국왕으로 구스타프 5세와 그의 왕비인 바덴의 빅토리아의 장남으로 태어났다.

구스타프 6세 아돌프는 식물학과 고고학에 전문가수준의 지식을 가지고 있었다. 특히 그가 관심이 있었던 고고학 분야는 중국 자기 분야로, 때문에 동양문화에 대한 관심이 깊었다고 알려져있다. 즉위 전인 1926년에 일제강점기 조선의 경주시를 방문하여 서봉총(瑞鳳塚)의 발굴을 참관하였다.

모양이 장식되어 있기 때문에 봉황대라고 하자고 했대.

아 름 봉황대? 그건 길 건너편에 있다는 표지판을 봤는데요?

엄 마 그래서 이 고분의 이름을 스웨덴의 한자식 표현인 서전(瑞典)의 '서(瑞)'자와 봉황의 '봉(鳳)'자를 따서 서봉총이라고 이름을 붙였구나! 여기 다른 고분들도 많은데, 주목할 만한 고분이 있나요?

쌍상총과 마총은 돌방무덤 형식이어서 도굴 당했다

아 빠 응, 이곳의 고분들은 대부분 신라전기의 돌무지덧널무덤(적석목곽분) 양식인데 비해서, 쌍상총(雙床塚)과 마총(馬塚) 은 신라후기의 양식인 굴식돌방무덤이야. 그런데 쌍상총과 마총은 둘 다 도굴이 되어서 유물이 남아있는 것은 거의 없어.

호 림 쌍상총과 마총이 주변의 다른 고분들처럼 돌방무덤이 아니라 돌무지덧널무덤이었더라면 쉽게 도굴되지 않았을텐데….

아 름 오빠, 웬일이야? 그런 것도 다 알고?

호 림 야, 나도 엄마, 아빠 답사 따라 다닌지 3년이 훨씬 넘었으니 이제는 어느 정도 풍월은 읊을 줄 알아!

아 빠 쌍상총(雙床塚)은 이름에서도 알 수 있듯이 무덤의 침상이 두 개인 고분이야. 보통 다른 왕릉급의 고분에서는 황남대총처럼 두사람의 무덤형태를 표주박형태로 하고, 두 개의 봉분을 붙여 만드는 것이 일반적이지만, 이 쌍상총은 하나의 봉분 안쪽에 두 개의 침상을 마련해서 1차로 시신을 안치한 뒤 나중에 다시 시신을 추가로 안치한 것으로 보여.

엄 마 굴식돌방무덤의 경우에는 구조적인 면에서 무덤입구만 다시 열면

되니깐 추가로 시신을 모시기가 쉽죠. 그래서 도굴도 상대적으로 쉽지만...

아 빠 그리고 마총(馬塚)은 발굴조사에서 말뼈와 마구가 발견되어서 마총이라는 이름이 붙었어. 그런데 더욱 주목할 만한 고분은 호우총(壺杅塚)인데 광복 직후인 1946년 우리 손으로 발굴한 최초의 신라고분이야.

신라 경주의 호우총에서 고구려 유물이 발굴됐다

아 름 호우(壺杅)가 무슨 뜻이에요?

엄 마 병 호(壺)자에 사발 우(杅)자야.

아 빠 즉, 병모양으로 생긴 청동 사발이 출토되었는데 그 청동 호우의 밑바닥에는 '을묘년 국강상 광개토지 호태왕 호우십(乙卯年國岡上廣開土地好太王壺杅十)'이라는 명문이 양각으로 새겨져 있어.

엄 마 광개토대왕과 관련 있는 유물이로군요!

아 빠 응, 최소한 청동호우가 만들어진 시기는 우리가 알 수 있지. 여기서 을묘년은 광개토대왕 사후인 서기 415년(장수왕 3년)이야. 게다가 씌어진 이 명문의 글씨체가 중국 지안(輯安)에 있는 광개토대왕비의 비문에 씌어진 것과 거의 같은 사실로 미

우리가 최초로 발굴한 신라고분인 호우총자리

루어 보아서 당시 고구려와 신라의 교섭이 활발하였음을 짐작할 수 있지.

아 름 고구려의 호우가 왜 이곳 신라 땅인 경주에 있을까요?

아 빠 그것을 알려면 광개토대왕비문의 한 구절을 알아야 해. 거기에는 이런 구절이 있어. "백제와 신라는 옛적부터 고구려에 조공을 바쳐왔다. 신묘년에 왜(倭)가 쳐들어오자, 고구려는 바다를 건너가 왜(倭)를 쳐부쉈다. 그런데 백제가 왜(倭)와 연합하여 신라로 쳐들어가 그들의 백성으로 삼으려 했다. 6년 곧 병신년에 왕이 몸소 군대를 이끌고 백제를 토벌했다."

호 림 결국 고구려가 신라를 백제와 왜로부터 구해주었다는 뜻이잖아요? 그렇다면 고구려는 어째서 신라를 합병하지 않았을까요? 충분히 그러고도 남았을 텐데...

아 빠 고구려의 왕을 태왕이라고 했어. 광개토대왕도 호태왕이라고 부르잖아? 대왕이 아닌 태왕이야.

아 름 태왕? 그럼, 일반적인 왕과는 다른 왕이란 뜻인가요?

아 빠 그렇지! 왕들 위에 군림하는 왕! 그런 왕을 흔히 뭐라고 부르지?

호 림 왕위의 왕?

아 름 아, 알았다. 황제에요!

아 빠 맞았어. 황제는 여러 제후국을 거느려야 황제가 될 수 있어. 따라서 고구려는 신라를 제후국으로 삼은 거야. 제후국 없이 혼자서는 황제, 아니 태왕의 나라가 될 수 없거든.

엄 마 그래서 광개토대왕 비문에 "백제와 신라는 옛적부터 고구려에 조공을 바쳐왔다."라는 구절이 들어 있는거야.

봉황대에 얽힌 풍수이야기

호 림 어, 저기 고분은 참 신기하게 생겼다. 고분 위에 나무가 자라고 있어요.

엄 마 저 고분은 특별히 '봉황대'라는 별명이 있단다. 경주에서 단일 무덤으로서는 가장 큰 고분이야.

아 름 이름에 봉황이라는 말이 들어있는 것을 보면, 분명 이 고분은 봉황과 관련있는 옛날이야기가 있을 것 같아요.

아 빠 아름이의 예상이 맞았어. 이 봉황대에는 입에서 입으로 전해내려오는 전설이 하나 있어. 옛날 후삼국 시대에 왕건은 신라를 하루라도

고분 위에 나무와 오솔길이 있는 봉황대

빨리 멸망시키기 위해서 당시 풍수의 대가였던 도선국사와 계략을 꾸몄어. 그래서 비밀리에 자기편 풍수전문가를 신라 조정에 보내서 헛소문을 퍼뜨린 거야.

호 림 그 헛소문의 내용이 어떤 것인지 궁금해요.

아 빠 풍수적으로 볼 때, 경주는 길조인 봉황의 형상인데 그 봉황이 지금 멀리 날아가려고 한다는 거야.

아 름 그럼 신라 사람들은 봉황을 잡아 두려고 했겠네요.

아 빠 그래서 어미새인 봉황이 날아가지 못하게 산처럼 커다란 봉황의 알을 만들어 두고, 주변에는 맑은 물을 좋아하는 봉황을 위해서 샘물 여러 개를 파게 했다는 거야.

아 름 그렇지만 실제로 경주는 봉황의 형상이 아니었겠죠? 그럼 대체 무슨 형상이었을까요?

아 빠 실제 경주의 형국은 배 모양이었다고 해. 그래서 배를 침몰시킬 풍수적인 방법을 찾았던 거야. 그래서 샘물을 여러 개 파게 함으로써 배 바닥에 구멍을 낸 효과를 낸 것이고, 게다가 산처럼 큰 봉황대를 만들었기 때문에 그 무게로 배가 빨리 가라앉도록 했다는 거야.

엄 마 여보, 봉황대를 자세히 보니 오솔길의 흔적이 있어요.

아 빠 응, 저 오솔길은 옛날부터 나 있었던 거야. 아직도 많은 사람들이 오르내리고 있어서 자연스럽게 잔디가 밟혀서 생겨난 것인데 옛날 사진을 보면 이 봉황대의 바로 코 앞까지 민가들이 들어차 있었어. 그래서 고분이라는 생각보다는 고목 몇 그루가 자라고 있는 마을의 조그만 뒷동산이라는 생각이 들지. 이 봉황대는 규모로 봐서는 왕릉급이지만 아직 발굴되지 않았기 때문에 알려진 것은 전혀 없어.

아 름 봉황대 앞에는 두 개의 흙더미가 있어요. 왼쪽 것은 낮고 오른쪽 것은 좀 높아요. 그 앞에 비석이 있는 것으로 봐서는 저기도 고분이었던 것 같아요.

금령총에서 두 번째로 신라금관이 나왔다

금령총과 식리총 자리

아 빠 왼쪽의 것은 금령총이고, 오른쪽의 것은 식리총이야.

아 름 아, 금관이 나왔다던 금령총!

호 림 아빠, 금관이 나왔으면 금관총이라고 해야지 왜 금령총이라고 했어요?

아 빠 조금 전에 보았던 노서동 고분군의 금관총이 1921년 발굴되면서 신라고분 중에서는 최초로 금관이 출토되었기 때문에 금관총이라는 이름이 붙었어. 그런데 이 금령총은 3년뒤인 1924년 발굴되었는데 금관뿐만 아니라 수많은 부장품이 나왔어. 그 중에서 금으로 된 방울이 있었기 때문에 금령총이라는 이름이 붙었지.

엄 마 이 금령총에서 출토된 유물 중에는 무덤 이름을 결정한 금방울보다 더 유명한 것이 있단다. 심지어 국보로 지정되었어.

호 림 무덤이름을 결정한 금방울 보다도 더 유명하면서도 국보라구요? 그럼 다이아몬드 방울인가?

아 빠 그것은 국보 제91호로 지정된 도제기마인물상(陶製騎馬人物像)인데, 우리말로는 기마인물형토기야. 말을 탄 1쌍의 토우(土偶), 즉 흙인형이지.

아 름 아, 국립 중앙 박물관에서 본 기억이 나요! 제 기억에는 그것이 주전자라고 들었던 것 같아요.

아 빠 정확하게 기억하고 있구나. 기마인물형토기는 얼핏보면 말을 탄 사람을 형상화한 조각 작품처럼 보이지만 실제로는 말 등에 있는 깔때기처럼 생긴 구멍을 통해 액체를 넣고, 말 가슴에 있는 대롱을 통해 물이나 술과 같은 액체를 따를 수 있는 주자(注子)였어.

금령총의 주인공은 어린 왕자일 가능성이 높다

엄 마 그런데 금관도 나오고 부장품도 그런 훌륭한 것이 나왔다고 하면서도 무덤은 왜 이리도 작죠?

아 빠 발굴 보고서에 따르면 여기 묻힌 사람은 머리에 금관을 쓰고 금 귀걸이와 허리띠를 했으며 허리에는 칼을 찼다고 되어 있어. 일단 칼을 찼으니 남자라고 볼 수 있지. 그런데 특이한 점은 금령총의 허리띠 길이가 다른 고분에서 나온 것과는 달리 무척 짧다는 거야. 게다가 금관도 다른 금관에 비해 작아.

아 름 아, 그럼 무덤의 주인은 아마도 어려서 죽은 왕자일 가능성이 많겠

뱀의 발 국보급 문화재중 기마인물형 도기 2점

종 목: 국보 제91호
명 칭: 도기 기마인물형 명기(陶器 騎馬人物形 明器)
분 류: 유물 / 생활공예 / 토도자공예 / 토기
수량 및 지정(등록)일: 1쌍 / 1962.12.20
소 재 지: 서울 용산구 서빙고로 137, 국립중앙박물관 (용산동6가)
시 대: 신라 / 소유자(소유단체): 국유 / 관리자(관리단체): 국립중앙박물관

경주시 금령총에서 출토된 한 쌍의 토기로 말을 타고 있는 사람의 모습을 하고 있다. 주인상은 높이 23.4㎝, 길이 29.4㎝이고, 하인상은 높이 21.3㎝, 길이 26.8㎝이다. 경주시에 있는 금령총에서 1924년에 배모양 토기와 함께 출토되었으며, 죽은 자의 영혼을 육지와 물길을 통하여 저 세상으로 인도해 주는 주술적인 기능을 가지고 있다. 두 인물상은 두꺼운 직사각형 판(板)위에 다리가 짧은 조랑말을 탄 사람이 올라 앉아있는 모습이다. 말 엉덩이 위에는 아래로 구멍이 뚫린 등잔이 있고, 앞 가슴에는 물을 따르는 긴 부리가 돌출되어 있어 비어있는 말의 뱃속을 통해 물을 따를 수 있게 되어 있다. 두 인물상의 모습은 말 장식이 화려한 주인상의 경우 고깔 형태의 띠와 장식이 있는 삼각모(三角帽)를 쓰고 다리위에 갑옷으로 보이는 것을 늘어뜨렸다. 하인상은 수건을 동여맨 상투머리에 웃옷을 벗은 맨몸으로 등에 짐을 메고 오른손에 방울같은 것을 들어 길 안내를 하고 있는 듯 하다. 이 인물상은 신라인의 영혼관과 당시의 복식, 무기, 말갖춤 상태, 공예의장(工藝意匠) 등에 대한 연구에 큰 도움을 주는 중요한 유물이다. (출처: 문화재청)

종 목: 국보 제275호
명 칭: 도기 기마인물형 뿔잔(陶器 騎馬人物形 角杯)
분 류: 유물 / 생활공예 / 토도자공예 / 토기
수량 및 지정(등록)일: 1점 / 1993.01.15
소 재 지: 경북 경주시 일정로 186, 국립경주박물관 (인왕동,국립경주박물관)
시 대: 삼국시대 / 소유자(소유단체): 국유 / 관리자(관리단체): 국립경주박물관

삼국시대 만들어진 것으로 생각되는 말을 타고 있는 사람의 모습을 한 높이 23.2㎝, 폭 14.7㎝, 밑 지름 9.2㎝의 인물형 토기이다. 나팔모양의 받침 위에 직사각형의 편평한 판을 설치하고, 그 위에 말을 탄 무사를 올려 놓았다. 받침은 가야의 굽다리 접시(고배)와 동일한 형태로, 두 줄로 구멍이 뚫려 있다. 받침의 4모서리에는 손으로 빚어 깎아낸 말 다리가 있다. 말 몸에는 갑옷을 매우 사실적으로 묘사하였고, 말갈기는 직선으로 다듬어져 있다. 말 등에는 갑옷을 입고 무기를 잡고 있는 무사를 앉혀 놓았다. 무사는 머리에 투구를 쓰고 오른손에는 창을, 왼손에는 방패를 들고 있는데 표면에 무늬가 채워져 있다. 특히 아직까지 실물이 전하지 않는 방패를 사실적으로 표현하고 있어 주목된다. 무사의 등 뒤쪽에는 쌍 뿔모양의 잔을 세워놓았다. 이 기마인물형토기는 가야의 말갖춤(마구)과 무기의 연구에 귀중한 자료로 평가된다. (출처: 문화재청)

네요. 그래서 무덤도 작구나!

호 림 그럼, 그 옆에 있는 고분은 뭐예요? 이름도 어렵던데...

엄 마 식리총(飾履塚) 말이구나! 장식할 식(飾), 신발 리(履), 즉 화려한 문양의 금동제 신발이 출토되었기 때문에 그런 이름이 붙었어.

아 빠 식리총에서 출토된 금동제 신발은 실제 사용한 것은 아니고 부장품으로 무덤에 넣은 것이야. 신발 표면에는 거북등문양의 윤곽 속에 봉황이나 괴수 등의 각종 상상의 동물이 새겨져 있는데 이런 종류의 문양은 가야와 백제에서 많이 보이고, 페르시아의 영향도 일부 보이기 때문에 신라문화가 서역과 교류한 흔적을 찾을 수 있지.

엄 마 그래서 괘릉에 가보면 진짜 서역사람 얼굴을 볼 수 있단다.

아 름 그럼, 이제 괘릉으로 가는 건가요?

아 빠 아니, 선덕여왕릉부터 갈거야. 왜냐하면 지금부터의 신라고분 답사는 시간순서대로 봐야 제대로 된 공부가 되기 때문이지.

호석(護石)을 통해 본 신라왕릉의 시대적 변천

낭산 선덕여왕릉

선덕여왕릉에서는 원시형태의 호석을 확인할 수 있다

봉분 둘레를 막돌로 쌓은 선덕여왕릉

아 빠 자, 지금부터의 신라고분답사는 대릉원에서 했던 것과는 전혀 다른 방식으로 해야 돼. 왜냐하면 대릉원에서는 고분들이 한자리에 모여 있었기 때문에 그 자리에서 직접 비교해 보는 것이 가능했지만 지금부터 우리가 돌아볼 왕릉들은 하나씩 독립적으로 떨어져 있기 때문에 직접 비교하는 것이 힘들어.

아 름 아빠, 걱정 마세요. 스마트폰으로 찍어서 비교하면 되요.

엄 마 역시 디지털 세대는 다르구나!

아 빠 이 선덕여왕릉의 생김새를 잘 살펴봐. 조금 전까지 우리가 봤던 대릉원의 고분과는 분명히 다른 부분이 있지?

호 림 한눈에 봐도 알겠어요. 대릉원에 있던 고분들은 밖에서 보기에는 그냥 흙으로만 되어 있었는데 이 선덕여왕릉은 봉분의 둘레에 막돌을 쌓았어요.

아 빠 바로 그거야. 선덕여왕릉에서 우리가 주목할 부분은 바로 저 둘레돌이야. 대릉원에서는 전혀 볼 수 없었던 거지. 저 둘레돌은 무덤을 보호한다고 해서 한자로는 호석(護石)이라고도 해. 보호석이라는 뜻이야. 아무튼 저 둘레돌은 잡석을 비스듬히 2단으로 쌓았는데 그 밖으로는 드문드문 둘레돌의 높이와 비슷한 대석을 기대어 놓았어. 아름아, 저 둘레돌을 스마트폰으로 잘 찍어 둬. 앞으로 다른 왕릉들과 비교해야 돼.

엄 마 여보, 아이들에게 이 선덕여왕릉에 얽힌 전설을 들려줘야죠.

호 림 야호, 신나는 옛날 이야기로구나! 빨리 들려주세요.

아 빠 선덕여왕은 신라 제27대 왕이야. 그리고 이 왕릉은 646년경에 조성되었는데 우리가 서 있는 낭산의 정상에 있어.

호 림 남산이요?

엄 마 남산이 아니라 낭산이야.

아 빠 김부식이 쓴 삼국유사에 따르면 선덕여왕은 자신이 죽는 날을 미리 예언하고 신하들에게 자신을 도리천(忉利天)에 장사지내 달라고 하였대.

아 름 도리천이라면 불교 28천 가운데 나오는 하늘나라 이름이잖아요?

엄 마 그렇지. 부처님이 계시는 불교의 28개 하늘나라 중에서 사천왕이 지키는 '사왕천'이라는 첫 번째 하늘나라 바로 위쪽에 있는 두번째 하늘나라야. 제석천이 계시는 곳인데, 33천이라는 별명도 있지.

아 빠 그런데 신하들은 도리천이 어디에 있는지 아무도 몰랐어.

호 림 당연하죠. 상상 속의 하늘나라인 도리천의 위치를 어떻게 알겠어요?

아 빠 신하들 모두가 알아듣지 못하고 어리둥절해 하는 것을 본 선덕여왕은 낭산이 바로 도리천이라고 알려줬어. 그래서 신하들은 그 뒤에 선덕여왕이 돌아가시자 거기에 장사를 지냈어. 그런데 여왕을 낭산에 묻은 뒤 약 10여 년이 지난 후에 낭산의 기슭에 절이 하나 생겼어. 그 절의 이름이 바로 사천왕사야.

사천왕사지 터, 뒤로 보이는 숲에 선덕여왕릉이 있다

아 름 아하, 이제야 알겠어요. 선덕여왕릉의 아래쪽에 사천왕사가 생겼으니 그곳은 첫 번째 하늘나라인 '사왕천'이 되는 것이고, 선덕여왕릉은 그 위에 있으니 자동적으로 두 번째 하늘나라인 '도리천' 이 되는 셈이군요!

아 빠 자, 이제 신라 제29대 왕인 태종무열왕릉으로 가보자.

뱀의 발 선덕여왕이 미리 깨달은 일 세가지

선덕여왕(善德女王, ? ~ 647년 음력 1월 8일, 재위: 632년 ~ 647년)은 신라의 제27대 여왕이며, 한국사에서 최초의 여왕으로 알려져 있다. 성은 김(金), 휘는 덕만(德曼)이다. 진평왕과 마야부인(摩耶夫人)의 장녀이며 태종무열왕의 큰이모이다.

왕이 미리 안 세 가지: 삼국유사 선덕여왕조에는 선덕여왕이 미리 깨달은 일 세가지(지기삼사(知幾三事))가 수록되어 있다.

1. 당 태종의 모란 꽃: 즉위년인 632년, 당 태종은 빨강, 자주, 하양색의 모란 그림과 그 씨앗을 선물로 보냈다. 왕은 이를 보고 "이 꽃은 향기가 없을 것이다."라고 하였는데, 씨앗을 심어보니 과연 그랬다. 훗날 신하들이 이 일을 물어보니 왕은 "꽃 그림에 나비가 없었다. 이는 남편이 없는 나를 희롱한 것이다."라고 답했다. 일연은 이 고사를 소개한 뒤, 당 태종이 신라에 세 여왕(선덕, 진덕, 진성)이 있을 것으로 짐작한 점도 함께 칭찬하고 있다.

2. 여근곡의 백제군: 왕은 즉위 4년인 635년, 영묘사(靈廟寺)를 세운 적이 있었다. 그런데 어느 겨울날, 영묘사 옥문지(玉門池)에 개구리가 사나흘 동안 운 일이 있었다. 이에 왕은 각간 알천(閼川), 필탄(弼呑)에게 병사 2천을 주어 서라벌 서쪽 부산(富山) 아래 여근곡(女根谷)을 습격하게 하였다. 여근곡에는 백제 장수 우소(亐召)가 매복해 있었는데, 알천과 필탄은 이를 쳐서 모두 죽였다. 훗날 신하들이 이 일을 물어보니 왕은 "개구리가 심히 우는 모습은 병사의 모습이요, 옥문이란 여자의 음부를 가리킨다. 여자는 음이고, 그 빛은 백색인데, 이는 서쪽을 뜻한다. 또한 남근이 여근에 들어가면 죽는 법이니 그래서 쉽게 잡을 수 있었다."라고 답하였다.

3. 왕의 승하와 도리천 : 어느날 왕이 신하들을 불러 "내가 죽으면 도리천(忉利天)에 장사지내도록 하라. 이는 낭산(狼山) 남쪽에 있다."고 하였다. 이후 왕이 죽은 뒤 신하들은 왕을 낭산 남쪽에 장사지냈다. 이후 문무왕 대에 이르러 선덕여왕의 무덤 아래 사천왕사(四天王寺)를 세웠다. 이는 불경에 '사천왕천(四天王天) 위에 도리천이 있다'는 내용이 실현된 것이었다.

무열왕릉은 신라왕릉 중에 유일하게 무덤 주인을 확신할 수 있다

아 빠 이곳이 태종무열왕릉이야. 태종무열왕은 신라 제29대 왕이니깐, 제27대 왕인 선덕여왕과는 2대의 차이가 있어. 그렇지만 선덕여왕은 647년에 그리고 태종무열왕은 661년에 각각 돌아가셨기 때문에 시차는 겨우 14년 밖에 차이가 나지 않아.

아 름 와, 저기 전각 속을 봐요! 교과서에서 보던 그 거북모양의 비석받침대다.

엄 마 거북모양의 비석받침대를 문화재용어로는 거북 귀(龜)자에 책상다리 부(趺)자를 써서 귀부(龜趺)라고 부른단다. 그리고 그 위에 올

국보 제 25호인 태종무열왕릉비 귀부와 이수

려져 있는 것이 교룡 이(螭)자에 머리 수(首)자를 써서 이수(螭首)라고 해. 국보 제25호란다. 대단하지?

아 빠 저 귀부와 이수덕분에 태종무열왕릉은 신라의 왕릉 가운데 무덤 주인을 확실히 알 수 있는 유일한 무덤이야.

아 름 어? 이상하네요. 우리가 조금 전에 들렀던 선덕여왕릉도 무덤 주인이 확실하잖아요? 그리고 대릉원에 있던 미추왕릉 등 왕의 이름이 붙어있는 신라왕릉이 경주 여기저기에 많던데, 이 태종무열왕릉만이 무덤 주인을 유일하게 확신할 수 있다는 말이 전혀 이해가 안돼요.

아 빠 그 이유는 신라의 왕릉들은 이 태종무열왕릉을 제외하고는 옛부터 내려오는 비석이 전혀 없기 때문이야. 나머지 신라왕릉들은 대체로 옛날 문헌들에 나오는 신라왕들의 장사기록을 참고로 비슷한 위치에 있는 고분을 왕릉으로 비정(比定)할 뿐이지.

아 름 비정이요?

엄 마 비교하여 정한다는 뜻인데 쉽게 말해서 옛 문헌의 기록으로 추정한다고 보면 돼.

아 빠 삼국사기나 삼국유사 등에서 볼 수 있는 옛날 신라왕릉의 위치에 대한 기록은 대체로 기준이 되는 지점, 예를 들면 〈어느 절〉에서 〈어떤 방향〉에 있다거나 또는 〈몇번째 산봉우리〉 등과 같이 애매한 표현이 많아. 게다가 실제 그곳에 가면 봉분이 여러 개가 한꺼번에 뭉쳐있기도 해.

엄 마 그래도 선덕여왕릉과 같이 누구나 쉽게 찾을 수 있는 왕릉이 있기도 해. 그렇지만 선덕여왕릉도 가능성이 매우 높을 뿐이지 100% 확실한 증거는 없는 셈이야.

아 빠 심지어 어떤 사람들은 신라왕릉의 비석이 전혀 없는 것은 신라의 수도 경주가 원래 이곳이 아니라 중국대륙에 있었기 때문이라는 주장을 펴기도 해. 아무튼 그런 것 보다는 저 태종무열왕릉의 형태를 잘 봐. 그리고 우리가 먼저 보았던 선덕여왕릉과 잘 비교해 봐. 어떤 점이 달라 보이지?

아 름 잠깐만요, 선덕여왕릉의 사진을 찍어둔 스마트폰을 켜 볼게요. 음...

호 림 뭘 그렇게 오래 봐? 한눈에도 표가 나는데... 무덤 가장자리의 둘레돌이 완전히 다르잖아!

아 름 맞아요. 선덕여왕릉의 둘레돌은 자연석 막돌이 무덤 전체를 빙 돌아가면서 2단으로 쌓여 있는데 이곳 태종무열왕릉에는 드문드문 보여요.

태종무열왕릉, 드문드문 보호석이 보인다

아 빠 태종무열왕릉의 호석도 선덕여왕릉처럼 자연석을 써서 무덤의 아래 부분을 두르고 있어. 그리고 일정 간격으로 큰 자연석을 세웠는데 그것이 전체적으로 흙으로 덮혀서 큰 자연석의 일부만 보이는 것 뿐야.

엄 마 결국 선덕여왕릉의 보호석과 그 양식이 통한다는 뜻이군요!

아 빠 그런 결론에 도달할 수 있지. 그리고 이 능은 아직 발굴조사를 하지 않았기 때문에 정확한 것은 알 수 없지만 무덤내부는 굴식돌방무덤(횡혈식석실분)으로 추정되고 있어. 자, 여기를 좀 더 자세히 둘러보고 나서 다음번 왕릉으로 가자.

아 름 아빠, 신라왕 계보도를 보니 제29대 태종무열왕 다음에는 제30대 문무왕이에요. 그런데 문무왕의 무덤은 수중릉이잖아요? 그곳에 어떻게 가죠?

호 림 잠수장비 챙겨야 되나요?

아 빠 문무왕릉은 우리가 가기에는 너무 힘든 곳에 있어서 생략하자. 그 대신 제27대 선덕여왕릉 다음에 제29대 태종무열왕을 봤으니 다음에는 제31대 신문왕릉으로 가 보자. 하나씩 건너 뛰면서 왕릉보는 것도 나쁘지는 않아.

신문왕릉

신문왕릉은 둘레석을 다듬은 돌로 쓴 특징을 보인다

아 름 어라? 이곳은 선덕여왕릉의 바로 옆이잖아요? 저기 선덕여왕릉이 있는 낭산이 보여요.

호 림 선덕여왕릉을 보고난 뒤에 바로 이곳으로 왔으면 될 것을, 왜 굳이

뱀의 발 경주 태종무열왕릉비 (慶州 太宗武烈王陵碑)

종 목: 국보 제25호
명 칭: 경주 태종무열왕릉비 (慶州 太宗武烈王陵碑)
분 류: 기록유산 / 서각류 / 금석각류 / 비
수량/면적: 1기
지정(등록)일: 1962.12.20
소 재 지: 경북 경주시 서악동 844-1
시 대: 통일신라
소유자(소유단체): 국유
관리자(관리단체): 경주시

신라 제29대 왕인 태종무열왕의 능 앞에 세워진 석비이다. 태종무열왕(김춘추, 재위 654~661)은 김유신과 함께 당나라를 후원세력으로 삼아 삼국통일의 기반을 다진 인물이다. 통일신라시대에 세워졌던 비(碑)들은 중국 당나라의 영향을 받아 받침돌은 거북 모양을 하고 있고, 비몸위의 머릿돌에는 이무기의 모습이 새겨져 있는데, 태종무열왕릉비는 이러한 양식이 나타난 그 최초의 예가 되고 있다.

비각안에 모셔져 있는 비는 현재 비몸이 없어진 채 거북받침돌위로 머릿돌만이 얹혀져 있다. 거북은 목을 높이 쳐들고 발을 기운차게 뻗으며 앞으로 나아가고 있는 모습으로, 등에는 큼직한 벌집 모양의 육각형을 새긴 후, 등 중앙에 마련된 비좌(碑座: 비몸을 꽂아두는 네모난 홈) 주위로 연꽃조각을 두어 장식하였다. 머릿돌 좌우에는 6마리의 용이 3마리씩 뒤엉켜 여의주를 받들고 있으며, 앞면 중앙에 '태종무열대왕지비(太宗武烈大王之碑)'라고 새겨 놓아 비의 주인공을 밝히고 있다.

통일신라 문무왕 원년(661)에 건립되었으며, 명필가로 유명했던 무열왕의 둘째 아들 김인문의 글씨로 비문을 새겨 놓았다. 표현이 사실적이고 생동감이 있어 마치 살아 움직이는 듯한 강한 인상을 주며, 삼국통일을 이룩한 신라인들의 진취적 기상을 느낄 수 있다. 우리나라뿐만 아니라 동양권에서도 가장 뛰어난 걸작이라 일컬어지는 작품으로, 능숙하게 빚어낸 기법에서 당시 석조 조각의 발달상을 엿볼 수 있다. (출처: 문화재청)

신문왕릉, 잘 다듬은 둘레석 5단 위 덮개돌과 삼각형 호석 44개로 구성되어있다

중간에 태종무열왕릉까지 갔다가 되돌아 온 거죠? 오늘 답사는 너무 비효율적인것 같아요.

아 빠 내가 그렇게 비효율적으로 답사를 하는 것은 다 이유가 있어. 시간 순서대로 신라왕릉을 보기 위해서야. 이곳 무덤의 주인은 신라를 통일한 제30대 문무왕의 장남인 제31대 신문왕이야. 제27대 선덕여왕릉, 그리고 제29대 태종무열왕릉과 비교해서 제31대 신문왕릉이 다른 점은 무엇이지?

아 름 이건 스마트폰을 열어 볼 필요도 없어요. 바로 둘레석이 완전히 달라졌어요.

호 림 맞아요, 선덕여왕릉과 태종무열왕릉은 자연석을 둘레돌로 썼는데, 이곳 신문왕릉은 한눈에도 잘 다듬은 돌로 무덤의 가장자리를 둘렀어요.

아 빠 그렇지. 마치 블록처럼 잘 다듬은 돌을 5단으로 잘 쌓았고, 맨 위에는 갑석이라고 부르는 덮개돌을 올려놨어. 그리고 이 석축을 지탱하기 위해서 44개의 삼각형 모양의 호석을 설치했어. 이런 형태는 이후에 우리가 볼 12지신상이 새겨진 통일신라왕릉의 원시적인 모습이라고 볼 수 있어.

엄 마 여보, 이곳도 100% 신문왕릉이 아닐 수 있죠?

신문왕릉 남쪽 호석에 새겨진 문(門)자

뱀의 발 경주 신문왕릉 (慶州 神文王陵)

종 목: 사적 제181호
명 칭: 경주 신문왕릉 (慶州 神文王陵)
분 류: 유적건조물 / 무덤 / 왕실무덤 / 고대
수량/면적: 35,283㎡
지정(등록)일: 1969.08.27
소 재 지: 경북 경주시 배반동 453-1
시 대: 통일신라
소유자(소유단체): 국유
관리자(관리단체): 경주시

신라 31대 신문왕(재위 681~692)의 무덤이다. 신문왕은 문무왕의 아들로 귀족들의 반란을 진압한 후 신라 중대 전제왕권을 확고히 하였다. 국립교육기관인 국학을 설립하고, 지방통치를 위해 9주5소경제도를 설치하였고, 고구려 · 백제 · 말갈인을 포함시킨 중앙 군사조직인 9서당을 완성하는 등 중앙과 지방의 정치제도를 정비하여 전제왕권을 다졌다. 높이 7.6m, 지름 29.3m의 둥글게 흙을 쌓은 원형 봉토무덤이다. 둘레돌은 벽돌모양으로 다듬어 5단으로 쌓았고 44개의 삼각형 받침돌이 둘레돌을 튼튼하게 받치고 있다. 『삼국사기』에 의하면 낭산(狼山) 동쪽에 신문왕을 장사지냈다고 되어있어, 낭산 동쪽 황복사터 아래쪽 12지신상이 남아있는 무너진 왕릉을 신문왕 무덤으로 보는 견해도 있다. (출처: 문화재청)

아 빠 응, '삼국사기'에 의하면 낭산(狼山) 동쪽에 신문왕을 장사지냈다고 되어 있어. 그래서 이곳을 신문왕릉으로 비정하기는 하지만, 사람에 따라서는 낭산 동쪽 황복사터 아래쪽에 12지신상이 남아있는 무너진 왕릉을 신문왕 무덤으로 보는 견해도 있어. 그리고 이 삼각형 둘레돌 가운데 남쪽을 향한 한 돌에는 문 문(門)자를 음각(陰刻)했는데, 그 뜻은 정확히 알 수는 없지만, 아마도 이 무덤이 굴식 돌방무덤일 경우 널길의 문이 있다는 뜻이 아닐까 하고 짐작할 수 있어. 자, 여기도 주변을 천천히 둘러보고 다음 왕릉으로 가 보자.

호 림 27대, 29대, 31대 왕릉을 봤으니 다음번 왕릉은 33대 왕릉이겠네요? 아름아, 너가 들고 있는 신라왕계보도를 좀 봐! 제33대 왕은 누구니?

아 름 제33대 왕이라... 성덕왕이야.

아 빠 이제는 너희들이 갈 곳을 미리 아는 단계까지 왔구나. 기특한 녀석들...

성덕왕릉에는 최초의 난간석이 보인다

호 림 어, 저기 이정표를 보니, 이 길은 불국사 가는 길이네요.

엄 마 그래 맞아. 저 앞에 우리의 목적지가 있구나.

아 름 어, 여기에는 고분이 약간 거리를 두고 두 개가 있네요?

아 빠 그래, 앞쪽에 있는 고분이 제32대 효소왕릉이라고 전해지고, 뒤쪽에 있는 고분이 제33대 성덕왕릉으로 전해지고 있어. 두 고분을 잘

성덕왕릉, 사방에 4마리 돌사자와 석인과 흉상이 있다

살펴봐. 하지만 우리의 주 목적은 성덕왕릉이기 때문에 효소왕릉은 지나가면서 감상만 하고 성덕왕릉 앞쪽으로 가자.

엄 마 여기 주변에는 소나무가 참 예쁘네요. 역시 우리나라는 무덤 주위에 소나무가 있어야 잘 어울려요.

아 빠 드디어 성덕왕릉이 저기 보인다. 첫 느낌이 어때? 다른 고분에서는 못 보던 것이 있지?

아 름 예, 무덤 둘레에 돌난간이 빙 둘러쳐져 있어요. 경주에서 이런 모습의 무덤은 처음이에요.

아 빠 아름이가 잘 찾아냈구나. 이 무덤은 신라 최초로 왕릉형식을 제대로 갖춘 것으로 평가받는데, 특히 둘레돌의 형식이 그 이전에 비해 크게 발전을 했고, 왕릉의 네 귀퉁이에는 돌사자

성덕왕릉 석물구조,
돌난간과 호석 앞에 12지신상을 세워놓았다

를 배치했어. 또 앞쪽에는 석인(石人)을, 그리고 앞쪽의 왼편에는 능비(陵碑)를 세웠었어. 또 무덤의 가장 바깥쪽에는 시각적으로 이 무덤의 가장 큰 특징인 석주 즉, 돌기둥을 빙 둘렀는데 석주의 상하 2군데에는 홈을 파서 난간돌인 관석(貫石)을 끼우게 되어 있어.

호 림 그런데 돌기둥과 난간돌의 색깔이 좀 달라요.

아 빠 원래 난간돌은 남아있지 않았었는데 보수를 하면서 새로 만들어 끼운 거야.

엄 마 여보, 그런데 좀 이해가 안되는 부분이 있어요. 시대의 흐름으로 봤을 때, 우리가 조금 전에 보고 왔던 제31대 신문왕릉의 형식보다는 이곳 제33대 성덕왕릉의 왕릉형식이 더 발전한 형태라는 것은 충분히 이해할 만 해요. 하지만, 바로 옆에 있던 제32대 효소왕릉은 무덤에 둘레돌도 없고, 돌난간도 없어서 그 전대인 제31대 신문왕릉보다도 훨씬 오래된 왕릉형식인데, 그건 왜 그렇죠?

특별한 장식이 없는 제32대 효소왕릉

아 빠 내가 신라왕릉은 태종무열왕릉을 제외하고는 모두 그 위치가 100% 확인된 것은 아니라고 했지? 우리 옆에 있던 제32대 효소왕릉의 경우도 그런 논란 속에 있어. 우선 효소왕은 신문왕의 첫째 아들이고, 성덕왕은 신문왕의 둘째 아들이야. '삼국사기'에 의하면 702년에 효소왕이 죽자 망덕사 동쪽에 장사지냈다고 되어 있어. 그런데 지금의 효소왕릉은 망덕사터에서 남남동 방향으로 약 8㎞ 거리에 있기 때문에 삼국사기의 기록과는 차이가 많음을 알 수 있어. 사람에 따라서는 망덕사터 동쪽에 있는 현재의 신문왕릉을 효소왕릉으로 보

뱀의 발 경주 성덕왕릉(慶州 聖德王陵)

종 목: 사적 제28호
명 칭: 경주 성덕왕릉(慶州 聖德王陵)
분 류: 유적건조물 / 무덤 / 왕실무덤 / 고대
수량/면적: 11,174㎡
지정(등록)일: 1963.01.21
소 재 지: 경북 경주시 조양동 산8
시 대: 통일신라
소유자(소유단체): 국유
관리자(관리단체): 경주시

경주에서 불국사 방향으로 가는 길의 동남쪽 구릉 소나무숲 속에 자리하고 있는 신라 제33대 성덕왕(재위 701~737)의 무덤이다. 성덕왕은 신문왕의 아들로 본명은 융기이다. 당과 적극적인 교류를 하였으며 정치적으로 가장 안정된 신라의 전성기를 이끌어 나갔다. 『삼국사기』에 의하면 737년에 왕이 죽자 이거사(移車寺) 남쪽에 장사지냈다고 하는데, 현재 왕릉 북쪽에 이거사로 추정되는 절터가 있다. 이 능은 밑둘레 46m 높이5m이다. 무덤 아래부분에는 둘레돌을 배치하여 무덤을 보호하도록 하였는데, 높이 90㎝ 정도의 돌(면석)을 두르고 그 위에 덮개돌인 갑석을 올렸다. 면석 사이에는 기둥 역할을 하는 탱석을 끼워 고정시켰으며, 그 바깥쪽에 삼각형의 돌을 세워 받치고 있다. 삼각형의 받침돌 사이에 12지신상이 배치되어 있는데 네모난 돌 위에 갑옷을 입고 무기를 들고 서 있는 모습의 조각이 심하게 파손되어 있다. 무덤 앞쪽에는 석상이 놓여있고 무덤 주위의 4모서리에는 돌사자를 배치하였다. 석상 앞쪽 양 옆으로 문인석 · 무인석 각 1쌍을 세웠던 것으로 보이나, 지금은 무인석 1개와 상반신만 남은 석인(石人) 1개가 남아 있다. 성덕왕릉에서 보이고 있는 석물의 사실적인 조각기법은 통일신라 초기 양식에 속하며, 왕릉은 통일신라시대의 왕릉으로서 완비된 모습을 갖추고 있다. (출처: 문화재청)

는 견해도 있지.

엄 마 현재의 신문왕릉이 효소왕릉일 수도 있다? 아하! 그래서 사람에 따라서는 낭산 동쪽 황복사터 아래쪽에 12지신상이 남아있는 무너진 왕릉을 신문왕의 무덤으로 보는 견해도 있다고 당신이 설명했군요!

아 빠 이 무덤은 둘레돌이 볼만해. 마치 블록처럼 잘 다듬은 돌을 여러단 잘 쌓고, 맨 위에는 갑석을 덮은 신문왕릉과는 달리, 이 성덕왕릉의 둘레돌은 편평한 돌인 판석(板石)을 세우고 그 위를 갑석(甲石)을 덮었는데, 판석은 버팀기둥인 탱주(撑柱)로 고정하고, 탱주에는 다시 삼각형 모양의 석주를 세워서 구조적으로 기능을 보강했어. 그리고 둘레돌의 판석과 난간의 돌기둥 사이의 공간에는 부석(敷石)이라고 불리는 깐돌이 있는데, 부석은 원래 집터나 무덤의 바닥이나 둘레에 한두 겹 얇게 깐 돌을 뜻해.

아 름 신문왕릉의 것과 비교해봐도 이 성덕왕릉이 훨씬 발전된 형태라는 것을 쉽게 알 수 있어요.

호 림 둘레돌 앞에 뭔가 조각상이 있어요. 그런데 너무 닳아서 뭔지 잘 모르겠어요.

아 빠 그것은 십이지신상(十二支神像)을 세운 것이야. 자세히 보면 이 십이지신상은 네모난 방형기단위에 무기를 들고 갑옷을 입은 채 서있는 형상인데, 사람의 몸에 짐승의 머리를 얹은 형태로 한자로는 수수인신(獸首人身) 이라고 해. 그렇지만 너무 파손이 심해서 잘 알아볼 수가 없어. 십이지신상뿐만 아니라 능 앞에 있던 문석인, 무석인 각 2쌍도 파손이 심하고, 능비 역시 지금은 이수(螭首)와 비신(碑身)을 잃고 거대한 귀부(龜趺)만 남았는데, 그것마저도 머리부분이 없어졌어.

엄 마 남아있는 석물들의 파편만 봐도 조각수법이 대단히 뛰어난 것을 알 수 있는데, 훼손되지 않은 채로 보존되었더라면 얼마나 좋았을까요?

아 빠 그러게 말이야. 아무튼 이 성덕왕릉은 대체로 삼국통일 초기에 조성된 것으로 보는데, 능묘제로는 십이지신상를 비롯해서 석인과 석수를 갖춘 우리나라 최초의 사례로서 주목받고 있어. 자, 오늘의 마지막 답사코스로 가 볼까?

뱀의 발 성덕왕릉귀부(聖德王陵龜趺)

종 목: 경상북도 유형문화재 제96호
명 칭: 성덕왕릉귀부(聖德王陵龜趺)
분 류: 유물 / 불교조각 / 석조 / 귀부이수
수량/면적: 1기
지정(등록)일: 1979.01.25
소 재 지: 경북 경주시 조양동 666
시 대: 통일신라
소유자(소유단체): 국유
관리자(관리단체): 경주시

통일신라 성덕왕(재위 702~737)의 능 앞에 세웠던 비석의 받침이다. 성덕왕은 신문왕의 둘째 아들로, 형인 효소왕이 아들이 없이 죽자 화백회의에서 그를 왕으로 추대하였다. 비는 원래는 비몸과 그 위에 머릿돌이 있었던 것으로 보이나 모두 없어지고 지금은 이 받침돌만 남아 있다. 받침의 거북은 목이 부러졌으며, 앞 • 뒷발에는 발톱을 새겨 놓았다. 등에는 6각형 무늬를 새겼으며, 중앙에 비몸을 꽂았던 네모난 홈이 파여 있다. 거북의 등에 새긴 무늬나 다른 덩굴무늬를 통해 8세기 전반의 작품으로 짐작된다. 비록 비몸과 머릿돌이 없어졌으나 왕릉을 만들 때 이용된 거북받침돌의 제작양식을 보여주는 중요한 자료이다. (출처: 문화재청)

괘릉은 관을 무엇인가에 걸어서 묻었기 때문에 붙은 이름이다

호 림 야, 휴게소다. 잠깐 쉬었다 가요. 그런데 괘릉휴게소? 우리가 가는 곳이 괘릉인가요? 얼마나 괴상한 왕릉이면 괘릉이라는 이름이 붙었을까?

엄 마 괴상한 왕릉이어서 괘릉(掛陵)이라는 이름이 붙은 것은 아니란다. 괘릉의 괘자는 걸 괘(掛)자야. 절에서 큰 법회를 열 때 법당의 마당에다 거는 커다란 부처님 그림을 뭐라고 하지?

아 름 거는 부처님 그림? 그렇다면 괘...불... 괘불! 들어본 적 있어요!

아 빠 원래 이곳에는 무덤을 만들기 전에 작은 연못이 있었는데, 연못의 원형을 변형하지 않고 왕의 유해를 수면 위에 걸어서 안장했다는 속설에 따라서 '괘릉'이란 이름이 붙었어. 또 어떤 전설에는 무덤의 구덩이를 팔 때, 물이 고였는데 물 속에다 관(널)을 빠뜨릴 수가 없어서 관을 무엇인가에 걸어서 묻었다는 이야기도 있어. 아무튼 이 무덤은 형태와 구조면에서 통일신라시대의 가장 완벽한 능묘제도를 보여주는 최고의 문화재야. 조금 전에 보았던 성덕왕릉과도 하나씩 꼼꼼히 비교해 봐.

호 림 이 괘릉은 누구의 무덤이에요?

괘릉의 주인은 신라 제38대 원성왕이다

아 빠 이 괘릉은 현재 신라 제38대 원성왕릉으로 알려져 있어. 왜냐하면

'삼국유사'의 기록에 "원성왕릉은 토함산 동곡사(洞鵠寺)에 있는데 동곡사는 당시의 숭복사(崇福寺)로서 최치원이 비문을 쓴 적이 있다"라고 되어 있고, 괘릉의 인근에 숭복사 터가 있기 때문에 원성왕릉이 확실시 되는 거야.

아 름 여기는 전체적으로 마치 조선왕릉에 온 느낌이에요. 이곳에서 저기 왕릉의 봉분이 있는 곳까지 길의 양편에 돌기둥도 서 있고, 무인석과 문인석, 그리고 사자도 있네요.

엄 마 이 돌기둥은 망주석이 맞죠?

아 빠 여러 자료를 찾아보면 이 돌기둥은 화표석(華表石)이라고 해 놓았어. 그런데 그 어느자료도 정작 화표석의 용도가 뭔지는 잘 모르는 것 같아. 내가 보기에 화표석은 망주석과 같은 기능을 하는 것

제38대 원성왕릉, 입구에 화표석과 문무석인 돌사자가 세워져있다

같아. 다만 한자로 망주석(望柱石)과 화표석(華表石)을 인터넷으로 검색해보니 화표석(華表石)에 해당하는 중국어 자료가 매우 많은 반면, 망주석(望柱石)에 해당하는 중국어 자료는 별로 안보이는 것으로 봐서는 망주석을 중국에서는 화표석으로 쓰는 것 같아.

호 림 망주석이 되었든지, 화표석이 되었던 간에 도대체 무슨 용도에요?

아 빠 아주 쉽게 용도를 설명하자면 이 곳이 무덤임을 알리는 거야. 쉽게 말해 이 돌기둥을 경계로 이승과 저승을 가르는 거지.

무석인의 얼굴에서 서역과의 교류 흔적을 찾아볼 수 있다

아 름 그리고 저 무석인과 문석인도 조선왕릉의 것과는 완전히 다르게 생겼어요. 특히 무석인은 우리나라 사람의 얼굴이 아니에요.

엄 마 무석인은 한눈에 봐도 동양인이라기 보다는 서역인의 모습에 가까워.

아 빠 당시 신라는 당나라와 매우 활발하게 무역을 했어. 그리고 이 괘릉의 무덤양식은 그 당시 당나라에서 유행하던 무덤양식과 비슷한 부분이 매우 많아. 그래서 당나라를 통해 서역과 국제적인 문물교류가 있었던 것으로 추정할 수 있지.

엄 마 참, 우리가 노동동 고분군을 답사했을 때, 식리총에서 나온 금동신발이 서역과의 교류가 있었음을 말해준다고 했는데, 이곳 괘릉에서도 또 하나의 증거를 찾은 셈이네요.

아 름 그런데 곰곰이 생각해 보니 조선왕릉에서 사자는 못본것 같은데... 조선왕릉에서는 사자 대신 호랑이가 있었어요. 그런데 이 곳 경주의 고분에는 호랑이 대신 사자가 있어요. 조금 전 성덕왕릉에서도 사자

서양인을 닮은 무석인(왼쪽)과 당나라인을 닮은 듯한 문석인(오른쪽)

를 봤구요. 경주의 고분에는 왜 호랑이가 없고 사자가 있는 걸까요?

호 림 맞아요, 저도 그것이 궁금해요. 아무리 옛날이라도 우리나라에는 사자가 살지는 않았을 것 같아요.

아 빠 그것은 더운 지방인 인도에서 발생한 불교의 영향 때문이야. 불교에서는 사자를 부처님에 비유하기도 하거든. 그래서 부처님의 설법을 사자의 울부짖음에 비유해서 사자후 라고도 해. 그래서 불교와 관련된 대표적인 수호동물로는 사자가 으뜸이지. 그렇지만 조선은 유교의 나라야. 그리고 유교의 발생지는 중국이야. 중국이나 한국이나 사자는 없고 호랑이가 있지. 그래서 유교와 관련된 대표적인 수호동물로는 호랑이를 사용하는 거야.

엄 마 괘릉의 둘레석은 성덕왕릉과 비슷한 것 같으면서도 다른 부분이 많아요. 우선 석물들의 크기도 훨씬 크네요.

아 름 맞아요. 이곳 괘릉의 돌기둥은 사람보다 훨씬 더 커요.

아 빠 이 괘릉의 둘레돌인 호석은 지대석 위에 편평한 판석을 올리고, 그 위에 다시 갑석을 올렸어. 그리고 판석 사이에는 버팀기둥인 탱주를 끼워 넣었고, 십이지신상을 2개의 판석마다 하나씩 두었어.

엄 마 성덕왕릉에서 보던 삼각형 모양의 석주는 없어졌네요.

아 름 성덕왕릉의 십이지신상은 파손이 많이 되었지만 이 곳의 십이지신상은 상태가 좋네요.

뱀의 발 경주 원성왕릉(慶州 元聖王陵)

종 목: 사적 제26호
명 칭: 경주 원성왕릉(慶州 元聖王陵)
분 류: 유적건조물 / 무덤 / 왕실무덤 / 고대
수량/면적: 75,372㎡
지정(등록)일: 1963.01.21
소 재 지: 경북 경주시 외동읍 괘능리 산17
시 대: 통일신라
소유자(소유단체): 국유
관리자(관리단체): 경주시

괘릉은 낮은 구릉의 남쪽 소나무 숲에 있는 것으로 신라 제38대 원성왕(재위 785~798)의 무덤으로 추정된다. 원성왕의 이름은 경신이며 내물왕의 12대 후손으로 독서삼품과를 새로 설치하고 벽골제를 늘려쌓는 등 많은 업적을 남겼다. 왕릉이 만들어지기 전에 원래는 작은 연못이 있었는데, 연못의 모습을 변경하지 않고 왕의 시체를 수면 위에 걸어 장례하였다는 속설에 따라 괘릉이라는 이름이 붙여졌다. 이 능은 원형 봉토분으로 지름 약 23m, 높이 약 6m이다. 흙으로 덮은 둥근 모양의 무덤 아래에는 무덤의 보호를 위한 둘레석이 있는데, 이 돌에 12지신상이 조각되어 있다. 봉분 바로 앞에는 4각 석상이 놓였고 그 앞으로 약 80m 떨어진 지점부터 양 옆으로 돌사자 한쌍 • 문인석 한쌍 • 무인석 한쌍과 무덤을 표시해주는 화표석(華表石) 한쌍이 마주보고 서 있다. 이 석조물들의 조각수법은 매우 당당하고 치밀하여 신라 조각품 중 가장 우수한 것으로 꼽히고 있는데, 특히 힘이 넘치는 모습의 무인석은 서역인의 얼굴을 하고 있어 페르시아인이라는 주장도 있다. 괘릉의 무덤제도는 당나라의 영향을 받은 것이지만 둘레돌에 배치된 12지신상과 같은 세부적인 수법은 신라의 독창적인 것이다. 또한 각종 석물에서 보여지는 뛰어난 조각수법은 신라인의 예술적 경지를 잘 나타내고 있다. (출처: 문화재청)

괘릉봉분 석물구조, 난간석과 십이지신상이 새겨진 호석

아 빠 성덕왕릉의 십이지신상은 방형기단위에 올라서 있지만 이곳 괘릉의 것은 판석위에 비교적 얕게 돋을새김을 한 점이 달라. 또한 십이지신상의 배치도 재미있는데 6시 방향의 오상(吾像)만이 정면(남쪽)을 보고 있어. 나머지는 12시 방향부터 자축인묘진사(子丑寅卯辰巳)의 6상은 얼굴이 오른쪽을 향하고 있고, 7시 방향부터 미신유술해(未申酉戌亥)의 5상의 얼굴이 왼쪽을 향하고 있어.

엄 마 그러고 보니 모든 십이지신이 모두 오상을 향하여 얼굴을 두고 있는 배치군요!

아 빠 대체로 둘레석이나 난간석, 문석인, 무석인, 사자상, 신도비 등의 양식은 당나라에서 수입된 것으로 보이지만, 봉분 주위에 이렇게

십이지신상을 배치하는 것은 신라 특유의 양식이야. 그 중에서도 특히 괘릉의 십이지신상은 통일신라시대의 것으로는 가장 우수하다고 평가받고 있어.

신라전기 고분과 신라후기 고분의 지리적인 큰 차이점

아 름 아빠, 대릉원과 그 근처에는 고분들이 많이 몰려있는데, 선덕여왕릉 이후에는 왜 왕릉들이 한 곳에 몰려있지 않고 따로따로 떨어져 있죠?

아 빠 좋은 질문이구나. 신라고분은 대체로 삼국통일즈음, 전기와 후기로 나눈다고 했지? 무덤양식도 전기에는 돌무지덧널무덤이 주로 만들어졌고, 후기에는 굴식돌방무덤이 주로 만들어 졌어. 그리고 전기에는 무덤들이 평지에 몰려있는데, 후기에는 무덤들이 독립된 구릉에 일정한 구역을 가지는 독립된 형태로 조성이 되어있어. 후기 무덤이 독립된 구역을 가진다는 것은 신라의 국가형태가 초기 6부족의 연맹체적인 성격에서 벗어나서 점점 동양적인 전제 왕권이 확실하게 수립되어 가는 일면을 보여주는 것이라고 생각돼.

엄 마 그런데 신라 제38대 원성왕릉이 이렇게 최고로 잘 만들어졌다면 그 이후의 신라왕릉은 점점 퇴화되었다는 뜻이잖아요? 그 이유가 뭐죠?

아 빠 신라도 통일이후 100여년 동안은 정말 최고의 전성기를 누렸어. 하지만 그 이후 신라 하대로 내려오면서 왕위쟁탈전으로 인해 정치와 왕위가 불안정해지고 재위기간이 급속히 짧아졌기 때문에 그 시기의 왕릉들은 규모가 극히 축소되고 주위의 석물도 없는 단출한 형태를 보이고 있어.

뱀의 발 경주 괘릉석상 및 석주일괄 (慶州 掛陵石像 및 石柱一括)

종 목: 보물 제1427호
명 칭: 경주 괘릉석상 및 석주일괄 (慶州 掛陵石像 및 石柱一括)
분 류: 유물 / 기타종교조각 / 유교조각 / 유교조각
수량/면적: 10점
지정(등록)일: 2005.01.22
소 재 지: 경북 경주시 외동읍 괘릉리 산17, 611-4
시 대: 통일신라
소유자(소유단체): 국유
관리자(관리단체): 경주시

사적 제26호 경주 원성왕릉을 중심으로 좌 · 우 입구에 한 쌍씩 석조상들이 배치 되어 있으며 수량은 문 · 무인 4점, 사자상 4점, 석주 2점으로 총 10점이다. 무인상은 서역인 또는 서역풍을 나타내고 있어서 동서문화의 교류적 측면에서 크게 중시되고 있는 자료이며, 통일신라시대 절정기의 사실적인 조각인 성덕대왕 능 석인상을 계승하여 매우 사실적으로 조각된 상이다. 또한 이들 문 · 무인상들은 흥덕대왕 능의 석상들보다 앞선 생동감을 갖고 있고 역동적인 사실성을 나타낸 대표적인 조각품으로 신라 조각사를 연구하는 데 중요한 비중을 차지하고 있다. 아울러 8세기의 이상적 사실 조각과 함께 당대의 찬란한 신라 문화의 진수를 알려주는 귀중한 자료이다. (출처: 문화재청)

제 5 장

문화재 풍수

풍수지리란 무엇인가?

능묘답사를 위해서 풍수지리는 꼭 필요하다

아 빠 얘들아, 이제부터 제대로 된 능묘답사를 하기 위해서는 본격적으로 풍수지리(風水地理)를 공부해야만 하거든. 내가 궁궐답사를 할 때 너희들에게 풍수의 기초를 자세하게 가르쳐주기는 했었는데, 어느 정도 기억나니?

호 림 아빠, 솔직히 말해서 거의 다 까먹었어요. 물론 저에게 거의 기대를 하지 않으셨겠지만...

아 름 저도 기억이 가물가물해요. 왜냐하면 풍수용어에는 한자가 많기도 하고, 내용도 쉽지 않았어요. 그렇지만 다시 한번 복습을 하면 좋을 것 같아요.

아 빠 좋아. 내가 다시 한번 최대한 쉽게 설명을 할게. 그렇지만 이제부터는 풍수의 기초뿐만이 아니라 본격적인 풍수지리 공부를 함께 하는 거야.

호 림 기초도 어려운데, 본격적인 공부를 하라시면 저는 어떡하라구요.

아 빠 호림아, 괜찮아. 처음부터 다시 시작하는 거니깐 너무 겁먹을 필요 없어. 좋아, 그렇다면 이제부터는 호림이를 기준으로 설명해 줄게.

아 름 킥킥. 오빠가 이해하면 대한민국 국민 모두가 이해할 수 있을 거예요.

아 빠 호림아, 풍수(風水)라는 한자부터 시작해 보자. 이 두 개의 글자가 무슨 뜻인지 알지?

호 림 그럼요, 바람 풍(風), 물 수(水).

아 빠 그래, 잘했다. 풍수는 바람과 물을 뜻하지. 그리고 지리(地理)란 무엇인지 알겠니?

호 림 학교에서 배우는 과목이요.

아 빠 그것 말고 한자의 뜻을 물어본거야.

호 림 지는 땅 지(地)! 그런데 리(理)는... 이론?

아 빠 맞았어. 풍수지리(風水地理)는 바람과 물로, 땅의 이치를 아는 것이야. 그것을 학문으로 만든 것이 풍수지리학이지.

엄 마 그런데 풍수지리 이외에도 풍수사상 이라는 말도 있고, 풍수설 이라는 말도 있잖아요? 모두 같은 뜻인가요?

아 빠 서로 간에 약간은 차이점이 있어. 우선 "풍수지리학"은 음양오행론 등 동아시아의 기본적인 관념론을 바탕으로 해서 바람과 물의 순환 이치를 연구하고, 그 위에 땅의 형성 과정 등 지질적 여건을 추가적으로 연구해서, 인간이 자연 속에서 좀더 건강하고 편안하게 살아가는 것을 목적으로 하는 경험적인 학문이야.

호 림 쉽게 말해 인간이 자연 속에서 잘 살게 해주는 실용적인 학문이라는 말씀이죠?

아 빠 그렇지. 그런데 "풍수사상"이나 "풍수설"은 자연이 가진 생명의 기운인 생기(生氣)에 사람이 왕성하게 감응을 받으면, 그 사람이나 그 후손들이 부귀영화를 누린다고 생각하는 믿음과 풍수적인 효험들이 입에서 입으로 전해져 내려온 것들이야.

아 름 그건 좀 미신의 냄새가 나요.

아 빠 결국 풍수지리는 인간에게 이로움을 주는 땅의 이치를 깨닫는 것이 중요하고, 그것을 위해서 바람과 물을 이용하는 것이야. 비록 오늘날 풍수지리가 미신으로 치부되어서 공개적으로는 인정을 받지 못하는 입장에 처해 있기는 해. 그렇지만 그러면서도 대부분의 사람들은 그 효능을 전면적으로 부정하지 못하고 은연 중 기대하는 측면도 강하게 남아 있음을 부인할 수 없지.

호 림 여기까지는 아주 쉬워요. 그런데 조금만 더 진도가 나가면 어렵다구요.

아 빠 어렵다고 지레 겁먹지 말고 조금씩 배워나가면 돼. 풍수지리는 경험적인 학문이라고 했지? 경험적이라는 말이 무슨 뜻인지는 알지? 경험적인 학문은 천재적인 극소수의 사람들이 한순간에 만들어낸 학문이 아니라 수많은 사람들의 실제 체험이 누적된 것을 체계적으로 엮었다는 뜻이야.

풍수의 명당은 결국 살기 좋은 곳이다

엄 마 쉽게 말해서 풍수지리는 오랜 옛날부터 많은 사람들이 조상대대로 살아오면서 스스로의 생활 경험 속에서 살기 좋은 집터나 마을터가 가지는 공통적인 특징을 하나둘씩 자연스럽게 알게 되었다는 거야.

아 빠 그런 경험들을 잘 정리해보니 사람이 살기 좋은 곳을 결정하는 가장 중요한 두 가지 자연적인 요인이 바로 바람과 물이었어. 호림이가 생각하기에 모든 사람이 살기 좋은 곳의 공통적인 특징을 한마디로 표현하면 어떤 곳일까?

호 림 겨울에는 따뜻한 볕이 많이 들어서 춥지 않게 지낼 수 있고, 여름에는 탁 트인 공간과 시원한 물이 가까이 있는 곳이요.

아 빠 하나씩 살펴볼까? 겨울철 집에 따뜻한 볕이 많이 들면서 따듯하려면 어떤 곳에 지어야 할까?

호 림 볕이 많이 들어오게 하려면 태양을 향해 남쪽을 바라보는 위치가 되어야 하구요, 집의 뒤쪽에는 큰 산이 있어서 찬바람인 북풍을 막아주면 더욱 좋죠.

아 빠 좋아, 그럼 여름철 집이 시원하려면 어떤 곳에 지어야 할까?

호 림 일단 집 앞 남쪽 면이 탁 트여 있어서 시원한 남풍이 잘 통해야 하구요, 더울 때 언제든지 사용할 수 있는 시원한 물이 있는 곳이 좋겠어요.

아 빠 자, 지금까지 호림이가 말한 것을 정리하면 사람이 살기에 참 좋은 집의 조건을 두루 갖추었어. 그래서 옛날 사람들이 그런 살기 좋은 집터의 조건으로 '배산임수(背山臨水)'라는 말을 썼어.

호 림 애구, 또 한자가 나왔네. 좀 쉽게 설명해 주세요.

엄 마 배산임수를 풀이하자면, 등 배(背), 뫼 산(山), 가까울 임(臨), 물 수(水)야.

아 름 집의 바로 뒤쪽에 산이 있고, 바로 앞쪽의 가까운 곳에 물이 있는 곳!

아 빠 그것이 바로 풍수야. 누구나 살기좋은 곳이라고 생각되는 장소는 그런 공통점이 있지.

호 림 그럼 그런 곳만을 잘 골라서 거기에다 집 짓고 살면 되겠네요. 걱정 끝!

나쁜 땅을 명당으로 만드는 비법! 비보풍수

아 빠 그런데 이론적으로 그렇게 살기좋은 장소가 많지도 않을뿐더러, 실제로도 우리 눈에 쉽게 띄지 않아. 설사 그런 장소가 몇군데 있다손 치더라도 여러 사람이 한꺼번에 그곳으로만 몰리면 어떻게 되겠니?

호 림 맞아요. 그래서 서울의 강남 땅값이 그렇게 비싼가봐요.

엄 마 그리고 살기좋은 장소의 조건을 점수로 나타냈을 때, 100점짜리 완벽한 장소도 있을 것이고, 80점이나 90점 정도의 약간 덜 좋은 장소도 있을 것이고, 50점 내지 60점짜리의 애매한 장소도 있을 수가 있어.

아 름 예를 들면 서울의 강남에 살 것인가, 강북에 살 것인가, 아니면 서울의 위성도시에 살 것인가, 그저 저도 아니면 아예 지방에 살 것인가 뭐 이런 식으로 생각하면 되겠네요.

아 빠 아무튼 100점에 가까운 좋은 장소를 최대한 많이 찾아야지. 아니면 원래는 약간 점수가 떨어지는 장소라 하더라도 인위적으로 노력해서 좋은 장소로 만들면 되지 않겠니?

엄 마 원래는 풍수적으로 좋지 않은 땅을 나중에 인위적인 노력으로 좋은 땅으로 만드는 것을 풍수용어로 도울 비(裨), 채울 보(補)자를 써서 "비보"한다고 해.

호 림 나같이 원래 머리 나쁜 아이를, 학원에 강제로 보내서 성적을 올리게 하는 것과 비슷하군요!

아 빠 그다지 좋은 비유는 아닌 것 같구나. 아무튼 풍수적으로 봤을 때 사람이 살기좋은 장소를 풍수용어로는 "명당(明堂)" 또는 "혈(穴)자리"라고 해.

아 름 쉽게 말해 풍수의 목적은 사람이 살기 좋은 장소인 명당(明堂)을 찾는 거군요? 아니면 만들거나!

아 빠 정답이야!

호 림 그리고 그 명당을 찾는 구체적인 방법을 당연히 풍수에서 가르쳐 주겠죠? 여기까지는 이해했어요.

아 빠 지금까지 공부한 것을 충분히 이해하는 것을 보니 아주 느낌이 좋아. 자, 조금 더 진도를 나가볼까?

그런데 사람이 살기 좋은 장소에는 누구든지 뭔가 좋은 기운이 느껴진다고 해. 그것을 살아있는 생명의 기운이라고 해서 생기(生氣)라고 하지. 생기발랄 이란 말 알지?

엄 마 반면에, 살기 나쁜 장소에는 뭔가 나쁜 기운이 있겠지? 그것을 죽은 기운, 즉 사기(死氣)라고 해.

호 림 맞아요. 폐가에 가면 으스스한 기운을 느낄 수가 있어요. 더운 여름에도 소름이 돋아요.

뱀의 발

문종실록 7권, 1년(1451 신미 / 명 경태(景泰) 2년) 4월 18일(병술) 7번째기사
경복궁 북쪽 산에 표를 세워 소나무를 심어서 산맥을 비보하게 하다

풍수학(風水學)에서 아뢰기를, "경복궁(景福宮)은 백호(白虎)가 높고 험준하나, 청룡(青龍)이 낮고 미약하므로 가각고(架閣庫,1958) 북쪽 산의 내려온 맥(脈)에 소나무를 심어 길렀는데, 근년에 벌레가 먹어서 반이 넘게 말라 죽었으며, 그 마르지 않은 것도 근방의 무식한 무리가 가지와 줄기를 베어 쳤고, 혹 맥혈(脈穴)을 파고서 집을 짓기도 하였습니다. 이로 말미암아 청룡이 날로 더욱 쇠약하여지니, 청컨대 표(標)를 세워서 한계를 정하고 소나무를 심어서 산맥을 비보(裨補)하게 하소서."하니, 예조와 한성부의 풍수학에게 명하여, 함께 살펴서 표를 세우게 하였다.

명당찾기는 곧 땅속에서 생기를 찾는 것

아 름 그럼 생기(生氣)를 찾아야 하겠군요? 그것을 찾는 것이 풍수의 핵심이군요.

아 빠 그런데 생기가 눈에 보이면 얼마나 좋겠니? 불행하게도 기운은 그 자체로는 눈에 보이지 않아.

호 림 눈에 보이지 않는 것을 어떻게 찾아요?

아 빠 그래서 기운이 나타난 흔적을 찾아야 해. 예를 들어, 어떤 사람은 팔에 핏줄과 힘줄이 불끈 솟아나 있는 사람이 있고, 어떤 사람은 살이 포동포동쪄서 팔이 미끈한 사람이 있다고 가정해 보자. 누구에게서 힘이 느껴지지?

호 림 당연히 팔에 핏줄과 힘줄이 불끈 솟아있는 사람이죠.

아 빠 땅도 마찬가지야. 땅에도 힘찬 기운이 느껴지는 곳이 있어. 팔에 불끈불끈 솟아난 핏줄이나 힘줄처럼 땅에서도 그런 느낌을 주는 것을 찾을 수 있는데 그것이 무엇일까?

아 름 땅에서 불쑥 솟아난 곳이라면 '산'이겠죠?

아 빠 그렇지. 그렇기 때문에 풍수에서는 '산'을 매우 중요하게 생각해. 왜냐하면 우리의 피가 심장으로부터 핏줄을 통해 흘러오는 것처럼, 좋은 기운은 어디에선가부터 생겨나서 기운이 흐르는 통로, 그 중에서도 주로 산을 타고 흘러 오거든.

아 름 기운은 그냥 땅 밑에서 샘처럼 솟아나는 것이 아니구요?

아 빠 결론부터 말하자면 우리나라에서 좋은 기운인 생기(生氣)는 우리나라의 가장 높은 산인 백두산에서부터 시작해서 죽 이어진 산을 타고 흘러 온다고 해. 우리 조상들이 백두산을 신성시한 이유가 바로 여기에 있지.

아 름 만약 좋은 기운이 흘러가던 산이 도중에 중간에서 잘리면 어떻게 되나요?

아 빠 그렇게 되면 좋은 기운인 생기도 끊어지지. 전기를 공급하던 송전탑이 끊어지면 동네전체가 정전이 되는 것과 마찬가지야.

엄 마 그래서 일제시대에 우리민족의 정기를 끊으려고 일본사람들은 산을 끊고 도로를 만들거나, 아니면 중요한 혈자리에 쇠말뚝을 박아 넣었다고 하잖아?

호 림 나쁜 일본 사람들…

아 름 그럼 산을 타고온 좋은 기운인 생기를 어떻게 활용하죠?

아 빠 일단, 생기는 물처럼 흘러다니는 특징이 있고 마치 수증기와 같은 가벼운 존재이기 때문에 아무 곳에 있는 것이 아니야. 따라서 생기의 특성을 잘 파악해서 생기가 한 곳에 뭉쳐져 있는 지점을 찾아야 해. 그 지점을 풍수용어로 혈(穴)자리 라고 해. 그리고 그 위에 생기의 기운을 받기위해 집을 지어야지.

아 름 그럼 그 집이 소위 명당이 되는 군요.

생기의 두 가지 특징, 풍즉산(風則散), 계수즉지(界水則止)

아 빠 그렇지. 그런데 어렵사리 찾아낸 뭉쳐져 있는 생기는 두 가지 큰 특징이 있어. 하나는 바람을 만나면 흩어진다는 특징이야. 이것을 좀 어렵게 한자로 표현하면 풍즉산(風則散)이라고 해.

엄 마 바람을 만나면, 즉, 해산한다는 뜻이야.

아 빠 또 하나는 물을 만나면 멈춘다는 것이야. 이것도 좀 어렵게 한자로 표현하자면 계수즉지(界水則止)라고 하는데 줄여서 수즉지(水則止)라고도 해.

엄 마 물의 경계를 만나면, 즉, 정지한다는 뜻이야.

아 름 풍즉산, 계수즉지! 지난번에 아빠에게 설명 들었던 것 이제 다시 기억이 나요.

아 빠 이런 두 가지 큰 이유 때문에, 소중한 생기를 얻기 위해서는 바람을 가두어서 모처럼 찾아낸 생기가 흩어지지 못하게 하거나 혹은 물길을 얻어서 생기가 엉뚱한 곳으로 흘러가지 않고 원하는 곳에 뭉쳐지도록 생기의 흐름을 멈추게 하는 것이야.

엄 마 이것도 한자로 표현하자면 저장할 장, 바람 풍이라고 해서 장풍(藏風)이라는 말과 얻을 득, 물 수라고 해서 득수(得水)라는 말이 되는 것이지. 장풍과 득수, 줄여서 장풍득수, 결국 이 말을 더 줄이면 풍수 라는 말이 된단다.

아 빠 그런데 바람을 가두는 장풍 역할은 어떻게 할 수 있을까?

호 림 사람이 바람을 어떻게 가둬요? 그건 불가능할 것 같아요.

아 빠 불가능하지 않아. 정답은 산줄기를 이용하는 것이야. 산으로 둘러싸면 그 속에는 바람이 약해지잖아.

호 림 맞아, 그렇게 하면 되겠구나!

산(山)은 풍수에서 용(龍)으로 본다

아 빠 그리고 생기가 흐르는 통로인 '산'을 풍수에서는 '용'이라고 불러. 왜냐하면 산줄기가 이어진 것이 마치 용이 춤추는 것과 비슷하다고 보기 때문이야. 그래서 산줄기를 타고 흐르는 좋은 생기를 용맥이라고도 해. 용의 맥박이라는 뜻이야. 산을 타고 온 용맥이 산의 끝자락으로 갈수록 점점 높이가 낮아져서 마지막으로는 땅속으로 흐르는 것을 지맥이라고 하지.

엄 마 그래서 풍수에서는 좌청룡, 우백호라고 해서 좌우의 산줄기가 명당이나 혈자리를 빙 둘러싸야 바람이 불지 않아서 그 속의 생기가 흩어지지 않고 잘 보존이 된다고 생각했군요?

호 림 그런데 만약 사방이 모두 산으로 둘러싸이면, 완전히 생기가 흘러나갈 틈이 없어서 가장 좋은 조건이 되는 것 아닌가요?

아 빠 생기가 흘러나가지 않는 것은 최상의 조건이겠지만, 그런 곳에서는 사람이 답답해서 어떻게 살겠니?

호 림 생각해보니 그러네요.

아 빠 그래서 남쪽은 탁 트여야 좋은 거야.

아 름 그러면 그쪽으로 생기가 다 새어 나가잖아요?

아 빠 그래서 생기가 빠져나가지 못하도록 좋은 물길을 얻는 역할이 또한 중요한 것이야. 생기를 원하는 곳에 멈추게 하는 그런 물길을 명당수 라고 해. 명당을 만드는 물줄기라는 뜻이야.

아 름 산줄기로 바람을 막아서 생기가 흩어지지 않게 하고, 물줄기로 생기가 새어나가지 못하게 만드는 것이 결국 풍수지리의 요점이군요!

아 빠 좋아. 그럼 이 시점에서 간단히 복습할 겸, 내가 다시 한번 정리를 해 줄게. 풍수의 기본논리는 우리 눈에는 보이지 않지만 일정한 경로를 따라 땅 속을 돌아다니는 생기(生氣)를 찾아내서 그것을 사람에게 접함으로써 복을 얻고 화를 피하자는 거야. 사람의 몸에 혈관이 있고 이 길을 따라 혈액속에 영양분과 산소가 운반되는 것처럼 땅에도 지맥이라는 통로가 있어서 생명의 기운인 생기가 흘러

다니는 거야.

엄 마 우리 몸에도 경락(經絡)이라는 것이 있는데, 이 경락은 혈관과는 달리 우리 눈으로 확인할 수 없지만 몸의 기(氣)가 전신으로 흐르게 하는 통로역할을 해. 그런 것처럼 땅에도 우리 눈에는 보이지 않는 생기의 통로가 있다는 거지.

아 빠 또 사람의 건강상태를 진단하기 위해서 의사들이 맥을 짚어보는 것처럼, 음택이나 양택의 길흉을 판단하기 위해서는 지표면 부근을 흐르는 생기의 흐름인 용맥이나 지맥을 살펴봐야 하는 거야.

뱀의 발

연산군일기 2권, 1년(1495 을묘 / 명 홍치(弘治) 8년) 1월 10일(갑오) 2번째기사

윤필상 등이 산릉의 자리에 대해 아뢰니 광평 대군의 묘로 정하다

윤필상, 노사신, 신승선, 이극돈, 김응기, 최호원이 산릉(山陵) 자리를 보고 와서 복명(復命)하는 서계에 이르기를, (중략) 호원이 아뢰기를, "《지리서(地理書)》에 '물을 얻는 것〔得水〕이 상(上)이 되고, 바람을 감춘〔藏風〕 것이 다음이다.' 하였는데, 정이의 묘는 청룡이 짧고 백호가 낮고 멀어서 바람이 모이는 곳이니 첫째로 불가하오며, 또 '수구(水口)와 산두(山頭)가 낱낱이 돌아야 한다.' 하였는데, 이 땅은 산세가 바로 내려오고 산이 하나도 돌아앉은 것이 없으니 둘째로 불가하므로, 신의 생각으로는 제왕의 능에 합당하지 않다고 여깁니다."

풍수지리 첫걸음

중국에서는 풍수를 'feng shui'라고 한다

아 빠 이제는 풍수지리가 도대체 무엇인가에 대해서 너희들이 어느 정도 감을 잡았을거야. 자, 지금부터는 학문적인 관점에서 풍수지리학의 첫걸음을 내딛는 거야.

아 름 아빠, 그런데 풍수지리가 우리나라에만 있는 거에요? 아니면 다른 나라에도 있어요?

아 빠 풍수를 영어로 'geomancy'라고 하는데, 그 보다는 'feng shui'라는 중국어가 더 많이 알려져 있어.

호 림 그럼 풍수가 중국에서 들어온 것인가요?

아 빠 내가 풍수지리는 경험적인 학문이라고 했지? 풍수지리는 그 땅에 사는 사람들의 실생활의 경험에서 축적된 실용지식의 종합본이야.

호 림 실용지식의 종합본? 어렵게 설명하지 말고, 좀 더 쉬운 말로 설명을 해 주세요.

아 빠 좋아, 옛날부터 사람들이 살아오면서 좋은 주거조건을 결정하는 두 가지 자연적인 분야를 실생활에서 자연스럽게 찾아 냈는데 그것이 바로 바람〔風〕과 물〔水〕에 대한 누적된 경험지식이었지. 즉, 수백 년이 흐르면서 살기좋은 터에서 관찰했던 경험들이 하나둘씩 쌓이게 되고, 그것들의 공통점이 발견되면서 추상적인 개념들로 정의를 하자, 사람들이 이것들을 학문적인 관점에서 종합적, 체계적으로 모아서 풍수지리학의 기초가 된 거야. 따라서 중국에서도 중국 나름의 풍수지리학이 있었고, 우리나라도 우리 나름의 자생풍수지리학이 있었어.

엄 마 그렇다면 중국의 풍수와 우리의 자생풍수는 내용이 많이 다르겠군요?

아 빠 처음에는 그랬지. 왜냐하면 사람들이 살고 있는 땅이 완전히 달랐어. 우리가 지난번 중국 북경을 여행했을 때 천진에서 북경까지 가는 중국대륙에는 산을 거의 볼 수 없었던 것 기억나지? 그렇지만 우리나라는 전국토의 70%가 산이야. 따라서 실생활을 반영하는 풍수지리의 내용에 차이가 날 수 밖에 없었어. 그렇지만 시대가 흐르면서 서로 문화적인 교류가 생겨났고, 또한 유교와 도교 등 동아시아 공통의 철학과 사상을 공유하고 있었기 때문에 그 차이가 차츰 많이 줄어들었어.

엄 마 내가 듣기로는 풍수지리가 주역 또는 음양오행과 많은 부분 연계되어 있다고 해요. 그래서 풍수가 어렵다고들 하죠.

아 빠 이 땅의 동양사상이 다 그렇듯이 분명 풍수지리는 주역 또는 음양오행과 연관이 있을 것이라고 많은 사람들이 상식적으로 생각을 할 거야. 하지만 조금만 더 생각을 해 보면 풍수지리는 주역, 음양오행론과 완전히 별개라는 것을 알 수 있어. 왜냐하면 주역과 음양오행론은 깊은 사색을 통해 얻어낸 일종의 관념론이잖아? 반면에 풍수지리는 사람들의 실생활의 경험에 기초한 실용적 학문이야.

아 름 그럼 풍수지리에 주역이나 음양오행론은 포함되지 않나요?

아 빠 아니, 비록 출발은 달랐지만 오랜 시간이 경과하면서 음양오행론과 주역이론이 기존의 풍수지리 이론과 혼합되면서 풍수지리는 이론상으로 많은 다양성을 갖게 되었어. 이런 과정에서 풍수지리에는 어떤 중심이론을 지지하느냐에 따라 여러 개의 파벌이 생겨났지.

호 림 혹시 우리가 그 파벌과 이론을 모두 공부해야 하나요? 하나 배우기도 벅찬데, 한번에 여러 개를 어떻게 해요?

아 빠 우리가 풍수지리를 공부할 때 궁극적인 목표는 풍수지리 자체가 아니라 문화재라는 사실을 잊으면 안돼. 따라서 우리 문화재를 제대로 이해하는 정도까지만 풍수지리를 공부하면 충분해. 그러니 너무 겁먹을 필요는 없어. 자, 이제 풍수지리의 초기 발생에 대해서 알아 보자.

아 빠 내가 여러번 설명했다시피 중국과 한국에서는 좋은 주거조건에 대한 다양한 경험논리들이 자생적으로 생겨났고 이것이 차곡차곡 쌓이게 되었고 결국 풍수지리학이 되었어. 중국의 경우에, 한나라때 "청오자"라는 사람이 "청오경"이라는 최초의 풍수서적을 만들었다는 기록이 있고, 남북조 때에 동진의 "곽박"이라는 사람이 "장경(장서)"이라는 풍수서적으로 초기 풍수이론을 집대성 했어. 특히 "장경"은 양귀비를 후궁으로 두어서 유명한 당나라 현종이 비단주머니에 넣어다니면서 보았기 때문에 "금낭경"이라는 이름으로 더욱 잘 알려졌고 중국왕실과 상류계층에 풍수이론이 널리 보급되는 결과를 낳았어.

아 름 황제가 항상 가지고 다니면서 볼 정도였으면 대단한 책이었나 봐요.

아 빠 그래서 지금도 "청오경"과 "금낭경(장경)"은 중국 풍수지리학의 2대 기본 경전으로 취급되고 있어.

엄 마 우리나라의 경우에는 누가 풍수지리학을 시작했나요?

아 빠 우리나라의 경우도 원래부터 이 땅의 자생풍수이론이 있었어. 그런데 삼국시대와 통일신라시대때 남북조와 당나라를 통해 수입된 중국의 풍수지리학이 신라말기인 9세기 경에 도선국사를 통해 집대성되어 한국만의 독특한 풍수지리학으로 발전을 하게 되었어. 그래서 우리나라 풍수지리학의 시조는 도선국사를 꼽아.

아 름 도선국사라는 말은 많이 들어봤어요.

대상에 따른 풍수의 세 분야: 양기풍수, 양택풍수, 음택풍수

아 빠 풍수이론에 대한 역사적인 조명은 이정도로 간단히 마치기로 하고 그럼 이제부터 본격적으로 풍수의 세계로 빠져보자. 풍수의 대상은 크게 세 가지로 나눌 수 있는데 마을과 집, 그리고 무덤이야. 쉽게 말해서 큰 마을이 들어서기 좋은 곳을 찾아내는 풍수와, 살기 좋은 개인 집터를 찾아내는 풍수, 그리고 좋은 무덤자리를 알아내는 풍수 이렇게 세 가지로 나눌 수 있어.

호 림 아빠, 마을이나 집이 들어설 좋은 곳을 찾는 것은, 살아있는 사람이 그 곳에 살아야 하기 때문에 충분히 이해되지만, 이미 죽은 사람을 위해서 좋은 무덤자리를 찾는 것은 이해가 안되요.

엄 마 너 청개구리가 비오는 날 왜 우는지 아니?

호 림 그거야 알죠. 무슨 일을 시키면 꼭 반대로 하는 아들 청개구리 때문에 엄마 청개구리가 결국 병이 나고 말았는데, 엄마 청개구리는 아들 청개구리가 언제나 반대로 행동했기 때문에 자기가 죽거든 냇가에 묻어달라고 일부러 반대로 말했어요. 며칠 뒤에 엄마 청개구리는 숨을 거두자, 아들 청개구리는 너무나 슬퍼서 엄마의 마지막 소원만은 꼭 들어 드려야겠다고 생각하고 정말로 엄마 청개구리를 냇가에 고이 묻었어요. 그리서 비가 올 때마다 엄마 무덤이 떠내려 갈까봐 슬피 우는 거에요.

아 름 거봐, 무덤자리를 잘 못 쓰면 아들 청개구리가 되는 거야.

아 빠 엄마가 좋은 비유를 했구나. 아무튼 풍수는 그 대상에 따라 크게 세 분야로 나뉘는데 음양이론을 빌려와서 '마을'과 '집'은 살아있는 사람들의 공간이기에 양(陽)자가 붙어. '마을'을 대상으로 할 때는 양기(陽基)풍수라고 하고, '집'을 대상으로 할 때는 양택(陽宅)풍수라고 해. 어떤 사람은 양기풍수와 양택풍수를 합쳐서 양택풍수라고 하기도 해.

엄 마 죽은사람의 공간인 무덤을 대상으로 할 때는 음택(陰宅)풍수라고

뱀의 발

문종실록 12권, 2년(1452 임신 / 명 경태(景泰) 3년) 3월 3일(병신) 5번째기사
풍수학 문맹검이 각릉과 각처의 풍수에 대해 상언하다

풍수학(風水學) 문맹검(文孟儉)이 상언(上言)하였다. (중략)
지금 우리 풍수학(風水學)을 하는 사람을 본토(本土) 에서 생장(生長)했기 때문에 한 나라의 산천(山川)도 능히 두루 알지를 못하는데, 하물며 중국(中國)의 산천이겠습니까? 모름지기 중원(中原)의 산천을 답사(踏査)해야만 그제야 그 지리(地理)를 알 수가 있을 것이니, 원컨대 풍수학(風水學)하는 사람을 매양 중국에 입조(入朝)하는 행차에 차송(差送)하게 하소서. (중략)
임금이 풍수학(風水學)에 내려서 이를 의논하도록 명하였다.

한단다. 양택이든 음택이든 택이라는 글자가 들어가는데, 택은 주택이라고 할 때처럼 집을 뜻하는 글자야. 결국은 무덤도 죽은사람의 집이라는 뜻이지.

호 림 살아있는 사람을 대상으로 하면 양택풍수, 죽은 사람을 대상으로 하면 음택풍수! 이건 쉽네요.

학술적인 이론에 따른 풍수의 세 갈래 : 형세론, 형국론, 좌향론

아 빠 한편, 풍수를 학술적인 이론 면에서 분류를 하면, 형세론(형기론), 형국론(물형론), 좌향론(이기론) 이렇게 세 가지로 나뉘는데 이 세 가지 이외에는 어떤 풍수론도 존재하지 않아.

아 름 벌써부터 헷갈리기 시작해요. 세 가지씩이나 되다니!

아 빠 내가 앞서 풍수는 이론상 다양하게 발전하면서 여러 개의 파벌이 생겨났다고 했지? 그 파벌이 바로 형세론, 형국론, 좌향론 이 세가지야. 우리나라에서는 풍수하는 사람에 따라 서로 배척하는 이론이 뚜렷한데 특히 형세론(형기론)과 좌향론(이기론)의 반목은 마치 원수집안과 같아.

호 림 그럼 우리는 어느 파의 이론을 공부해요?

아 빠 우리의 궁극적인 목적은 우리의 문화유산을 제대로 이해하는 것이기 때문에 굳이 한쪽으로 치우칠 필요는 없어. 그래서 세 가지 풍수이론의 기본적인 내용을 모두 살펴볼 거야.

세 가지 주류 풍수이론: 형세론, 형국론, 좌향론

형세론(형기론) 개관

아 빠 세 가지 풍수이론 중에서 우선 형세론을 설명해 줄게. 형세론은 형기론이라고도 하는데 명당에는 반드시 생기가 뭉쳐있다고 보고, 생기의 통로인 산의 흐름이나 특징을 관찰하고 이를 분석해서 생기가 응결된 명당이나 혈을 찾는 풍수이론이야.

엄 마 산이 많은 우리나라에 딱 맞는 이론이네요. 형세론은 우리 전통풍수 이론인가요?

아 빠 아니, 형세론은 중국에서 들어온 이론이야. 그 때문에 풍수이론 중에서도 가장 체계적으로 잘 정리된 분야라고 할 수 있어. 아무튼 형세론에서 가장 중요한 개념은 세(勢), 형(形), 혈(穴)인데, 여기서 세(勢)는 기세좋은 산세를 의미하고, 형(形)은 부드럽고 온순하게 생긴 산세를 뜻해. 마지막으로 혈(穴)은 풍수에서 궁극적으로 찾고자 하는, 생기로 충만한 곳을 말하지.

경복궁 전경

창덕궁 전경

호 림　더 쉽게 설명해 주세요.

아 빠　그러니깐 생기의 통로 중에서도 세(勢)라고 하는 큰 산줄기에서 점점 작은 산줄기인 형(形)으로 생기가 이어지는데, 마지막에는 산의 끝자락인 명당 혈(穴)자리에서 생기가 솟아난다는 뜻이야.

엄 마　그러면 형세론에서 명당을 찾는 순서는, 일단 기운 좋게 생긴 세(勢)산을 먼저 찾고, 그 다음 세산에서 이어지는 부드러운 형(形)산을 찾으면, 최종적으로 마지막 혈(穴)자리가 보인다는 말이죠?

아 빠　맞았어. 예를 들면, 조선궁궐이라는 명당자리를 찾는 방법은 이랬어. 경복궁의 경우에는 삼각산(북한산)이라는 기세 좋은 세산(勢山)을 먼저 찾았고, 그 다음에 백악산(북악산)이라는 형산(形山)을 찾은 뒤에 지금의 경복궁 자리를 잡았다고 해. 창덕궁의 경우에는 세산(勢山)을 잡을 때 경복궁과 마찬가지로 삼각산을 잡았지만, 형산(形山)은 응봉으로 잡은 뒤에 지금의 창덕궁 자리를 잡았어.

근정전, 근정전에서 삼각산 봉우리는 보이지 않는다

아 름 그런데 경복궁은 풍수적으로 나쁜 곳이라는 말을 들었어요.

아 빠 창덕궁과는 달리 경복궁의 위치가 명당자리가 아니라는 논란은 옛날부터 있었어. 그 이유를 형세론에서 찾아보면 어느정도 이유를 알 수도 있어. 형세론에서 세산은 기세좋은 산이어야 하지만 형산은 부드러운 산이어야 한다고 했잖아? 그런데 창덕궁의 응봉은 교과서적인 부드러운 형산이지만, 경복궁의 백악산(북악산)은 형산치고는 너무 기운이 센 산이야.

엄 마 풍수를 잘 모르는 우리가 보기에도 경복궁의 뒷산은 산세가 너무 험해요. 오죽하면 산이름에 관악산, 설악산, 치악산 처럼 큰바위 악(岳)자가 들어갔겠어요?

호 림 저도 기억나요. 지난번 서울성곽 답사를 갔을 때 가파른 계단 올라가느라고 죽는 줄 았았다구요.

아 빠 형산인 백악산의 기운이 너무 세었기 때문에 조선시대에는 경복궁에 나름대로 형산의 기운을 조금이라도 누그러뜨리려고 비보풍수를 했음에도 여러가지 불길한 사건이 많이 일어났고 역대 임금들도 가급적이면 풍수상 불길한 경복궁보다는 창덕궁에서 살려고 했음이 조선왕조실록 여러 곳에 남아 있어.

엄 마 일반인이 형세론을 좀 더 쉽게 이해할 수 있는 다른 특징은 없나요?

아 빠 음... 형세론의 혈자리에서 형산을 바라보면 세산은 형산에 가려져 보이지 않는 특징이 있어. 예를 들어, 경복궁의 혈자리인 강녕전이나 근정전에서 형산인 백악산(북악산)을 쳐다보면, 세산인 삼각산(북한산)이 보이지 않아. 그만큼 장풍(藏風)이 잘되어 있다는 반증이기도 하지. 이 말을 거꾸로 말하면, 형산안에서도 세산이 보이지 않는 지역에 명당 혈자리가 있다고 볼 수도 있어.

뱀의 발

세종실록 93권, 23년(1441 신유 / 명 정통(正統) 6년) 6월 9일(갑술) 1번째기사
경복궁을 옮기자는 최양선의 상서에 관해 민의생, 정인지 등이 논의하다

최양선(崔揚善)이 경복궁(景福宮)은 바른 명당(明堂)이 아니라고 하여 궁궐을 가회방(嘉會坊)의 제생원(濟生院) 땅으로 옮기자 하고 상서(上書)하여 말하니, 풍수학 제조(風水學提調), 예조 판서 민의생(閔義生), 지중추원사(知中樞院事) 정인지(鄭麟趾) 등이 의논하고 말하기를, "지리 제서(地理諸書)에 무릇 명당(明堂)이라 논(論)한 것은 모두 다 넓고 평평한 것을 요(要)하는데, 이제 경복궁이 송도(松都)의 도선(道詵)이 잡았다는 구정(毬庭)과 형세(形勢)가 서로 같고, 제생원의 땅은 협착하니 그 명당이 아닌 것이 분명합니다. 계축년에 양선(揚善)이 처음으로 망령된 의논을 일으키고 제설(諸說)을 널리 인용하여 자기의 뜻에다가 부회(附會)시켰으므로, 그때 조정에서 이미 증명하여 결정하였는데, 이제 또 번거롭게 상서(上書)하였으니, 불가불 징계하여야 합니다."하니, 임금이 말하기를, "양선의 소견(所見)이 저러하고, 또 나라일을 위하여 말한 것인데 어찌 죄주겠는가."하였다.

형국론(물형론) 개관

아 빠 두번째 풍수이론으로는 물형론이라고도 불리는 형국론이 있어. 형국론은 중국에서 들어온 풍수이론인 형세론이 아닌, 순수한 우리의 토종 자생풍수이론이 근간이 되어 발전된 개념이야. 형국론은 산모양, 땅모양을 사람, 동물, 사물의 비유해 그 각 물형의 형태적 특징을 강조하고 이를 응용해서 명당을 찾는 등 여러 가지로 풍수에 활용하는 이론이야.

엄 마 흔히 '금계포란형'이니, '반룡농주형'이니, '장군대좌형'이니, '선인독서형'이니 하는 재미있는 이름들이 붙은 것 말이죠?

아 빠 응, 형국론은 산모양, 땅모양을 전체의 윤곽으로 설명하기 때문에 초보자들도 쉽게 알수 있고 재미를 붙일 수 있는 장점이 있어. 더 나아가 특정 지형에 특별한 의미를 부여하기 때문에 풍수를 잘 모르는 사람들도 호기심을 느끼지 않을 수가 없고, '기발한 발상'에 '상상력'까지 동원되기 때문에 사람들의 흥미를 더욱 집중시키게 되지. 이런 관점에서 볼 때 형국론은 대중적인 호응을 받기가 비교적 쉬워.

호 림 제 생각에 만약 우리동네가 '장군대좌형'이라면 나중에 커서 저도 장군이 될 것 같은 느낌이에요.

엄 마 나는 우리동네가 '선인독서형'이었으면 좋겠어. 호림이랑 아름이가 공부 잘 하게끔 말이야.

아 름 엄마, 저는 지금도 학원 다니기에 바빠요.

아 빠 나는 우리동네가 '옥녀단장형'이었으면 좋겠어. 선녀처럼 예쁜 당신과 아름이가 꽃단장 하는 것과 비슷하잖아?

호 림 갑자기 웬 닭살모드? 아빠, 이 형국론에 단점은 없나요?

아 빠 이 형국론은 재미는 있지만 보는 사람에 따라 의견이 분분할 수 있어, 예를 들면 나에게는 뒷산의 모습이 호랑이처럼 보이지만 다른 사람에게는 황소처럼 보일 수도 있다는 거지. 그리고 거기에는 정답이 있을 수는 없어. 따라서 학문적인 체계가 미약해.

좌향론(이기론) 개관

아 빠 세번째 마지막 풍수이론은 좌향론 인데, 이기론 이라고도 불려.

호 림 좌향론은 방향과 관련있는 이론일 것 같아요.

아 빠 맞았어. 여러 풍수이론 중에서 가장 늦게 완성된 이론이야. 이 좌향론은 완전히 새롭게 만들어진 이론이 아니고 그전까지는 혈자리를 찾기위한 형세론의 4대요소, 즉 지맥 산줄기인 용(龍), 명당 길지인 혈(穴), 장풍 산줄기인 사(砂), 물줄기인 수(水)에다가 방향인 향(向)이 추가된 거야.

엄 마 우리나라에서 풍수하는 사람에 따라 마치 원수집안처럼 서로 배척하고 반목하는 두 파벌이 형세론(형기론)과 좌향론(이기론) 이라고 당신이 설명했는데 그 이유를 알 것 같아요.

아 름 그런데 풍수에서 방향은 어떻게 잡나요? 옛날에도 나침반이 있었나요?

아 빠 나침반과 비슷한 역할을 하는 것이 있어. 나경이라고도 하고 패철이라고도 하는 물건이야. 이렇게 생겼어.

호 림 와! 한자가 너무 많아서 하나도 모르겠어요.

아 빠 여기에 있는 한자는 거의 대부분이 방향을 가리키는 한자야. 그래서 똑같은 한자가 반복되기 때문에 기본적인 24방위를 나타내는 한자 24자만 알면 누구나 쉽게 읽을 수 있어. 자, 지금까지는 풍수지리에 대한 완전초보 단계였고, 이제부터는 본격적인 수업이 될 거야. 잠시 쉬었다가 계속하자.

아 름 저는 지금까지 메모한 내용을 복습할게요.

호 림 아름아, 같이 하자.

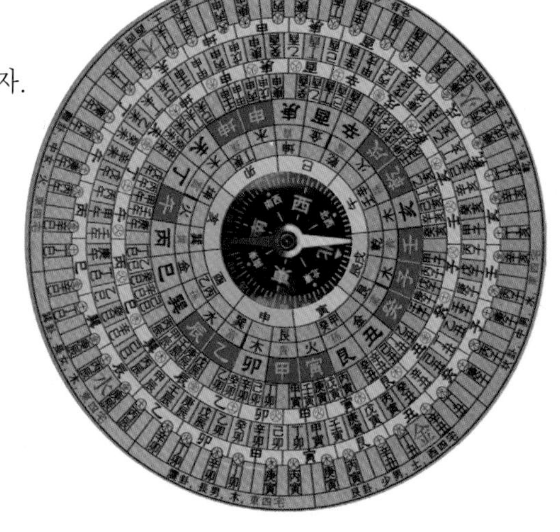

뱀의 발

정조 27권, 13년(1789 기유 / 청 건륭(乾隆) 54년) 7월 11일(을미) 1번째기사
〉 금성위 박명원의 상소로 인하여 영우원을 천장하기로 결정하다

영우원(永祐園)을 천장(遷葬)할 것을 결정하였다. 상이 원침(園寢)의 형국이 옅고 좁다고 여겨 즉위 초부터 이장할 뜻을 가졌으나, 너무 신중한 나머지 세월만 끌어온 지가 여러 해 되었다. 이때에 이르러 금성위(錦城尉) 박명원(朴明源)이 상소하기를, (중략)
조금 뒤에 상이 이르기를, (중략)
그러나 오직 수원(水原) 읍내에 봉표해 둔 세 곳 중에서 관가(官家) 뒤에 있는 한 곳만이 전인(前人)들의 명확하고 적실한 증언이 많았을 뿐더러 옥룡자(玉龍子)가 이른바 반룡 농주(盤龍弄珠)의 형국이다. 그리고 연운 · 산운 · 본인의 명운이 꼭 들어맞지 않음이 없으니, 내가 하늘의 뜻이라고 한 것이 바로 이를 이름이다. 나라 안에 능이나 원(園)으로 쓰기 위해 봉표해 둔 것 중에서 세 곳이 가장 길지(吉地)라는 설이 예로부터 있어 왔는데, 한 곳은 홍제동(弘濟洞)으로 바로 지금의 영릉(寧陵)이 그것이고, 한 곳은 건원릉(健元陵) 오른쪽 등성이로 바로 지금의 원릉(元陵)이 그것이고, 한 곳은 수원읍(水原邑)에 있는 것이 그것이다.

형세론

형세론은 산줄기를 집중적으로 관찰,분석한다

아 빠 지금부터는 본격적인 풍수기초이론을 공부하는데, 그 첫 번째로 형세론에 대해서 집중적으로 알아볼거야. 다시 한번 설명해 주지만, 형세론은 생기의 통로인 산의 흐름이나 특징을 관찰하고 이를 분석해서 생기가 응결된 명당이나 혈을 찾는 풍수이론이라고 했어. 따라서 산과 관련된 부분이 많은데, 그렇다고 해서 산만 다루는 것은 아니고, 물도 다루기도 해.

아 름 세산, 형산, 혈! 잘 기억하고 있죠?

아 빠 그렇구나. 자, 내가 지금부터 조금 어려운 것을 하나 이야기 할게. 중국 풍수지리학의 2대 기본 경전중의 하나로, 당나라 현종이 비단주머니에 넣어다니면서 보았기 때문에 "금낭경"이라는 이름으로 더욱 잘 알려진 장경 기감편(氣感篇) 제1장에는 이렇게 쓰여 있어.

장자승생기야(葬者乘生氣也)

호 림 한자 뜻을 하나씩 불러주세요.

엄 마 장사지낼 장(葬), 사람 자(者), 올라탈 승(乘), 날 생(生), 기운 기(氣), 어조사 야(也)!

아 름 '장사를 지낼 사람은 생기를 올라타야 한다?'

엄 마 장사를 지낼 사람이란 곧 죽은 사람을 뜻해.

아 빠 바로 그 한 문장이 풍수의 목적을 한마디로 요약해 주고 있어. 승생기(乘生氣) 즉, 생기를 올라타야 한다는 것이야. 여기서 생기(生氣)는 생명을 키우는 기운을 가리키고, 그 생기가 뭉쳐져 있는 지점이 바로 혈(穴)자리야. 따라서 풍수는 딱 한마디로 혈을 찾는 작업이라고 할 수 있지. 복습 한 번 해 볼까? 생기는 두 가지 큰 특징이 있다고 했어. 아는 사람?

아 름 물을 만나면 멈춰요.

호 림 바람을 만나면 흩어져요.

아 빠 잘 기억하고 있었네. 그런 두 가지 큰 이유 때문에 물길을 얻어 생

뱀의 발

고종실록 27권, 27년(1890 경인 / 청 광서(光緒) 16년) 5월 1일(기사) 6번째기사
시임 대신과 원임 대신 및 총호사, 산릉 도감 당상을 여차에서 소견하다

시임 대신(時任大臣)과 원임 대신(原任大臣) 및 총호사(總護使), 산릉도감(山陵都監)당상(堂上) 을 여차(廬次)에서 소견(召見)하였다. 하교하기를, "산릉(山陵) 조성 절차를 택일(擇日)한 단자(單子)를 방금 보았는데, 합부(合祔)를 왼쪽에 하는 것이 좋겠는지 오른쪽에 하는 것이 좋겠는지 신중히 해야 하기 때문에 경들을 소견하여 의논하여 정하려고 한다."하니, (중략)
김홍집이 아뢰기를, "옛 사람이 이르기를, 장사지내는 사람은 생기를 탄다고 했고(弘集曰:古人云葬者乘生氣), 선유(先儒)들 사이에도 반드시 흙이 두텁고 물이 깊은 데를 택한다는 의논이 있었습니다. 신령이 오른쪽을 높인다는 것은 대개 원칙을 말한 것이고, 지금 이렇게 지사(地師)들이 아뢰는 것은 산릉 용혈의 형편을 말한 것이니, 오직 전하의 처결에 달렸습니다."하였다.

기를 원하는 곳에 멈추게 하고, 바람을 가두어 생기가 흩어지지 못하게 하는 것이야. 그럼 또 질문하나 더 할게! 바람을 가두는 장풍 역할은 어떻게 할까?

호 림 그것은 산줄기를 이용해서 합니다.

아 빠 그렇지. 산줄기를 이용하는 것을 한자로 사신사(四神砂)라고 해.

아 름 사신이라고 하면 사신도에 나오는 청룡, 백호, 주작, 현무의 사신을 말하나요?

아 빠 맞았어.

아 름 그런데 사신도(四神圖)라고 하지 않고 사신사(四神砂)라고 하죠?

아 빠 사신사의 마지막 사(砂)자는 모래 사(砂)자야. 그림 도(圖)대신에 모래 사(砂)를 쓴 이유는 옛날에는 종이가 귀했기 때문에 모래판에 그림을 그려 풍수를 논했기 때문이야. 형세론에서는 혈(穴)자리와 혈까지 생기를 전달해 주는 산줄기를 용(龍)이라고 하고, 혈까지 오는 땅의 지맥(地脈)을 용맥(龍脈)이라고 해.

호 림 산줄기가 꿈틀대는 것이 용이 꿈틀대는 것과 같기 때문이죠.

형세론은 네 가지 방법론, 용(龍) 혈(穴) 사(砂) 수(水)

아 빠 그렇지. 그리고 형세론에서는 세부적으로 네 가지의 방법론이 있는데, 첫 번째는 산줄기(용)가 살아있는지 죽은 기운인지를 식별하는 간룡법인데 줄여서 용법(龍法)이라 하고, 두 번째는 명당정혈법, 용호정혈법, 수세정혈법 등의 혈자리를 정하는 법칙인 정혈법, 즉 혈법(穴法)! 세 번째는 산줄기인 사신사, 조신사의 길흉을 판단하는 장풍법인데 사법(砂法)이라고 하고, 네 번째는 수구원리를 근본으로 삼아서 물줄기의 흐름을 분석하는 길흉판단법인 득수법인데 줄여서 수법(水法) 이라고 해야. 더 간단히 줄여서는 용, 혈, 사, 수법 이라고 해.

엄 마 형세론을 제대로 알려면 우리나라의 산에 대해서 잘 알아야 하겠군요!

아 빠 아주 중요한 지적이야. 산의 흐름이나 특징을 관찰하고 분석하는 형세론에서 우리나라의 전통 산줄기 체계를 모르면 모든 것이 헛일이지.

아 름 우리나라 산줄기는 사회과부도에 잘 나와 있어요. 태백산맥이라든지, 소백산맥이라든지...

아 빠 우리나라의 전통 산줄기 체계에는 산맥이라는 개념은 전혀 없어. 산맥이라는 개념은 일제강점기때 유입된 서양지리학의 개념이야. 우리 전통개념은 대간, 정간, 정맥으로 표현할 수 있어.

호 림 대간, 정간, 정맥? 그게 무슨 뜻이에요?

산경표는 우리의 전통 산줄기 체계를 알려주는 자료이다

아 빠 18세기 지리학자 신경준선생의 '산경표'는 우리나라 전통 산줄기를 이해하는 중요한 자료야. 이 '산경표'에 따르면 조선시대 산줄기는 1대간(大幹), 1정간(正幹), 13정맥(正脈)으로 표기했어. 백두산에서 시작된 산줄기는 모든 강의 유역을 경계 지었는데, 동해안, 서해안으로 흘러 드는 강을 양분하는 큰 산줄기를 대간, 정간이라고 불렀어. 정맥과 정간의 차이는 산줄기를 따라 큰 강이 동반이 되느냐에 따라 구별되는데, 강이 있으면 정맥, 없으면 정간이 되는 거야. 특히 대간(大幹)은 우리나라의 10대강을 크게 동류(東流)와 서류(西流)로 구획하고, 모든 정맥을 가지 치는 기둥 산줄기를 일컫는데, 그 정점에 백두산이 있어서 백두대간이라는 이름을 얻었어. 우리나라의 등뼈와 같은 구실을 하지.

아 름 왜 산줄기를 그렇게 분류했어요? 학교에서 배운 것이랑 많이 다르네요?

아 빠 대간, 정간, 정맥을 구분하는 핵심적인 요소는 물이야. 대간과 정간으로부터 갈라져서 각각의 강을 경계 짓는 분수산맥(分水山脈)을 정맥이라 했는데, '산자분수령(山自分水嶺)'이란 원칙에 따른 것이야. 산은 곧 분수령이다. 따라서 산은 물을 넘지 못하고, 물은 산을 건너지 않는다.

엄 마 산은 물을 넘지 못하고? 아… 유홍준 교수의 책 제목에서 본 기억이 나요.

아 빠 자, 지금부터는 형세론의 4대 방법론에 대해 자세히 알아보자.

형세론 – 용법(龍法)

산줄기에도 족보가 있다

아 빠 형세론의 4대 방법론 중 가장 먼저나오는 것은 용법(龍法)이야.

아 름 풍수에서 용은 산줄기라고 하셨죠? 그렇다면 용법은 산을 최대한 활용하는 방법일 것 같아요.

아 빠 아름이가 말한 그대로야. 용법은 혈자리에 생기를 불어 넣어주는 산줄기들을 파악하는 법칙이야. 그런데 산줄기라는 말에서도 알 수 있듯이 산이라는 것은 아무 것도 없는 허허벌판에 혼자서 불쑥 솟아있는 것이 아니거든. 반드시 주변에 다른 산들과 나란히 이어져 있어. 그런데 그 산의 줄기를 계속 따라가다 보면 산은 점점 높아지고 험해지면서 결국은 백두대간까지 연결돼.

엄 마 어린 아이의 혈통을 찾아 올라가면, 부모가 나오고, 그 위로는 할아버지, 증조할아버지, 고조할아버지 하는 식으로 조상들까지 연결되는 것과 비슷하군요!

아 빠 맞았어. 산줄기도 혈통처럼 계층적으로 구분되어 있어. 풍수적으로 사람이 사는 집이나 마을, 또는 무덤자리의 뒤쪽에 있으면서 생기를 공급해 주는 산을 주산(主山) 또는 진산(鎭山)이라고 하고, 주산 또는 진산이 연결되는 산을 소조산(小祖山)이라고 해. 작은 할아버지 산이라는 뜻이야. 그리고 소조산이 연결되는 더 큰 산을 종산(宗山)이라고 하고, 종산 위쪽으로 연결되는 가장 큰 산을 태조산(太祖山) 이라고 해.

엄 마 산줄기를 높은 곳에서 낮은 곳으로 거꾸로 배열을 하면, (1) 태조산(太祖山), (2) 종산(宗山), (3) 소조산(小祖山), (4) 주산(主山) 또는 진산(鎭山) 이렇게 되는 군요.

아 빠 그렇지. 산을 가문의 혈통으로 비유를 하자면, 태조산은 그 가문의 시조가 되는 것이고, 종산은 가문에서 도중에 갈려져 나온 파의 중시조가 되는 거야. 그리고 소조산은 할아버지를 뜻하고, 주산 또는 진산은 부모를 가리키는데 부모산이라고 표현하기도 해. 마지막으로 혈은 자녀가 해당 되는 거야.

아 름 부모산을 주산 또는 진산이라고 한다고 하셨는데, 왜 다른 용어를 쓰는 거죠?

양택, 음택풍수의 주산을 양기풍수에서는 진산이라고 한다

호 림 엄마산이면 주산, 아빠산이면 진산인가?

아 빠 그런 것이 아니라 만약 혈자리가 사람사는 집인 양택 또는 무덤자리인 음택일 때는 주산(主山)이라고 하고, 혈자리가 마을이나 고을, 또는 도읍터 일때는 진산(鎭山)이라고 하는 거야.

호 림 그렇다면 서울의 주산은 북한산이다 라는 표현은 틀린 것이네요?

아 빠 그렇지. 서울의 진산은 북한산이다. 라고 해야지.

아 름 경복궁의 진산은 북악산이겠죠?

아 빠 경복궁의 주산은 북악산이라고 해야지.

아 름 아빠, 경복궁은 어마어마하게 커요. 그 속에 집도 얼마나 많은데요. 아마 웬만한 마을 몇개를 합친 것보다 더 많을 거에요. 그런데도 주산이라는 말을 쓰다니 이해가 않돼요.

아 빠 궁궐은 아무리 커도 마을터를 잡는 양기풍수를 쓰는 것이 아니라, 사람 사는 집터를 잡는 양택풍수를 쓰는 거야. 왜냐하면 궁궐은 임금님의 집이거든.

엄 마 여보, 명당자리를 찾기 위해서 아무리 태조산, 종산, 소조산, 부모

뱀의 발 세종실록 지리지 / 경도 한성부

경도 한성부(京都漢城府)

본래 고구려의 남평양성(南平壤城)이니, 일명(一名) 북한산군(北漢山郡)이다. 백제 근초고왕(近肖古王)이, 동진(東晋) 간문제(簡文帝) 함안(咸安) 2년(372) 임신에 남한산(南漢山)으로부터 와서 도읍을 정하여【남한산은 지금의 광주(廣州)】1백 5년을 지내고, 문주왕(文周王)이 고구려의 난을 피하여 고마나루〔熊津〕로 옮겨 도읍하였고, 고려 초에 양주(楊州)로 고쳤다. 고려숙종(肅宗) 때 술사(術士) 사의령(司儀令) 김위제(金謂磾)가 옥룡 선사(玉龍禪師)의《도선밀기(道詵密記)》를 증거로 하여 아뢰기를, 도성(都城)의 둘레가 9천 9백 75보(步)인데, 북쪽 백악사(白嶽祠)로부터 남쪽 목멱사(木覓祠)에 이르는 지름이 6천 63보요, 동쪽 흥인문(興仁門)으로부터 서쪽 돈의문(敦義門)4866) 에 이른 지름이 4천 3백 86보가 되며, 정동(正東)을 흥인문, 정서(正西)를 돈의문, 정북(正北)을 숙청문(肅淸門), 동북(東北)을 홍화문(弘化門)【곧 동소문(東小門).】, 동남(東南)을 광희문(光熙門)【곧 수구문(水口門).】, 서남(西南)을 숭례문(崇禮門)【곧 남대문.】, 소북(小北)을 소덕문(昭德門)【곧 서소문(西小門).】, 서북(西北)을 창의문(彰義門)이라 하였다. (중략)

삼각산(三角山)【도성 밖 정북(正北)에 있으니, 일명(一名)은 화산(華山)이다. 신라 때에는 부아악(負兒岳)이라 일컬었다.】도성(都城)의 진산(鎭山)은 백악(白岳)이다.

산까지 잘 찾아온다 하더라도 부모산 속에서 명당 혈자리를 찾기 가 그리 쉽겠어요?

호 림 맞아요. 큰 산속에서 작은 혈자리를 찾는 것은 모래사장에서 바늘 찾는 거나 다름 없을 것 같아요.

용법의 미시적인 체계는 태(胎), 식(息), 잉(孕), 육(育)이다

아 빠 용법(龍法)이 부모산까지 찾아내는 것으로 끝나는 것이 아니야. 거시적인 안목에서 볼 때 용법의 쓰임이 태조산, 종산, 소조산, 부모산으로 이어지는 체계라고 한다면, 미시적인 안목에서의 용법은 부모(父母), 태(胎), 식(息), 잉(孕), 육(育)으로 이어지는 체계라고 볼 수 있어.

아 름 애고, 또 어려운 말이 나왔다. 잠깐만요. 메모 좀 하구요. 부모, 태, 식, 잉, 육! 그런데 이게 무슨 뜻이에요?

아 빠 미시적인 안목에서의 용법은 땅을 어머니 품안으로 보는 지모사상(地母思想)의 시각을 가지고 있어. 즉, 부모산인 주산에서 혈자리를 찾아가는 관계를, 엄마가 태아를 낳는 관계로 설정하고 있기 때문이야.

뱀의 발

세종실록 39권, 10년(1428 무신 / 명 선덕(善德) 3년) 1월 6일(기축) 2번째 기사
경복궁의 주산과 좌비 산맥에 소나무 심는 것을 내년에 시행하게 하다

병조에서 계하기를, "청컨대 경복궁(景福宮)의 주산(主山)과 좌비 산맥(左臂山脈)에 소나무를 심고 그 근방의 인가(人家)를 모두 옮기소서."하니, 명하기를, "내년 봄에 솔을 심고 인가(人家)는 금년 10월까지 옮기도록 하고, 또 집을 지을 땅을 주도록 하라."하였다.

호 림 엄마가 태아를 낳는 것과 태(胎), 식(息), 잉(孕), 육(育)이 같다구요?

아 빠 그래. 내가 쉽게 설명해 줄게. 엄마와 태아는 탯줄로 연결되어 있기 때문에 부모산인 주산에서 혈까지 연결된 산줄기를 태(胎)라고 불러. 그런데 탯줄은 생명력의 숨줄이기도 하기 때문에 숨을 쉰다는 뜻의 식(息)이라 했어. 휴식, 안식 할 때의 식과 같은 뜻이야.

아 름 태와 식은 탯줄이 숨을 쉰다?

아 빠 부모산에서 혈자리 쪽으로 내려가는 산줄기를 태(胎)라고 하고, 내려가는 그 산줄기가 마치 숨을 쉬는 모양처럼 보이는 것을 식(息)이라고 하는 거야.

호 림 산줄기가 숨을 쉬다니 그게 무슨 뜻이에요?

아 빠 사람이 숨을 쉬면 어떻게 보이지?

호 림 그야 숨쉬는 것 때문에 배가 들락날락 하거나 어깨가 들썩거리겠죠.

아 빠 바로 그거야. 태(胎)에서 시작한 산줄기가 그냥 혈자리쪽으로 직선 모양으로 쭉 뻗어가는 것이 아니라 갈 지자로 내려가면서 오르락 내리락 하는 모습을 보이는 거야. 그런 식(息) 현상이 보여야 생기의 통로로 인정을 받는 거지.

잉(孕)을 제대로 찾을 수 있다면 당신은 풍수전문가

아 름 그정도면 충분히 이해했어요. 나머지 잉(孕), 육(育)은 무슨 뜻이에요?

아 빠 태, 식 현상을 보이면서 혈자리 쪽으로 내려가던 산줄기는 임신부의 배처럼 둥글게 생긴 지맥선상의 현상을 보일 때가 있어. 그런 장소를 배부를 잉 또는 아이밸 잉(孕) 자를 써서 표현한 것이 잉(孕)이야.

아 름 혹시 '잉태하다'할 때와 같은 한자 인가요?

아 빠 맞았어. 바로 그 한자야. 이런 태, 식, 잉 들이 마치 꿈틀거리면서 살아있는 용처럼 보이면, 생룡현상을 보인다고 하는데 그 뜻은 그 아래 흐르는 생기가 충만하다는 뜻이야. 마지막으로 육(育)은 혈자리를 뜻해. 태아를 낳아 기른다는 뜻의 기를 육(育)자야.

엄 마 결론적으로 태, 식, 잉, 육 중에서 가장 중요한 것은 혈자리인 육(育)이지만, 우리가 찾아야 하는 것은 바로 잉 이겠군요. 잉은 모양이 배부른 것처럼 불룩하니깐 찾기가 쉬울 것 같아요.

아 빠 그렇지! 잉(孕)이 혈을 만들기 때문에, 풍수에서는 '잉'을 혈자리를 증거한다는 뜻의 혈증(穴證)이라고도 해. 달리 말하면 잉(孕)이 없으면 명당혈자리는 없다는 뜻이 되는 셈이지. 그리고 잉은 혈자리에서 매우 가까운 곳에 있어. 예를 들면 조선왕릉의 경우, 봉분에서 대체로 10미터 안팎에 있어.

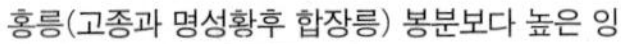
홍릉(고종과 명성황후 합장릉) 봉분보다 높은 잉

용법의 실제 적용사례 – 낙산과 흥인지문

호 림 실제 용법을 어떻게 적용하는 거에요?

아 빠 좋은 질문이구나. 용법(龍法)의 적용은 생룡(生龍)과 사룡(死龍)을 구분하는 데에서 시작해. 생기가 살아있는 생룡은 산줄기가 위아래로 출렁거리거나 좌우로 갈지(之)자 처럼 꿈틀거리는데 생기가 죽어있는 사룡은 산줄기의 흐름이 매우 약해.

아 름 그것을 문화재에 적용한 것이 있나요?

아 빠 우리 가까운 곳에도 있지. 한양의 좌청룡인 낙산의 산줄기는 낮고 허약하기 때문에 용법(龍法)상 생룡에 못미치는 사룡에 가까워. 우리 풍수는 나쁜 것을 좋은 것으로 바꾸려는 비보풍수가 있다고 했지? 그래서 낙산 앞에 있는 흥인문에는 다른 사대문에서는 볼 수 없는 갈 지(之)자를 추가해서 지명비보를 했기 때문에 네글자인 흥인지문이 되었고, 그것도 모자라서 사대문 중 유일하게 둥근 옹성을 쌓아서 좌청룡인 흥인지문 앞에 여의주를 형상화해서 좌청룡의 기운을 북돋움 하려고 했던 거야.

엄 마 실제 문화재를 예를 드니 이해가 매우 빨라요!

뱀의 발

태조실록 11권, 6년(1397 정축 / 명 홍무(洪武) 30년) 4월 28일(경술) 1번째기사
흥인문에 거둥하여 옹성을 둘러보다

흥인문(興仁門)에 거둥하여 옹성(甕城)을 보고, 성을 순행하여 동소문(東小門)에 이르러 돌아왔다.

참이슬

좌청룡의 지세가 약한 것을 보완하기 위해 현판에 갈지(之)자와 옹성을 만든 흥인지문

형세론 - 혈법(穴法)

호 림 아빠, 용법을 제대로 배웠으니 이제 풍수공부는 끝이겠죠?

아 빠 풍수의 목적은 정확한 혈자리를 찾는 것야. 형세론이 학문적으로 정립되기 전에는 혈자리를 찾는 다는 것이 몇몇 전문가에게만 국한된 기능이었어. 그런데 형세론이 법칙화되자 태, 식, 잉, 육 중에서 잉을 찾으면 바로 몇발자국 앞의 "육"이 바로 혈자리가 되기 때문에 누구나가 혈자리를 쉽게 찾을 것 같은 생각이 들었어. 하지만 실제 현장에서 잉을 직접 찾아내는 것은 결코 쉬운 일이 아니야. 심지어 산줄기인 용을 찾는데 3년, 혈은 찾는데 10년이 걸린다는 말도 있을 정도야.

아 름 그럼 풍수를 소수의 전문가들만 독점해서 해 왔나요?

아 빠 필요는 발명의 어머니라고 했잖아? 그래서 혈을 체계적으로 찾기 위한 정혈법이 나오게 되었어. 정혈법에도 용호정혈법, 수세정혈법, 명당정혈법 이렇게 세 가지가 있는데 우선 용호정혈법부터 시작하자. 애들아, 용호라는 말을 들으면 뭐가 생각나지?

혈자리를 찾기 위한 세 가지 보조방법

1. 용호정혈법(龍虎定穴法)

아 름 용과 호랑이라는 뜻이니깐...

호 림 아름이와 저를 뜻하는 단어에요. 아름이가 용띠고, 제가 호랑이띠잖아요?

엄 마 얘들아, 아빠 질문을 풍수적으로 해석을 해야지! 혹시 좌청룡, 우백호?

아 빠 맞았어. 주산의 좌청룡과 우백호의 형세를 잘 관찰하고서 혈을 짐작하는 정혈법이야. 용호정혈법은 당연히 장풍원리에서 나왔어. 좌청룡의 형세가 좋으면 혈은 좌편에 있고, 우백호의 형세가 좋으면 우측에 있다는 법칙이지. 형세가 좋으면 당연히 장풍국면이 더 발달되어 있기 때문이야.

뱀의 발

성종실록 215권, 19년(1488 무신 / 명 홍치(弘治) 1년) 4월 13일(병오) 2번째기사
<u>최호원으로 하여금 폐비의 묘에 가서 길흉을 살펴 아뢰게 하다</u>

최호원(崔灝元)을 명소(命召)19570) 하여 묻기를, "지금의 지리가(地理家)는 어찌해서 38장(三十八將)의 법(法)을 쓰지 않는가?"하니, 최호원이 서계(書啓)하기를, "지리(地理)의 법(法)은, 좌청룡(左靑龍)은 남(男)을 위주로 하고 우백호(右白虎)는 여(女)를 위주로 하는데, 38장(三十八將)의 법은 금(金) · 목(木) · 수(水) · 화(火) · 토(土)의 5산(伍山)이 각각 그림이 있어서, 혹은 청룡(靑龍)이 3녀위(三女位)가 되고 백호(白虎)가 3남위(三男位)가 되어 지리(地理)의 법과 더불어 상반(相反)되기도 하고 결합(結合)되기도 합니다. 또 인본(印本)이 없고 모두가 전사(傳寫)19571) 하여 서로 전한 것이라서 믿을 만한 것이 못됩니다. 그래서 지금은 쓰지 않습니다."하자, 전교하기를, "최호원으로 하여금 폐비(廢妃)의 묘(墓)에 가서 길흉(吉凶)을 간심(看審)해 아뢰게 하라."하였다.

아 름 실제 사례로 설명을 좀 해주세요.

아 빠 응, 양택인 경복궁의 택지도 한양도성의 정중앙이 아닌 우백호 인왕산 쪽으로 치우쳐 있어. 쉽게 말해 동대문 쪽보다는 서대문쪽에 가깝다는 뜻이야. 그 이유는 한양의 우백호인 인왕산의 산세는 매우 좋지만, 좌청룡인 낙산의 기운이 너무 약하다는 거야. 그래서 높은 인왕산 쪽에 가까운 자리를 잡아야만 장풍국면에 들어서 바람이 덜 불고 명당기운이 흩어지지 않는다는 거야.

엄 마 그렇지만 용호정혈법은 너무 범위가 크지 않아요?

아 빠 맞아. 용호정혈법은 잉을 바로 찾지는 못한다는 약점이 있어. 하지만 그래도 대상범위를 절반으로 압축시켜주는 실익이 있지.

2. 수세정혈법(水勢定穴法)

아 빠 자, 용호정혈법이 장풍원리에서 파생되었다면 득수원리에서 나온 것이 수세정혈법이야. 수세는 물의 세력,세기란 뜻이야. 산줄기를 따라 진행하던 생기는 물줄기를 만나면 멈춰. 이것을 계수즉지라고 한다고 얘기했지? 물줄기가 좌측을 감싸도는 산에서는 좌측에 혈이 있고, 우측을 감싸도는 산에서는 우측에 혈이 있다는 법칙이 수세정혈법이야.

아 름 이것도 실제 사례로 설명을 좀 해주세요.

아 빠 수세정혈법은 산줄기가 선명하지 않은 평지에서 용호정혈법보다 유용하게 사용될 수 있어. 대표적인 경우가 안동의 하회마을이지. 하회마을은 배산(背山) 터에 자리를 잡은 허씨 문중은 원래 하회마을의 토박이 였지만 쇠락한 데 반해서, 임수(臨水) 가까이 수세정

혈을 한 버들 류씨 문중은 굴러온 돌과 같은 처지였지만 갈수록 번영을 누려서 지금은 하회마을 대부분을 차지했어.

엄 마 아, 나도 생각나요. 하회마을의 북촌댁, 양진당, 충효당 등 고택들이 모두 물이 감싸도는 쪽에 몰려 있었어요.

3. 명당정혈법(明堂定穴法)

아 빠 자, 마지막으로 명당정혈법이 있어. 그런데 일반적으로 명당과 혈을 혼용하는 사람들이 많아. 정확히 말하자면, 생기가 직접 솟아나는 지점이 혈이고, 명당은 혈 앞에 있는 평탄한 마당을 가리키는 용어야.

엄 마 한자의 뜻만 봐도 그렇군요. 혈은 구멍이라는 뜻이기 때문에 생기가 솟아나는 구멍이라고 보면 되고, 명당은 '무덤의 바로 앞에 있는

뱀의 발

세종실록 61권, 15년(1433 계축 / 명 선덕(宣德) 8년) 8월 4일(갑신) 3번째기사
경연에 나아가다. 이양달이 경복궁 명당의 물에 관해 아뢰다

경연에 나아갔다. 지리 살피는 이양달이 아뢰기를, "경복궁 명당의 물은 왼편 물이 소격전 골짜기 근처에서부터 나오고, 오른편 물이 백악과 인왕산 기슭에서부터 나와서 혜정교 아래에 이르러 좌우의 물이 합류하여 돌아 싸고 내려가니, 등지고 흐른다고 말할 수 없사오며, 궁성 서문 밖의 작은 냇물이 도관(都官) 북쪽에 이르러 오른편 물과 합류하여 일직선으로 가로질러 내려가니, 바로 옛사람의 명당 상류수 이론에 부합되는 것입니다. 하필 공교하게 파서 비뚜로 흐르게 하겠습니까. 신의 마음에는 예전대로 두는 것만 같지 못하다고 생각되옵니다. 지리서에 이르기를, '왼편에 물 있고 왼편에 산 있으면 재물이 쉽게 생기고, 오른편 활로 오른편을 안은 것은 그 다음 간다. 음택(陰宅)이나 양택(陽宅)이나 다 이러하되 왼편의 산에서 기울어져 흐르는 것만 같지 못하다.' 하였습니다."하니, 아뢴 것을 풍수학에 내려 보냈다.

평지'라고 사전에 나와 있어요.

아 빠 바로 그 평탄한 마당을 찾는 것이 명당정혈법이야. 그런데 명당정혈법도 이것만 가지고 혈자리를 바로 찾는 것이 아니야. 일단 용호정혈법이나 수세정혈법으로 대상범위를 절반이하로 줄여놓고 그 다음에 명당정혈법을 쓰는 것이지.

호 림 그럼 명당은 대체로 어떤 쪽에 있나요?

아 빠 풍수에서 혈자리 앞에 있는 명당은 현무수두(玄武垂頭)라는 원리가 적용돼.

아 름 현무라면 사신도에서 북쪽의 신을 가리키는 말이잖아요.

엄 마 아하, 풍수에서는 주산을 뜻하는 말이군요! 주산이 양택이나 음택의 뒤쪽인 북쪽에 있으니깐…

아 빠 그래 맞아. 현무수두에서 수두는 드리울 수(垂), 머리 두(頭) 자야. 주산인 현무가 산줄기를 머리에 비유해서 마치 머리를 내밀 듯이 대체로 산자락으로 자리를 펼쳐주면 그 안에 명당이 있다는 뜻이지. 따라서 산의 모양이 그냥 쭉 뻗어있는 쪽에는 명당이 없고, 그 반대쪽에 산자락을 물결치듯 펼치는 듯한 모양, 즉 현무수두 하는 모양의 땅에 명당이 있다는 거야. 어때, 이건 좀 어렵지?

엄 마 나도 어렵게 느껴져요. 결론적으로 하나의 방법론으로만 명당혈자리를 찾을 수 있는 것이 아니니, 모든 방법론을 다 복합적으로 활용하라는 뜻인가요?

책으로 풍수를 공부하는 것만으로는 결코 혈자리를 찾지 못한다

아 빠 이것이 어렵게 느껴지는 것은 정상이야. 왜냐하면 이 모든 방법들이 사실은 현장에서 발로 뛰어야만 제대로 익힐 수 있는 것이야. 운전 연습 하는 것을 이론으로만 아무리 공부해도 실제 차를 몰 수는 없잖아? 그리고 설령 지금까지 말한 모든 방법을 다 동원해서 혈자리를 잡았다 하더라도 헛탕을 치는 경우가 있어.

호 림 왜 그렇죠?

아 빠 그것은 생명의 기운인 생기가 바람을 만나면 흩어져 버린다는 풍즉산 이란 문제 때문이야.

아 름 그렇다면 당연히 바람을 가두어야겠죠.

아 빠 그렇지. 따라서 그런 풍즉산 현상을 판단하는 것이 형세론의 방법론 중 하나인 사법이야.

형세론 - 사법(砂法)

청룡, 백호, 주작, 현무가 갖추어야 할 풍수적 조건은 각각 다르다

아 빠 바람을 제대로 가두기 위해 사용되는 사법은 장풍원리에서 파생된 법칙이기 때문에 사신사가 매우 중요한 역할을 해. 사신사(四神砂)는 풍수지리로 지세(地勢)를 살필 때, 전후좌우에 있는 네 개의 산줄기야. 이 사신사를 좌청룡(左靑龍), 우백호(右白虎), 전주작(前朱雀), 후현무(後玄武)라고 해.

호 림 그 정도는 우리도 잘 알죠.

아 빠 그런데 바람을 가두기 위한 사신사의 네 산이 무조건 크다고 좋은 것은 아니야. 명당혈자리를 유지하기 위해서는 사신사도 일정한 조건을 갖추어야 하는 거야.

아 름 명당혈자리를 위해 갖추어야 하는 사신사의 조건은 모두 같은 것인가요? 아니면 각각이 모두 다른 조건을 가지고 있나요?

호 림 조건이 모두 같으면 간단해서 공부하기에 참 좋을텐데...

아 빠 호림이에게는 안됐지만, 각각의 사신사의 조건이 다 달라. 우선 북쪽에 있는 후현무의 조건부터 하나씩 살펴보자. 우선 주산 또는 진산으로 불리워지는 현무는 사신사 중에서도 본체에 해당하기 때문에 본산이라고도 하는데 그 이유는 현무의 지맥선에 혈이 있기 때문이야. 그리고 혈을 만들기 때문에 부모산이라고도 하지. 그런데, 이 현무가 갖추어야 할 장풍조건은 이미 내가 앞에서도 말했어.

1. 현무수두(玄武垂頭)

아 름 아, 현무수두인가 하는 거요?

아 빠 그래. 바로 현무수두(玄武垂頭)야. 현무수두는 명당 혈자리 쪽으로 머리를 들이밀고, 얼싸안은 형상이어야 해. 그리고 산자락을 물결치듯 펼치는 듯한 모습을 하고 있어야 해.

엄 마 현무수두의 실제 사례를 말해줘요.

아 빠 현무수두를 대표적으로 볼 수 있는 곳이 서울의 북악산(백악산)이야. 경복궁의 주산이기도 한 북악산은 경복궁의 뒤편에 떡하니 버티고 있는 좋은 형상을 하고 있어. 하지만 경복궁 쪽으로 산자락을 펼쳐주지 못하는 것이 약점이야. 쉽게 말해 수두를 제대로 못한 거지. 지난번 우리가 서울성곽 답사를 갔을 때 백악산 정상에서 내려다 본 것 기억나지? 그때 북악산에서 펼쳐진 산자락이 어느 쪽으로 흘러 내려갔는지 기억나?

엄 마 내 기억에는 경복궁에서 약간 더 동쪽 방향으로 흘러간 것 같아요.

아 빠 바로 그거야. 북악산에서 펼쳐진 산자락이 실제 흘러내려간 곳에는 지금의 정독도서관이 자리를 잡고있어. 그래서 경복궁의 입지를 둘러싸고 풍수가들의 논쟁이 조선시대 내내 끊이질 않았어.

호 림 나머지 산들의 조건도 말씀해 주세요.

2. 주작상무(朱雀翔舞)

아 빠 후현무의 맞은 편에 있는 산이 전주작이야. 현무가 뒷산이라면, 주작은 앞산이지. 그리고 뒷산과 앞산 사이에 혈이 있기 때문에, 이것을 인간에 비유한다면, 현무를 아버지라 할 수 있고, 주작은 어머니라고 할 수가 있어. 그래야 음양의 조화가 잘 맞아서 자식에 해당하는 혈이 탄생하게 되는 것이지. 그런데 현무가 현무수두 하면서 혈 쪽으로 다가간다면, 주작은 춤추는 새처럼 혈 쪽으로 다가와야 해. 이것을 주작상무(朱雀翔舞)라고 해. 어려운 한자인데, 날개 상(翔), 춤출 무(舞)자야.

아 름 산이 어떻게 춤을 춰요?

아 빠 새가 날개를 펴고 날아오르는 모습을 그렇게 표현한 것이야. 그런데 주작은 하나가 아니라 두개인데 앞쪽에 있는 주작을 안산(案山)

뱀의 발

세종실록 61권, 15년(1433 계축 / 명 선덕(宣德) 8년) 7월 17일(무진) 1번째기사
명당에 관한 의논이 분분하니, 임금이 친히 보고 가부를 결정하리라 하다

황희, 김자지, 하연, 정인지, 안숭선 등이 이양달 등을 데리고 백악산(白岳山)에 올라 살펴보고, 또 봉황암(鳳凰巖)에 올라가 살펴 바라보았는데, 이진, 신효창, 최양선 등은 말하기를, "보현봉(普賢峯)의 바른 줄기가 직접 승문원 터로 들어왔으니 바로 현무(玄武)가 머리를 숙인 땅으로서 나라의 명당이 이만한 데가 없다.(正玄武垂頭之地, 國之明堂, 無如此地)"하고, 이양달 · 고중안 · 정앙 등은 말하기를, "보현봉의 바른 봉우리가 직접 백악봉으로 내려왔다."하여, 두 의논이 분분하니, 임금이 말하기를, "내일 내가 친히 백악의 내맥 들어온 곳에 올라가 보고 그 가부를 결정하리라."하였다.

이라고 하고 뒤쪽에 있는 주작을 조산(朝山)이라고 해.

호 림 왜 두 개죠?

아 빠 주작은 아버지인 현무와 대응하는 어머니에 해당하기 때문에 음을 상징하지. 따라서 음수인 짝수로 설정한 것 같아. 우선 안산은 혈자리 앞의 정면에서 마주하고 있는 산이야. 안산은 마치 사람앞에 놓고 사용하는 책상처럼 주산의 책상에 해당한다고 해서 책상 안(案)자를 써. 그리고 조산은 책상을 사이에 두고 주인과 마주 대하고 있는 손님과 같은 산이야. 그래서 손님이 주인을 뵙듯, 신하가 임금을 알현하듯 자연스럽게 조공하는 듯 하다고 해서 조산이라고 불러.

엄 마 안산과 조산을 주변에서 쉽게 볼 수 있는 곳은 있나요?

아 빠 서울에서도 쉽게 볼 수 있어. 한양 도읍을 정할 때, 안산은 목멱산(남산)이었고, 조산은 관악산이었어. 그런데 남산은 풍수상 안산치고는 너무 크다고 볼 수 있지.

3. 청룡완연(青龍蜿蜒)과 백호준거(白虎蹲踞)

아 빠 자, 이제는 좌청룡과 우백호에 대해서 설명해 줄게. 좌청룡과 우백호가 갖추어야 할 사신사 조건을 한자로 표현하면 청룡완연(青龍蜿蜒) 그리고 백호준거(白虎蹲踞) 또는 백호순부(白虎馴頫)야. 우선 청룡부터 살펴볼까?

엄 마 청룡완연? 완연이라는 말은 마치 눈에 보이는 것처럼 뚜렷한 것을 말할 때 쓰이는 말이잖아요? 예를 들면 '봄빛이 완연하다'라고 하는 것처럼.

아 빠 맞아. 청룡완연이라는 말은 마치 눈앞에서 청룡이 꿈틀거리는 듯한 모습을 보여야 한다는 뜻이야.

엄 마 그리고 백호는 준거 또는 순부 라는 말이 있는데, 모두 어려운 한자에요.

아 빠 준거는 쭈그릴 준(蹲), 걸터앉을 거(踞)야. 순부는 길들일 순(馴), 구부릴 부(頫)야.

아 름 이상하네요? 청룡은 꿈틀거리는 모양이 뚜렷해야 한다고 하면서도, 백호는 순하게 웅크리고 있으라는 뜻이잖아요?

아 빠 그래. 그런 뜻이야. 청룡은 꿈틀거리듯 산줄기가 힘차게 뻗어주어야 하고, 백호는 엎드려 있듯이 순하게 앉아 있어야 한다는 것이야. 왜냐하면 풍수에서는 청룡이 힘차게 꿈틀거리지 않으면 그것은 용이 아니라 이무기에 해당하기 때문에 문제가 되고, 거꾸로 백호는 청룡처럼 기세를 부려서는 안된다고 하는 거야. 만약 백호가 기세 좋게 날뛰면 그것은 호환(虎患)을 일으키기 때문이라고 봐. 풍수상 좋지 않다는 뜻이지. 이것을 음양이론으로도 해석할 수 있은데 동쪽은 양의 기운을 상징하기 때문에 뜨거운 태양처럼 움직임이 활발해야 하고, 서쪽은 음의 기운을 상징하기 때문에 차가운 달처럼 움직임이 없어야 한다는 뜻으로 풀이될 수도 있어.

사법의 실제 적용사례 – 낙산과 인왕산

엄 마 이것도 풍수의 예를 들어서 설명해줘요.

아 빠 한양풍수를 생각하면 쉽게 이해될 거야. 먼저번에도 이야기 했다시피 한양도성의 좌청룡인 낙산은 청룡완연 해야 함에도 불구하고 산줄기가 너무 부실해. 그래서 동대문인 흥인문에 꿈틀거리는 모양의 갈 지(之)자를 써서 용의 꿈틀거림을 보완해 주었고, 성문 바깥쪽에 옹성을 쌓아서 여의주의 형상을 만들어 줘서 또한 청룡의 기운을 보강하려는 비보책을 썼어.

호 림 우백호는 어떻게 되었어요?

아 빠 한양의 우백호인 인왕산은 얼핏 보기에도 산세가 험해. 즉, 백호는 준거하거나 순부해야 하는데 너무 기운이 세다는 풍수상 약점이 있지. 그래서인지 옛날부터 인왕산은 호랑이가 많기로 소문난 곳이었어. 심지어 궁궐에까지 내려와서 사람을 물고 갔다는 기록이 있을 정도니깐. 그런 탓인지 풍수에서는 인왕산이 한양도성, 특히 경복궁에 나쁜 영향을 준다고 믿었어. 그래서 경복궁의 경우, 인왕산의 나쁜 기운이 임금님에게 직접 닿지 못하도록 경회루 연못을 팠고, 경회루를 크게 지어 인왕산이 임금님의 눈에 보이지 않도록 불견(不見)처리를 하는 비보책을 썼어.

엄 마 연못을 팠다면... 아, 계수즉지! 인왕산의 나쁜 기운을 물길로 막은 거구나! 풍수도 실제 사례를 가지고 공부를 해 보면 참 쉽네!

뱀의 발

태종실록 22권, 11년(1411 신묘 / 명 영락(永樂) 9년) 7월 30일(기축) 2번째기사
경복궁 안에 개천을 파도록 하다

경복궁(景福宮) 안에 개천[渠]을 파라고 명하였다. 임금이 말하였다. "경복궁은 태조(太祖)가 창건하신 것이니, 마땅히 여기에 거처(居處)하는 자손에게 보여야 하겠는데, 상지(相地)하는 자가 말하기를, '명당(明堂)에 물이 없는 것이 흠(欠)이라.' 하니, 개천을 개통하도록 하라."

태종실록 22권, 11년(1411 신묘 / 명 영락(永樂) 9년) 9월 5일(계해) 2번째기사
경복궁 궁성 서쪽 모퉁이를 뚫고 궁성 안으로 물을 끌어들이게 하다

경복궁(景福宮) 성 서쪽 모퉁이를 파고 명당(明堂) 물을 금천(禁川)으로 끌어들이라고 명하였다.

우백호인 인왕산의 산살을 막기 위해 조성된 경회루

형세론 - 수법(水法)

수구는 괄약근에 비유할 수 있다

아 름 아빠, 지금껏 형세론의 세 가지 방법론인 용법, 혈법, 사법에 대해서 배웠는데, 대부분 산을 중심으로 이야기가 되고 있어요. 형세론은 물에 대한 부분은 취급을 전혀 안하나요?

아 빠 그럴 리가 있겠니? 풍수에서 2대 핵심요소 중의 하나인 물이 빠지면 절대로 안되지. 형세론의 마지막 방법론인 수법(水法)은 장풍득수 중에서 물길에 대한 득수법(得水法)을 가리키는 말이야. 그리고 득수법에서 가장 중요한 것은 수구(水口)를 이해하고 파악할 줄 알아야 한다는 거야.

호 림 수구? 하수구를 말하나?

아 빠 수구는 물줄기가 장풍국면을 빠져나가는 마지막 지점을 가리키는 말인데, 파구(破口)라고도 해.

아 름 그런데 물줄기가 빠져나가는 것이 풍수에서 왜 그렇게 중요하다고 하나요?

아 빠 청룡, 백호, 주작, 현무 이렇게 사신사로 잘 둘러싸인 장풍국면을 사람의 몸통에 비유를 했을 때, 풍수에서 수구는 몸통을 빠져나가는 항문과 같다고 보고 있어. 살아있는 사람의 항문은 괄약근의 작용으로 항상 꽉 조여져 있지만, 죽은 사람의 항문은 벌어져 버리기 때문에 사망 직후에 곧장 염을 하는 거야.

아 름 살아있는 사람의 몸통에는 생기가 가득 차는데, 사람이 죽으면 사람의 몸통에는 생기가 모두 빠져나간다는 말씀이죠?

아 빠 그렇지. 생기가 빠져나간다는 표현은 사기(死氣)가 가득 찬다는 표현과 똑같아. 그래서 생기가 가득한 생기충만한 땅이 되기 위해서는 수구가 꽉 조여져 있어야만 하는 거지.

수법의 실제 적용사례 – 계룡산

엄 마 수법을 사용한 실례도 알려줘요.

아 빠 대표적인 예가 태조 이성계가 조선을 건국할 때였지. 그때 새로운 왕조의 도읍을 어디로 정할 지를 놓고 신하들 간에 논쟁이 심했지. 그 후보지 중에서도 계룡산 신도안이 가장 유력했고 그래서 공사가 바로 착공이 된거야.

호 림 맞아요. 계룡산은 기운이 참 좋은 산인 것 같아요. 우리나라의 도사들은 대부분 계룡산에서 도를 닦고 도사가 되는 것 같아요. 풍수상 참 좋은 곳임에 틀림없어요.

아 빠 그런데 도읍지로 결정되어 공사에 착수한 계룡산 신도안의 물줄기의 흐름 중에서 수구지점이 방위상 풍수대흉에 해당되는 것이 혹날 영의정까지 지낸 하륜에 의해서 발견되자, 조선왕조의 도읍공사는 바로 철회되었어.

호 림 도읍을 만드는 대규모 공사를 풍수 때문에 바로 철회를 하다니, 풍수가 대단하긴 대단하구나.

아 름 구체적으로 수구는 어떤 것이 좋고 어떤 것이 나쁜 거죠?

아 빠 원래 수법은 우리나라 보다는 중국의 풍수지리에서 많이 강조되었던 부분이야. 왜냐하면 풍수지리설이 크게 유행했던 중국의 북부지방의 강수량이 적었기 때문에 물에 대한 관심이 많았던 거야. 아무튼 크게 봐서 물은 반드시 정해져 있는 길한 방향으로부터 흘러들어와서 흉한 방향으로 나가야 한다고 해. 또 물에서 악취가 나거나 탁하면 안되고 혈자리의 앞에서는 공손히 절을 올리듯 지나가야 한다고 해. 절대로 직선으로 급하게 흘러서 혈자리를 향해서 쏘는 듯 내지르는 것은 절대로 좋지 않은 거야. 이때 산은 산대로 물은 물대로 따로 있는 것처럼 보이면 무정하다고 해서 불길한 것으로 여겼고, 음양의 조화가 잘 이루는 원리에 따라 산과 물이 상생하여야 좋다고 봤어.

엄 마 좀 쉬운 사례는 없나요?

아 빠 음... 요즘, 풍수 인테리어라는 말 들어봤지? 집안의 구조나 가구배치 따위를 풍수적으로 이야기 하는 것인데, 이 때 화장실의 위치를 꽤 중요하게 따지거든? 왜냐하면 화장실이 풍수에서 말하는 수구에 해당되기 때문이야.

뱀의 발

태조실록 4권, 2년(1393 계유 / 명 홍무(洪武) 26년) 12월 11일(임오) 1번째기사
하륜의 상언대로 계룡산의 신도 건설을 중지하고 천도할 곳을 다시 물색케 하다

대장군(大將軍) 심효생(沈孝生)을 보내어 계룡산에 가서 새 도읍의 역사(役事)를 그만두게 하였다. 경기 좌 · 우도 도관찰사(京畿左右道都觀察使) 하륜(河崙)이 상언(上言)하였다. "도읍은 마땅히 나라의 중앙에 있어야 될 것이온데, 계룡산은 지대가 남쪽에 치우쳐서 동면 · 서면 · 북면과는 서로 멀리 떨어져 있습니다. 또 신(臣)이 일찍이 신의 아버지를 장사하면서 풍수(風水) 관계의 여러 서적을 대강 열람했사온데, 지금 듣건대 계룡산의 땅은, 산은 건방(乾方)에서 오고 물은 손방(巽方)에서 흘러간다 하오니, 이것은 송(宋)나라 호순신(胡舜臣)이 이른 바, '물이 장생(長生)을 파(破)하여 쇠패(衰敗)가 곧 닥치는 땅'이므로, 도읍을 건설하는데는 적당하지 못합니다." 임금이 명하여 글을 바치게 하고 판문하부사(判門下府事) 권중화(權仲和) · 판삼사사(判三司事) 정도전(鄭道傳) · 판중추원사(判中樞院事) 남재(南在) 등으로 하여금 하륜과 더불어 참고하게 하고, 또 고려 왕조의 여러 산릉(山陵)의 길흉(吉凶)을 다시 조사하여 아뢰게 하였다. 이에 봉상시(奉常寺)의 제산릉 형지안(諸山陵形止案)의 산수(山水)가 오고 간 것으로써 상고해 보니 길흉(吉凶)이 모두 맞았으므로, 이에 효생(孝生)에게 명하여 새 도읍의 역사(役事)를 그만두게 하니, 중앙과 지방에서 크게 기뻐하였다. 호씨(胡氏) 477) 의 글이 이로부터 비로소 반행(頒行)하게 되었다. 임금이 명하여 고려 왕조의 서운관(書雲觀)에 저장된 비록 문서(秘錄文書)를 모두 하륜에게 주어서 고열(考閱)하게 하고는 천도(遷都)할 땅을 다시 보아서 아뢰게 하였다.

형국론

땅의 생김새에 맞는 기운은 따로 있다

아 빠 자, 지금부터는 형국론에 대해서 자세하게 알아볼거야. 형국론은 중국에서 들어온 형세론과는 달리 순수한 토종풍수시각을 기반으로 형성된 이론이야.

호 림 나는 형국론이 제일 재미있어요. 땅이나 산의 생긴 모습을 보고 다른 것에 비유하는 것이 너무 신기하기도 해요.

아 름 하지만 보는 사람의 주관에 따라서 달리 보일 수가 있잖아요. 그러면 싸움이 날텐데…

아 빠 그런 부분이 없지 않지만 형국론이 가지는 장점도 많아. 우선 형국론은 땅이나 산의 겉모습이 그 속에 들어있는 기운과 서로 통한다는 생각을 전제로 하고 있어. 예를 들어 산세가 광대하고 험준하면 그 속의 기운도 힘이 넘칠 것이고, 반면에 산세가 밋밋하고 보잘 것 없으면 그 속의 기운도 약하다는 거야.

호 림 그건 누구나 수긍할 수 있을 것 같아요.

아 빠 그런데 중국 풍수서적의 고전인 '장경'에는 이런 말이 있어. "땅은 사람, 호랑이, 뱀, 거북이 모양 등 무수한 형체를 가지고 있는데, 기(氣)는 이러한 여러 가지 모양을 이룬 땅을 흘러 다니면서, 만물을 생성시키는 중요한 역할을 한다." 그리고 '설심부'라는 책에도 "물체의 유형으로 추측을 하고, 혈자리는 형체에 연유하여 취한다."라는 구절이 있어.

엄 마 그 말 뜻은 땅의 생김새에 맞는 기운이 따로 있다는 뜻인가요?

아 빠 그렇지. 예를 들어 어미닭이 병아리를 부화시키는 모습의 금계포란형의 땅에서는 후손이 크게 번창할 것이라고 하고, 소가 누워있는 와우형의 땅에서는 집안이 두루두루 편안하고 재물이 풍성해진다는 거야. 또 신선이 책을 읽고 있는 선인독서형의 땅에서는 학자가 많이 배출된다고 믿는 거지.

아 름 아빠가 경주의 봉황대를 설명해 주실 때, 후삼국 시대에 태조 왕건은 신라를 하루라도 빨리 멸망시키기 위해서 당시 풍수의 대가였던 도선국사와 계략을 꾸몄는데, 경주의 형국은 배 모양이었다는 것을 이용했다고 하셨어요. 그래서 경주 땅을 상징하는 배를 침몰시킬 풍수적인 방법을 찾았던 것이 봉황대 근처에 샘물을 여러 개 파게 해서 배 바닥에 구멍을 낸 효과를 낸 것이라구요.

엄 마 그것도 형국론을 잘 이용한 경우로구나! 그런데 여보, 왜 혈자리를 찾으면서 땅의 모양을 사람이나 동식물에 비유를 하죠?

형국론에서 혈자리는 땅의 형상이 무엇이건 그것의 힘이 모아지는 곳에 있다

아 빠 기는 골고루 퍼져 있는 것이 아니라 어딘가에 한꺼번에 뭉쳐있다고 해. 마치 사람이 힘을 쓰기 위해서 기를 모으는 것처럼 말이야.

아 름 제가 태권도 할 때도 기합을 넣으면 격파가 잘 돼요.

아 빠 그렇게 기가 뭉쳐있는 곳이 결국 혈자리가 되는 거야. 땅의 모양도 그렇게 기가 모여있는 장소를 살펴보면 공통점이 보이는데, 동물이든 식물이든 그 곳에 온 힘을 모아서 쓰는 형상이지. 예를 들면 새끼에게 젖을 주는 땅 모양에는 젖꼭지 부근에, 연꽃이 핀 모양의 땅 모양에는 꽃의 중심에, 뱀처럼 생긴 땅 모양에는 혓바닥 근처에, 그리고 새처럼 생긴 땅 모양에는 부리 근처에 기가 왕창 몰려 있다는 거야.

호 림 그런데 땅의 모양이 그렇게 생긴 줄은 어떻게 알죠? 지금이야 비행기를 타거나 위성사진으로 땅 모양을 잘 살필 수 있지만, 옛날에는 그런 것이 불가능했을 것 아니에요?

아 빠 옛날 사람들은 주위의 높은 산에 올라가서 지형을 내려다 봤어. 그렇지만 평범한 사람들은 땅의 모양을 쉽게 알아낼 수 없다고 해. 그래서 풍수하는 사람의 눈을 네 단계로 나누었어. 범안, 법안, 도안, 신안 순서야. 범안(凡眼)은 보통사람 수준의 풍수, 법안(法眼)은 공부를 많이한 수준의 풍수, 도안(道眼)은 도사의 경지에 오른 풍수, 마지막 신안(神眼)은 신의 경지에 이른 풍수가를 뜻해. 물형론으로 혈을 잡는 것은 도안 이상은 되어야 가능하다고 해. 그만큼 어렵다는 거지. 여기서 내가 문제를 하나 낼까? 소가 누워있는 와우형의 땅모양에서 혈자리는 어디가 될까?

아 름 누워있는 소가 힘을 주는 곳이 어딜까? 음... 새끼에게 젖을 주는 젖꼭지요!

엄 마 소는 새끼에게 젖을 줄 때, 누워서 주지 않고 서서 준단다.

호 림 소의 뿔이 아닐까요?

아 빠 소가 뿔에 힘을 줄때는 싸움을 할 때야. 누워있는 소는 보통 되새김질을 하거나 파리를 쫓기위해 꼬리를 파리채처럼 사용해. 따라서 와우형의 땅모양에서는 소의 입과 꼬리가 혈자리가 되는 거야.

형국론의 실제 적용사례 - 수원의 융릉

엄 마 형국론을 제대로 알려면 이것도 실제 사례를 들어서 설명을 들어야 할 것 같아요.

아 빠 그래. 형국론의 실제 사례를 말해 줄게. 그 전에 우리나라 전통 조경방식에서 인공적으로 만든 연못은 어떤 모양으로 만들지?

아 름 연못의 가장자리는 항상 네모나게 만들고, 그 안에 둥근 섬을 만들어요. '하늘은 둥글고 땅은 네모나다'라는 천원지방 사상에 따른 것이죠.

아 빠 아름이가 정확하게 알고 있구나. 그런데 인공적으로 만든 연못이 네모나게 생긴 것이 아니라 둥글게 만들어 졌다면 거기에는 반드시 이유가 있겠지? 형국론의 실제 사례는 수원에서 찾아볼 수 있어. 수원에서 가장 유명한 문화재 하면 무엇 무엇이 있지?

아 름 수원화성하고, 융건릉이요.

아 빠 맞았어. 그 두 곳이 모두 형국론과 연관이 있어. 먼저 융건릉은 사도세자가 추존된 장조의 왕릉인 융릉과 그 아들 정조의 왕릉인 건릉을 붙여서 부르는 이름인데, 사도세자의 융릉 바로 앞에 있는 인공 연못은 둥근 원형이야.

수원 융릉(사도세자와 혜경궁 홍씨 합장릉) 들머리 원형연못인 곤신지

엄 마 예전에 문화해설사의 설명으로는 뒤주에 갇혀서 목말라 죽은 사도세자의 갈증을 풀어주기 위해서 일부러 연못을 팠다는 이야기를 듣기는 했어도 풍수적으로 해석한 것은 전혀 알지 못해요.

아 빠 융건릉이 있는 화산의 형국에 대해서는 정조 13년 7월11일의 조선왕조실록 기사에도 나오는데 거기에는 반룡농주형이라고 되어있어. 반룡은 아직 승천하지 아니하고 땅에 서려 있는 용인데 그런 용이 여의주를 가지고 희롱하는 형국이라는 뜻이야.

아 름 아, 사도세자가 왕이 못된 것을 아직 승천하지 못한 용에 비유를 했구나!

홍살문과 삼문이 있는 용주사

호 림 그런데 반룡농주형과 둥근 인공연못이 무슨 상관이죠?

아 빠 인공으로 연못을 만들 때는 반드시 네모나게 파는 것이 불문율인데, 왜 굳이 원형으로 팠을까?

용주사 현판

엄 마 아, 그것이 여의주구나!

아 빠 바로 그거야. 그래서 둥근 연못으로 용의 기운을 살려준거야. 덤으로 질문하나 더 할까? 융건릉 근처에는 어명으로 융건릉을 관리하던 절이 하나 있어. 그 절의 이름은 무엇이지?

엄 마 융건릉 옆의 유명한 절은 용주사 뿐인데... 아! 용주사(龍珠寺)! 용 용(龍)자에 구슬 주(珠)!

호 림 용과 여의주라는 뜻이네요? 참 신기하다.

아 빠 용주사는 원래 갈양사 라는 절이었는데, 융건릉의 원찰이 되면서 용주사로 이름이 바뀌었어. 이 정도면 융릉과 반룡농주형의 형국론이 충분히 이해되지?

형국론의 실제 적용사례 – 수원화성

호 림 좋아요. 그럼 이번에는 이번에는 수원화성에서 형국론과 관련된 이야기를 들려주세요.

아 빠 너희들에게 수원화성에서 가장 예쁜 곳을 고르라면 어디를 고르겠니?

뱀의 발

현종개수실록 1권, 즉위년(1659 기해 / 청 순치(順治) 16년) 7월 8일(정묘) 1번째기사
총호사 심지원 등이 다시 산릉의 일을 의논하여 아뢰다

총호사 심지원(沈之源) 등이 다시 빈청에 모여 이상진(李尙眞)과 함께 산릉의 일을 의논하여 서계하니, 상이 답하기를, "큰 일을 이루는 자는 작은 폐단에 구애받지 않는다. 그대로 수원을 써야 마땅하다."하였다. 지원이 아뢰기를, "수원에 산을 정한 뒤 헐뜯는 의논이 분분하고, 심지어 대신과 중신까지도 서로 잇달아 글을 올려 모두 쓸 수 없다고 말하였습니다. 그래서 다시 여러 산을 살펴보아 다행히 선릉(先陵) 국내의 건좌(乾坐)에 언덕을 찾았는데, 용세(龍勢)와 형국(形局), 혈도(穴道)와 안대(案對)가 모두 격(格)에 합치되었습니다. 안쪽 물 어귀가 엇갈려 잠기지 않는 것이 조금 흠이기는 하나 풍수에 밝은 사람들이 이미 해롭지 않다고 하였습니다. 만약 이 산을 쓴다면 거의 답답해하는 인심을 위로할 수 있으나 수원을 그대로 쓴다면 여론이 더욱 격렬해질 것입니다. 널리 여러 대신 및 유신(儒臣)에게 물어 상의해 정하소서." 하니, 상이 따랐다.

아름 그거야 두말하면 잔소리죠. 화홍문 바로 옆에 있는 너무너무 예쁜 방화수류정이죠.

호림 난, 그 옆에 있는 연포갈비집이 최고로 좋은데... 아, 그 집의 왕갈비탕이 먹고 싶다.

아빠 우리가 방화수류정에서 아래쪽으로 내려다보면 연못이 있지? 그곳을 용의 연못이라는 뜻에서 용연이라고 부르는데 '화성성역의궤'에도 방화수류정의 그림과 함께 용연이라는 글자가 나와. 그런데 그 용연도 연못의 가장자리가 네모가 아니라 둥근 원형이야.

엄마 그렇다면, 용연도 결국 용의 여의주라는 결론인가요?

방화수류정과 원형 용연

화홍문에서 본 방화수류정 지붕이 뾰족뾰족하다

아 빠 왜 아니겠어? 방화수류정의 지붕모양 기억나?

아 름 예, 팔작지붕이 서로 십자로 교차한 모양이어서 뾰족뾰족한 모양이 매우 독특해요. 용연이 용의 여의주를 형상화 한 것이라면, 방화수류정은 용의 머리가 되는 거야. 용의 머리에는 뭐가 있지?

호 림 용의 머리에는 뿔이 있죠.

아 빠 바로 그거야. 용의 머리 위의 뿔을 형상화 하기 위해서 방화수류정의 지붕모양을 일부러 뾰족뾰족하게 만든거야. 그것이 다가 아니야. 방화수류정이 용의 머리라면 그 뒤로 이어진 성벽은 용의 몸통이겠지? 수원화성에서 성벽의 모양새가 용트림처럼 가장 꿈틀거리는 부분이 바로 방화수류정에서 연무대로 이어지는 곳이야. 또 그 성벽의 용트림이 끝나는 곳에는 창룡문이 있지. 용이 창공을 향해 날아간다는 뜻이야. 어때? 용의 형상을 완벽하게 구현한 것 맞지?

방화수류정에서 연무대로 이어지는 성벽

수원화성 동쪽 창룡문

좌향론 및 패철

패철

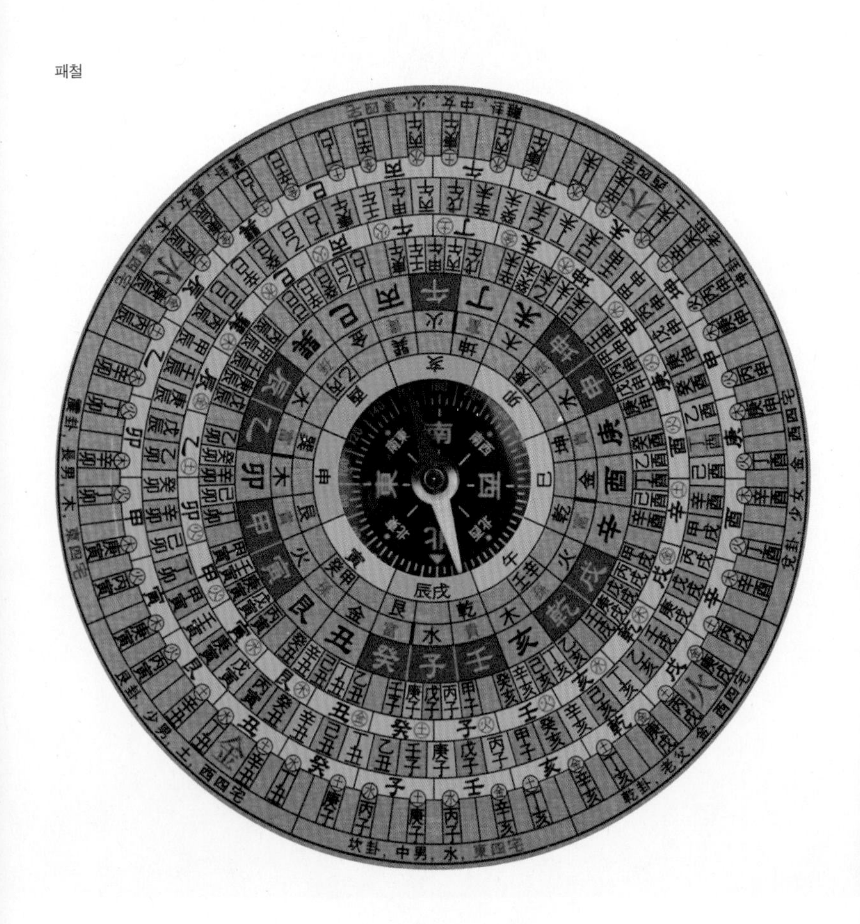

좌향은 혈자리 위에 올라앉아서[坐] 방향[向]을 잡는 것이다

아 빠 세 가지 주류 풍수이론 중 마지막 남은 것이 좌향론이야. 좌향론은 말 그대로 좌와 향을 중요하게 여기는 이론이야.

아 름 방향이란 말을 쓰지않고 따로 좌향이란 말을 쓰는 이유가 있나요?

아 빠 그럼. 풍수용어인 좌향(坐向)이라는 한자는 앉을 좌(坐), 바라볼 향(向) 이란 뜻이야. 풍수의 목적을 승생기(乘生氣)라고 한다고 했지? 생기가 뭉쳐진 곳, 즉 혈자리 위에 올라타는 거야. 그리고 나서 방향을 잡는거야. 혈자리 바로 위에서 잡는 방향이 중요한 것이지, 아무 곳에서나 방향을 잡으면 안된다는 뜻이야. 그리고 그 방향을 잡는 도구가 바로 이 패철이야. 자, 이 패철을 자세히 봐.

호 림 한가운데 나침반과 같은 바늘이 보여요.

아 빠 지금은 나침반이라고 했지만 옛날에는 지남철(指南鐵)이라고 불렀어. 항상 남쪽을 지시하는 철이란 뜻이지. 그런데 지침바늘을 자세히 보면 패철의 정중앙에 떠 있지? 그래서 '떠 있는 쇠'라는 뜻에서 '뜬쇠'라고도 불러. 그런데 이 뜬쇠는 옛날 풍수하던 사람들이 허리춤에 곧잘 차고 다녔기 때문에 찰 패(佩) 자를 써서 패철(佩鐵)이라고도 부르는 거야.

엄 마 나경이라는 말도 들었어요.

아 빠 응, 나경이라는 말도 쓰는데 이 말은 '포라만상 경륜천지'라는 말을 줄여서 나경이라고 해. 포라만상(包羅萬象)의 뜻은 '세상에 존재하는 모든 것을 포함한다'라는 뜻이고, 경륜천지(經綸天地)의 뜻은 '온 세상 천지를 경영한다'라는 뜻이야.

호 림 포라만상 경륜천지를 줄여서 말하면 나경이 아니라 포경인데, 아무튼 패철이 도대체 무엇이길래 세상 모든 것이 그 속에 다 들어가 있다 라고 하는 거죠?

아 빠 동향철학은 모두 음양오행설(陰陽伍行說)에 직간접적으로 연관이 있어. 그리고 음양오행은 만물의 현상과 원인을 설명하는 심오한 철학이야. 이 패철도 모든 것이 음양오행과 연결이 돼. 그래서 세상 모든 것을 포함하다는 뜻이야. 자, 우선 너희들이 알고 있는 방향을 가리키는 말은 뭐가 있지?

좌향의 기초, 24방위

호 림 동, 서, 남, 북이요.

아 빠 그것을 좀 더 세밀하게 나누면 어떻게 되지?

아 름 동서남북에다가 북동, 북서, 남동, 남서 이렇게 여덟가지요.

아 빠 그것을 좀 더 세밀하게 나누면 어떻게 되지?

아 름 예? 더이상 어떻게 세밀하게 나눠요? 북북동, 동북동,... 아이고 복잡해라.

아 빠 서양에서 들어온 방위체계는 대체로 4방에서 8방, 많아야 16개 방향으로 나눌 수 있어. 하지만 동양의 방위체계는 이와는 좀 달라. 기본적으로 24방위를 쓰지.

호 림 예? 24방위라구요? 우리는 16개도 어려운데, 도대체 24방위를 어떻게 나눠요?

아 빠 동양의 방위는 우선 시계를 잘 생각하면 돼. 그러면 몇개의 방향이 나오지?

아 름 1시방향부터 12시방향까지 12개의 방향이 나오죠.

엄 마 그럼 12시 정각부터 11시 정각까지 한바퀴를 돌면서 자신의 띠 동물을 연결시키면 된단다.

아 름 아, 자축인묘 진사오미 신유술해 이거 말씀이죠? 그러면 이렇게 돼요. 12시 방향은 '자', 1시 방향은 '축', 2시 방향은 '인', 3시 방향은 '묘', 4시 방향은 '진', 5시 방향은 '사', 6시 방향은 '오', 7시 방향은 '미', 8시 방향은 '신', 9시 방향은 '유', 10시 방향은 '술', 11시 방향은 '해'.

호 림 뭐야? 이거 쉽네? 시계와 띠 동물만 알면 방향을 저절로 알게 되네?

아 름 그래도 12개 밖에 안돼요. 나머지 12개 방향은 어디에서 나오나요?

24방위표를 무작정 외우려고 하지 말라.
표를 가지고 다니면서 참고하면 된다

아 빠 띠 동물은 십이지(十二支)라고 해서 땅을 상징하는 것이야. 그런데 음양을 맞추려면 땅의 상징 뿐만 아니라 하늘의 상징도 필요한데 하늘을 10개로 분류해 놓은 십간(十干)이라는 것도 있어. '갑, 을, 병, 정, 무, 기, 경, 신, 임, 계'라고 하지.

아 름 아, 들어본 적 있어요. 무엇인가를 분류할 때, 갑, 을, 병, 정 이렇게 이름을 붙였어요.

아 빠 그리고 너희들이 잘 아는 팔괘도 있지. 팔괘는 '건, 태, 이, 진, 손, 감, 간, 곤'이라고 하는데. 일건천, 이태택, 삼이화, 사진뢰, 오손풍, 육감수, 칠간산, 팔곤지. 이렇게 불러.

아 름 그런데 십간과 팔괘를 합치면 모두 18개가 돼요. 우리가 필요한 것은 12개 뿐인데...

아 빠 그렇지. 18개 중에서 12개를 골라내는 작업이 필요하지. 우선 십간

중에서 한가운데 들어있는 '무, 기'를 제외한 나머지 여덟개를 쓰고, 팔괘 중에서도 하늘과 땅을 뜻하는 '건과 곤' 그리고 바람과 산을 뜻하는 '손과 간'만을 뽑아서 12개를 만들었어. 그리고 그 12개를 매시 정각과 정각 사이의 한 가운데, 즉 30분 위치에 배치를 하는 거야. 그러면 총 24개의 방향이 나오지.

엄 마 처음에는 복잡해도 자주 보면 익숙해진단다. 그리고 무조건 외우려고 하지 말고 24방위표를 항상 지니고 다니면서 참고하면 쉽단다.

호 림 참, 그렇게 하면 되겠구나. 괜히 다 외우려고 고민만 했네!

기본적인 패철은 9층으로 나뉘어져 있다

아 빠 그리고 패철을 잘 보면 모두 9개의 동심원으로 되어 있어. 이 각각을 층이라고 불러.

아 름 그런데 제4층이 색깔도 화려하고, 가장 큰 글씨로 쓰여 있어요. 그

뱀의 발 음양, 사상, 그리고 팔괘

만물은 음양으로 나뉘어져 있으면서도 끊임없이 변화하고 있다. 그런데 음양(陰陽)은 사상(四象)으로, 사상(四象)은 팔괘(八卦)로 다시 분화된다.(사상과 팔괘는 음양을 두개, 세개씩 겹쳐놓았을 때의 경우의 수라고 생각하면 쉽다.) 태극기의 사괘는 팔괘에서 위아래를 뒤집어도 똑같은 모양만을 골라낸 것이다. 양(陽)은 ▬ 으로 표시하고 음(陰)은 ▬ ▬ 으로 표시한다고 약속하고 이것을 그림으로 나타내면 다음과 같다.

⚌ 태양(太陽) ⚍ 소음(少陰) ⚎ 소양(少陽) ⚏ 태음(太陰)

☰ 건(乾) ☱ 태(兌) ☲ 이(離) ☳ 진(震) ☴ 손(巽) ☵ 감(坎) ☶ 간(艮) ☷ 곤(坤)

런데 가만 보니 제4층이 우리가 조금전에 배운 24방위를 나타내고 있네요.

엄 마 4층만 그런 것이 아니라 6층과 8층도 24방위를 나타내고 있네? 그런데 6층과 8층은 4층에 비해서 한박자가 빠르거나 느리게 배치가 되어 있어요.

아 빠 어허! 왜들 그리 서두르나? 내가 천천히 설명해 줄게. 일단 패철의 한 가운데를 천지(天池)라고 하는데 옛날에는 바늘 모양의 지남철을 종이에 끼운채 물 위에 띄워서 남북을 가늠했기 때문에 못 지(池)를 썼고, 패철 중심의 둥근 모양은 하늘을 상징하는 천원(天圓)이어서 천지라고 불러. 천지는 패철을 동서남북으로 맞추어 놓는 역할을 하는데, 한쪽에 표시가 된 지남철 바늘이 정북을 가르키는 쪽에 자(子)를 맞춤으로서 패철 보는 법은 시작하는 거야.

제1층은 8살황천(八殺黃泉)

호 림 제1층에는 8개 방향만 나왔어요.

아 빠 제1층은 8살황천(八殺黃泉)이라고 불러. 제1층에 해당되는 8살황천은 좌향(坐向) 중에서 좌(坐)를 기준으로 하는데, 좌의 방향에 걸리면 황천(黃泉)살에 걸린다고 하는 거야.

호 림 황천살? 황천이라는 것이 혹시 죽어서 가는 저승?

아 빠 그렇지. 좌(坐)의 방향이 황천살 방향에 걸리면 죽음에 이를 수도 있을 정도로 나쁘다는 뜻이야.

엄 마 이해가 쉽도록 예를 들어서 설명해 줘요.

아 빠 좋아. 만약 집을 지을 때, 서향으로 집을 짓는다고 가정을 해 보자.

서향을 풍수 좌향으로 나타내면 묘좌유향(卯坐酉向)이라고 하는데, 3시 방향인 동쪽(묘)을 등지고, 9시 방향인 서쪽(유)을 향했기 때문이야. 그런데 패철을 보면 이 집의 좌(坐)인 '묘' 방향의 8살 황천방향이 뭐라고 되어 있지?

엄 마 신(申)이라고 되어 있어요.

아 빠 그렇다면 이 집의 8살황천 방향은 신(申) 방향이 되는 거야. 신(申) 방향은 8시 방향이지. 따라서 이 집의 8시 방향 쪽에 산이 푹 꺼져 있거나 텅 비어서 허(虛)하거나 또는 물줄기가 집 방향으로 들어오는 내수(來水)라면 황천살을 받는다고 해. 이럴 때는 적극적으로 그 방향에 대해 큰 나무를 심거나 정자를 세우거나 하는 식으로 불견처리 비보를 해야 하는 거야.

제2층은 8로4로황천(八路四路黃泉)

호 림 제2층에는 한 칸에 한 글자가 들어 있는 것도 있고, 두 글자가 들어 있는 것도 있어요.

아 빠 한 글자가 들어있는 칸이 8개, 두 글자가 들어있는 칸이 4개야. 그래서 8로4로황천(八路四路黃泉)이라고 하는데, 제1층의 8살황천이 좌(坐)를 기준으로 삼는데 비해서, 8로4로황천은 좌향 중 향

뱀의 발 쌍산오행(雙山伍行)의 동궁(同宮)

간인 동궁화(艮寅同宮火) / 임자 동궁수(壬子同宮水) / 계축 동궁금(癸丑同宮金)
손사 동궁금(巽巳同宮金) / 갑묘 동궁목(甲卯同宮木) / 을진 동궁수(乙辰同宮水)
곤신 동궁수(坤申同宮水) / 병오 동궁화(丙午同宮火) / 정미 동궁목(丁未同宮木)
건해 동궁목(乾亥同宮木) / 경유 동궁금(庚酉同宮金) / 신술 동궁화(辛戌同宮火)

(向)을 가지고서 판정을 해. 자, 그러면 조금 전에 예를 들었던 서향집을 가지고 대입을 해 볼까? 일단 서향집의 향(向)은 9시 방향이니깐, '유'에 해당하겠지?

아 름 아빠, 그런데 그 방향의 제2층은 빈 칸이에요.

아 빠 풍수가 이래서 좀 어려운 것이긴 한데, 이럴 경우에는 '유'와 동궁(同宮)이 되는 경(庚)자 위쪽에 있는 2층 칸 곤(坤)을 끌어다 사용하는 거야. 동궁이라는 개념은 오행론 중 쌍산오행 에서 나오는데 이것까지 설명하자면 너무 길어지기 때문에 그냥 그런 것이 있다고 알아 두면 돼.

아 름 그렇다면, 이 집의 '곤' 방향이 또한 황천살에 걸린다는 뜻이죠?

아 빠 그래. 만약 이 집의 '곤' 방향인 7시30분 방향에서 물이 들어오거나 물줄기가 빠져나가면 황천살을 맞는다고 해. 결국, 8로4로 황천살은 들어오는 물인 내수(來水)와 빠져나가는 물인 거수(去水)를 금기시 하는 것이야.

엄 마 제1층과 제2층을 종합해보면, 이 집의 주인이 황천살을 피하기 위해서는 반드시 7시 30분 방향에서 8시 방향을 비보처리 해야 탈이 없게 되는 군요.

제3층은 삼합오행(三合伍行)

아 름 아빠, 제3층에 있는 글자는 방위표시가 아니에요! 가만있자... 많이 본 글자인데... 목(木), 화(火), 금(金), 수(水), 목(木), 화(火), 금(金), 수(水), 목(木), 화(火), 금(金), 수(水)?

호 림 목(木), 화(火), 금(金), 수(水)가 반복되네?

엄 마 아, 오행의 글자구나! 그런데 토(土)만 빠져있어!

아 빠 제3층은 삼합오행(三合伍行)을 보는 칸인데, 좌(坐)와 득수(得水) 그리고 파구(破口)가 같은 오행에 속하면 좋다는 것이다. 여기서 삼합오행이라고 하는 것은 위에서도 동궁(同宮)의 개념을 설명할 때 등장했던 쌍산오행처럼 심오한 철학세계인 오행론의 한 분야인데, 십이지(十二支)마다 원래 각각 고유의 오행이 있기는 하지만 12지지의 3자가 동시에 합체하면 강력하게 되고 목(木), 화(火), 금(金), 수(水)의 다른 오행으로 변화하는 것이야. 이것도 너무 어려우니 그냥 그런 것이 있다고 알아 두면 돼.

엄 마 얼렁뚱땅 넘어가려고 하지 말고, 서향집을 예를 들어서 설명해줘요!

아 빠 아니, 이거 너무 진지하게 나오는 거 아냐? 좋아 서향집을 가지고 설명할게. 이 서향집의 좌(坐)는 묘(卯)야. 그런데 묘에 해당하는 3층은 뭐지?

아 름 목(木)이에요.

아 빠 그럼 목(木)에 해당하는 다른 방위도 있지?

호 림 해(亥)와 미(未)에도 제3층의 글자가 목(木)이에요.

아 빠 잘 찾았다. 서향집처럼 좌(坐)가 묘(卯)인 경우에는 물이 들어오는 득수나 물줄기가 빠져나가는 파구가 각각 해(亥)와 미(未) 방향에 성립되어야 삼합을 이뤄 좋다는 뜻이야. 어때? 쉽지 않지?

뱀의 발 삼합오행(三合伍行)

건갑정 해묘미(乾甲丁 亥卯未)는 탐랑일로행(貪狼一路行)이라 하며 木局이다.
간병신 인오술(艮丙辛 寅吾戌)은 위위시염정(位位是廉貞)이라 하며 火局이다.
손경계 사유축(巽庚癸 巳酉丑)은 진시무곡위(盡是武曲位)이라 하며 金局이다.
곤임을 신자진(坤壬乙 申子辰)은 문곡종두출(文曲從頭出)이라 하며 水局이다.

호 림 도대체 뭔 소린지.... 한 가지 확실한 것은 저는 절대로 지관은 될 수 없다는 사실입니다!

제4층은 지반정침(地盤正針)

아 빠 제4층은 지반정침(地盤正針)이라고 부르는데, 패철 중에서 가장 중심적인 역할을 해.

아 름 그래서인지 색깔도 화려하고, 가장 큰 글씨로 쓰여 있어요.

아 빠 풍수의 가장 핵심부부인 배산, 즉 주산(主山)에서 혈(穴)자리 까지는 모두 지반정침으로 측정하는데, 좌향까지 결정해. 이를 지반(地盤)이라 하는 것은 혈은 땅을 의지하기 때문에 천지인(天地人)중에서 지(地)를 붙인거야. 그리고 가장 중심되는 역할을 하기 때문에 정침이라고 불러.

제6층은 인반중침(人盤中針)

아 빠 그리고 제6층은 인반중침(人盤中針)인데, 제4층인 지반정침으로 측정하는 배산인 주산(主山)에서 혈(穴)까지의 핵심적인 대상물을 제외하고 나머지 사(砂)들 중에서 물을 제외한 모든 것들을 측정하는 거야.

엄 마 지반정침 대상물을 제외하고, 물을 제외한 사(砂)라면 주로 산줄기 겠네요?

아 빠 풍수에서 중요한 관찰 대상인 산과 물 중에서 어느 것이 양이고, 어느 것이 음일까?

호 림 당연히 물이 음이고, 산이 양이겠죠. 그건 상식아닌가요?

아 빠 과연 그럴까? 음양은 항상 상대적인 것이라고 했어. 만약 불과 물을 비교한다면 불은 양, 물은 음이 맞아. 하지만 산과 물을 비교한다면 이야기는 달라지지. 산은 그대로 움직이지 않고 있지만(靜, 정) 물은 움직이는 거야(動, 동). 그런 관점으로 음양으로 봤을 때 물은 양이고, 산은 음이야.

아 름 그럼 제6층인 인반중침은 음을 상징하는 산줄기를 대상으로 측정하는 것이네요?

아 빠 맞았어. 그래서 움직이지 않는 정적(靜的)인 산줄기를 대상으로 하기 때문에, 정침보다는 조금 늦게 움직인다는 관념상 지반정침 보다 인반중침은 7.5°늦게 배정시켜 두었어.

호 림 오, 정말! 제4층과 제6층은 모양은 똑 같지만 각도만 살짝 달라요.

제8층은 천반봉침(天盤捧針)

아 빠 마지막으로 제8층은 천반봉침(天盤捧針)인데, 측정대상은 제6층 인반중침에서 제외시킨 물이야. 따라서 사용방법은 제6층인 인반중침과 비슷하지만 동적(動的) 물줄기를 측정하기 때문에 제4층 지반정침보다는 7.5° 빠르게 배정시켜 놓았다는 점이 달라.

호 림 마지막이라뇨? 아직 제5층, 제7층, 제9층은 설명을 안하셨어요.

아 빠 제5층은 천산72룡(穿山七十二龍)이라고 하고, 제7층은 투지60룡(透地六十龍), 그리고 제9층은 분금(分金)이라고 하는데, 대부분 음택풍수에서 사용하는 것이고, 생활풍수에서는 그다지 중요치 않기 때문에 빼 버렸어. 자, 우리의 목적은 지관이 되는 것이 아니라 문화재를 풍수의 관점에서 해석하는 것이기 때문에 패철에 대해서는 이 정도만 알아도 충분해.

기타 풍수이론

동기감응론과 소주길흉론

호 림 이제 형세론, 형국론, 좌향론을 모두 배웠으니 풍수공부 끝이죠? 만세!

아 빠 호림아, 풍수이론은 이것이 전부가 아니야. 나름대로 학문적인 체계를 갖춘 주류 풍수이론은 형세론, 형국론, 좌향론 이렇게 세 개지만, 이 이외에도 중요한 풍수이론이 또 있는데 예를 들면 동기감응론(同氣感應論)과 소주길흉론(所主吉凶論)이야.

아 름 지금까지 풍수이론을 단 세 개만 배웠어도 공부할 양이 엄청많았는데, 그런데도 또 두 개씩이나 남았어요? 그건 또 언제 다 공부하나...

아 빠 너무 걱정하지 않아도 돼. 동기감응론과 소주길흉론은 내용이 복잡하지 않아서 단 몇 줄만으로도 설명이 가능하거든. 먼저 동기감응론을 설명해 줄게. 동기감응론을 다른 말로 친자감응, 또는 부자감응이라고도 하는데, 조상의 유골이 자연의 생기(生氣)에 감응받는 정도에 따라, 복과 화가 후손에게 그대로 미친다는 이론이야.

동기감응론은 미신적 요소가 많다

엄 마 쉽게 말하면 풍수적인 관점에서 조상에게 영향을 준 복과 화가 그대로 후손에게 이어진다는 건데, 조상을 길지, 즉 명당에 매장해서, 좋은 기를 발산하면 자손이 부귀를 누리고, 흉지에 묻혀서 나쁜 기를 발산하면, 자손에게 재앙이 미친다고 보는거야.

아 빠 솔직히 나는 이 이론에 동의하지는 않아. 왜냐하면 과학적인 관점에서 보자면 미신의 요소가 들어있기 때문이지. 하지만 옛날 우리 조상들은 거의 신앙처럼 믿었던 부분이기 때문에 문화재를 공부하는 우리로서는 이런 이론이 있다는 것을 항상 잊어서는 안돼.

호 림 아무리 과학적인 지식이 없었던 옛날 사람들이라도 그런 허망한 이론을 쉽게 믿었을까요?

아 빠 너 공명현상이 뭔줄 아니?

아 름 저, 알아요. 학교에서 과학시간에 배웠어요. 두개의 U자형 소리굽쇠를 나란히 놓은 뒤에 한쪽의 소리굽쇠를 고무망치로 치면, 신기하게도 때리지 않은 반대편 소리굽쇠도 저절로 울려요.

아 빠 그런 공명현상은 자연 속에서도 가끔 일어나기 때문에 옛날 사람들은 그 이유를 궁금하게 여겼어. 그런데 풍수학의 고전인 곽박의『장경(금낭경)』에는 "서쪽에 있는 구리산이 붕괴되니, 한나라 동쪽의 미앙궁에 있던 종이 저절로 울렸다. 종이 저절로 울리자, 황제가 동방삭에게 그 이유를 물었다. 그러자 동방삭은,'이 종은 구리산에서 캐낸 동으로 만들었기 때문에, 동질의 기가 서로 감응을 일으켜서

뱀의 발

세종실록 93권, 23년(1441 신유 / 명 정통(正統) 6년) 8월 25일(기축) 1번째기사
빈궁(훗날 현덕왕후)의 능소인 안산 고읍 땅이 흉악한 땅이라는 전농시의 종 목효지의 상소문

전농시(典農寺)의 종〔奴〕 목효지(睦孝智)가 상언(上言)하기를, "무릇 상지법(相地法:땅의 길흉을 판단하는 법) 은 조종(祖宗)으로써 근본을 삼는 것이오니, 조산(祖山)이 고준(高峻)한 연후에야 생기(生氣)가 왕성하고, 생기(生氣)가 왕성한 연후에라야 음덕(蔭德)을 내리는 것이 연면(連綿)하게 멀리 가는 것입니다. 대개 산천(山川)의 영령(英靈)한 기(氣)는 제 스스로 행하지 못하고 산(山)을 따라서 운행(運行)하는 것이므로, 잘 결합되어 판국이 된 것은 반드시 내룡(來龍:종주산에서 내려온 산줄기) 이 있어서 높이 솟고, 용(龍)과 호(虎)가 둘러싸고 조회(朝會)해 보이는 안산(案山) 이 분명(分明)하며, 사산(四山)이 공읍(拱揖)하고 수맥(水脈)이 굴곡(屈曲)하여, 물이 깊고 맑으며 휘돌아 굽이쳐 흐르되, 오는 데에 그 근원이 안 보이고 가는 데에 그 흐르는 곳이 안 보여서, 마땅히 들어올 때에 들어오고 마땅히 나갈 때에 나간다면, 가위(可謂) 길(吉)한 땅이라 하겠고, 만약 조종(祖宗)이 얕고 연약하며, 내룡(來龍)이 미소(微小)하여 끊어진 데도 있고 파인 데도 있어서 기맥(氣脈)이 연속되지 아니하고, 산과 물이 서로 등지고 나가서 산란(散亂)하여 돌아〔歸流〕간 데가 없고, 흐르는 길이 곧게 나서 마땅히 들어갈 때에 나가고, 마땅히 나갈 때에 들어오면, 가위(可謂) 흉(凶)하다고 할 것입니다.

이제 빈궁(嬪宮)의 능소(陵所)인 안산(安山) 고읍(古邑) 땅을 보니, 그 산(山)의 내룡(來龍)이 얕고 약하며, 길〔路〕로 끊어진 곳이 많아서 10여 군데나 되옵니다. 《동림조담(洞林照膽)》에 이르기를, '내룡이 악(惡)하고 약(弱)하면 낳은 아이〔兒〕가 녹아버린다.' 하였고, 《곤감가(坤鑑歌)》에 이르기를, '끊어진 산에 가로 파〔橫塹〕였으면 기(氣)가 연(連)하기 어렵다.' 하였고, 《지리신서(地理新書)》에 이르기를, '도로(道路)가 가로 파인 것은 기맥(氣脈)을 끊어지게 하는 것이라.' 하였고, 또 《신서(新書)》에 이전(李筌)이 이르기를, '장성(長城)을 쌓느라고 산(山)을 끊어서 진(秦)나라가 망하였고, 기(淇) • 변(汴) 3319)을 뚫느라고 지맥(地脈)을 끊어서 수(隋)나라가 망하였다.'고 하였습니다. (중략)

《장서(葬書)》의 이른바, '산이 무너지고 종(鍾)이 울며, 나무꽃〔木華〕이 조싹〔粟芽〕과 같다.(山崩鍾鳴' 木華栗芽也)'고 하였고 《명산론(明山論)》에 이르기를, '땅의 주인의 길흉(吉凶)이 응(應)하기를 영향(影響)과 같다.(所主吉凶, 應如影響)'고 하였습니다. (중략)
이것으로서 보옵건대, 바로 그것이 흉악한 땅이옵니다."하였다. 임금이 이를 보고 우의정 신개(申槪), 풍수학 제조(風水學提調) 성원군(星原君) 이정녕(李正寧), 예조 판서 민의생(閔義生), 지중추원사(知中樞院事) 정인지(鄭麟趾), 첨지중추원사(僉知中樞院事) 유순도(庾順道)와 도승지 조서강(趙瑞康) 등에게 명하여 의논하게 하였다.

저절로 울린 것입니다.'라고 대답했고, 황제는, '미천한 물질도 서로 감응을 일으키는데, 만물의 영장인 사람은 조상과 후손 사이에, 얼마나 많은 감응을 일으킬 것인가!'라고 말했다."라는 구절이 있어. 이 구절이 동기감응론의 이론적 바탕이야.

엄 마 사실 과학문명이 발달한 지금도 동기감응론은 사람들 사이에서 공공연하게 믿어지고 있단다.

아 빠 남들의 눈을 의식해서 드러내놓고 말은 못해도 조상들의 묏자리를 풍수적으로 잘쓰려는 사람들이 무척 많아. 옛날 무덤을 잘못 썼다고 하는 대표적인 예는 세종대왕의 영릉과 세종의 며느리이자 문종의 왕비였던 현덕왕후릉인 '소릉'이야.

동기감응론 최악의 사례는 '영릉'과 '소릉'이다

아 름 세종대왕의 영릉은 조선 최고의 명당자리 라면서요?

아 빠 그건, 훗날 예종임금때 여주로 왕릉을 옮겼을 때의 이야기이고, 원래 세종임금은 아버지였던 태종임금의 헌릉 옆에 묻히길 원했어. 그런데 헌릉이 있는 서울시 강남의 대모산은 예로부터 물이 많은 산으로 유명했어. 대모산 뿐만 아니라 인근의 우면산도 물이 많은 산이야. 2011년 여름의 강남 우면산 산사태도 알고보면 다 그런 이유지.

호 림 무덤에서 물이 나오면 안좋다는 것은 상식인데 왜 세종임금은 굳이 그 자리에 묻히길 원했나요?

아 빠 그건 세종임금이 너무 효자였기 때문이야. 조선왕조실록에 나온 기사를 보면 처음에 세종임금의 왕비였던 소헌 왕후가 돌아가시자, 세종께서 아버지인 태종의 헌릉 무덤 곁에 묏자리를 잡게 하였는데, 풍수전문가인 음양가(陰陽家)가 불길(不吉)하다고 반박을 했더니, 세종께서 말하기를, '다른 곳에 복지(福地)를 얻는 것이 선영(先塋) 곁에 장사하는 것만 하겠는가?'라고 했대.

엄 마 결국 여주로 옮기기 전의 세종왕릉(영릉)과 그 며느리인 현덕왕후릉(소릉)은 좋지 못한 자리에 묘를 써서 그 자손들이 화를 당했다는 거군요.

호 림 어떤 화를 당해요?

아 빠 문종은 왕위에 오른지 2년만에 돌아가시고, 문종의 아들 단종은 숙부인 수양대군의 손에 죽고, 세조역시 평생을 피부병(일설 문둥병)으로 고생을 했고, 세조의 첫째 아들인 의경세자가 요절하고, 세조의 둘째 며느리인 장순왕후가 요절을 했지. 그래서 예종은 임금자리에 오르자마자 세종왕릉인 영릉을 헌릉 옆에서 여주로 옮겨버린 거야. 그런 예종마저도 1년만에 승하했으니, 19년 동안에 무려 4명의 임금이 바뀐 셈이야. 그렇지만 영릉을 여주로 옮긴 효과는 예종 다음 왕인 성종에게 바로 나타났는데 성종은 25년 간이나 집권하면서 조선초기에 많은 치적을 남겨서 한 왕조를 완성했다는 의미

뱀의 발

예종실록 4권, 1년(1469 기축 / 명 성화(成化) 5년) 3월 6일(경인) 4번째기사
세종 장헌 대왕과 소헌 왕후를 여흥 새 능으로 옮겨 안장하다

이날에 세종 장헌 대왕(世宗莊憲大王)과 소헌 왕후(昭憲王后)를 여흥(驪興) 새 능으로 옮겨서 안장(安葬)하였다. 제사(諸司)에서 각각 한 사람씩 회장(會葬)하였다. 처음에 소헌 왕후가 훙(薨)하자 세종이 유사에게 명하여 헌릉(獻陵) 무덤 곁에 묏자리를 잡게 하였는데, 음양가(陰陽家)가 불길(不吉)하다고 반박하니, 세종이 말하기를, "다른 곳에 복지(福地)를 얻는 것이 선영(先塋) 곁에 장사하는 것만 하겠는가? 화복(禍福)의 설(說)은 근심할 것이 아니다. 나도 나중에 마땅히 같이 장사하되 무덤은 같이 하고 실(室)은 다르게 만드는 것이 좋겠다."하였는데, 세종이 훙(薨)하자 유교(遺教)에 따라 같이 장사하였었다가 이에 이르러 옮겼다.

영릉(세종대왕과 소헌왕후 합장릉)

로 이룰 성(成)자를 묘호로 받았지.

아 름 현덕왕후릉인 소릉은 왜 안옮겼어요?

아 빠 '소릉'은 이미 세조가 파헤쳐서 관을 안산의 바닷가에 갖다 버렸어. 자신에게 벌어진 가정의 불행이 형수였던 현덕왕후의 귀신때문이라고 믿었던 거지.

아 름 그래서 다들 묏자리는 명당을 찾으려고 애를 쓰는구나!

소주길흉론 풍수의 도덕성을 강조한다

아 빠 자, 이제는 주제를 바꾸어서 소주길흉론이야. 나는 풍수이론 중에서 이 이론이 가장 마음에 들어.

호 림 소주? 할아버지께서 좋아하시는 술 말이에요?

엄 마 그런 소주가 아니라, 장소 소(所), 주인 주(主), 즉 땅주인이란 뜻이야.

아 빠 소주길흉론은 중국에서 들어온 풍수이론 중의 하나이지만 다른 이론들처럼 독립적인 이론은 아니야. 따라서 소주길흉론은 독자적으로 갖는 의미보다는 다른 풍수이론과 결합해서 종합적으로 사용되

뱀의 발

세조실록 8권, 3년(1457 정축 / 명 천순(天順) 1년) 6월 26일(무오) 2번째기사
<u>모반으로 권전과 노산군의 어미를 서인으로 개장(改葬)할 것을 청하다</u>

의정부에서 아뢰기를, "현덕 왕후(顯德王后) 권씨(權氏)의 어미 아지(阿只)와 그 동생 권자신(權自愼)이 모반(謀反)하다가 주살(誅殺)을 당하였는데, 그 아비 권전(權專)이 이미 추후하여 폐(廢)하여서 서인(庶人)으로 만들었으며, 또 노산군(魯山君)이 종사(宗社)에 죄를 지어 이미 군(君)으로 강봉(降封)하였으나, 그 어미는 아직도 명위(名位)를 보존하고 있으므로 마땅하지 않으니, 청컨대 추후하여 폐(廢)하여서 서인(庶人)으로 만들어 개장(改葬)하소서."하니, 그대로 따랐다.

는 이론인데, 풍수사상의 철저한 윤리성을 강조하는 측면이 강해.

아 름 좀 쉽게 설명해 주세요.

아 빠 소주길흉론을 설명할 때는 반드시 적선지가 필유여경(積善之家 必有餘慶)이라는 문장을 인용해. 원래는 주역에 나오는 말인데, '선한 일을 많이 한 집안에는 반드시 남는 경사가 있다'라는 뜻으로, 좋은 일을 많이 하면 후손들에게까지 복이 미친다는 말이야.

호 림 착한 일 하는 것과 풍수가 무슨 상관이 있나요?

아 빠 원문을 좀 더 말해줄게. "선을 쌓은 집안은 반드시 남는 경사가 있고, 불선을 쌓은 집안에는 반드시 남는 재앙이 있다. 신하가 그 임금을 죽이고, 자식이 그 아비를 죽이는 일이 벌어진 것은 하루 아침과 하루 저녁에 그렇게 된 것이 아니다. 그 유래는 점차적으로 이루어진 것이니, 변별하여야 할 일을 변별하지 않은 데서 비롯된 것이다(積善之家, 必有餘慶, 積不善之家, 必有餘殃, 臣弑其君, 子弑其父, 非一朝一夕之故, 其所由來者漸矣, 由辯之不早辯也)." 여기서 선을 쌓은 집안의 경사는 우리 식으로 표현하면 조상의 음덕(蔭德)이라고 할 수 있어.

엄 마 우리나라 속담에도 '남향집에 살려면 3대가 적선(積善)하여야 한다'라는 말이 있듯이, 성취하기 어려운 일에 대해서 흔히 '3대가 적선하여야 한다'라는 표현을 자주 쓴단다.

아 름 좋은 말이긴 한데 풍수와의 연관성은 좀 약한 것 같아요.

아 빠 동양의 사상 중 천지인 사상 알지? 하늘과 땅과 사람이 핵심인 이 사상과 관련하여 맹자가 하신 말씀 중에 '천시불여지리 지리불여인화(天時不如地利 地利不如人和)'라는 유명한 말이 있어. 뜻을 풀이하면 하늘의 때(天時)는 땅의 이로움(地利)만 못하고, 땅의 이로

움(地利)은 사람의 화합(人和)만 못하다는 거야. 여기서 땅의 이로움은 '풍수'로 해석될 수 있고, 사람의 화합은 곧 적선(積善)이라고 보는 것이 소주길흉론이야.

소주길흉론의 실제 적용사례

아 름 이해하기 쉽도록 소주길흉론의 실제 사례를 들어줄 수 있나요?

아 빠 내가 직접 소주길흉론을 적용한 사례가 있어.

엄 마 직업적인 풍수가도 아닌 당신이 직접 풍수이론을? 아니 어떻게 그것이 가능하죠?

아 빠 직업이 무엇이냐가 중요한 게 아니라, 내용을 제대로 아느냐 모르느냐가 중요한 것이지. 일산 신도시와 붙어있는 고양시 식사지구 아파트단지 알지? 식사지구가 개발된다는 도시계획이 처음 나왔을 때는 분양가 상한제가 적용될 정도로 분양열기가 뜨거웠어. 그러다가 갑자기 전국적으로 부동산 경기가 얼어붙은 거야. 그 때문에 식사지구는 미분양사태를 맞게 된거야.

엄 마 식사지구뿐만 아니라 온 나라가 미분양 아파트 때문에 난리죠.

아 빠 식사지구의 선입주자들이 미분양 문제를 해결하기 위해서 많은 노력을 한 것은 당연한 일이겠지. 그런데 아파트 단지 한가운데의 녹지공간에 커다란 무덤 2개가 있는 것을 주민들이 알게 된거야. 우리 정서상 무덤이 사람이 사는 공간과 붙어있으면 아무래도 어울리지가 않지.

아 름 특히 밤이 되면 많이 무서울 거예요. 나는 그런 곳에는 살고 싶지 않아요.

호 림 그런 상식적인 것을 주민들은 왜 몰랐을까요?

아 빠 아파트를 지어 놓으면 무조건 값이 상승하던 시기라, 무덤따위에는 아무도 신경을 쓰지 않았던 거지. 하지만 미분양 사태를 맞게 되면서 주민들은 무덤문제를 해결하려고 했던 거야. 그런데 그 두 무덤은 일산지역의 원주민인 진주강씨의 종중묘이었어.

엄 마 아파트 주민들과 진주강씨 중중 사이에 마찰이 있었겠군요!

아 빠 응, 주민들의 이전요구는 거셌고 진주강씨들도 쉽게 지지는 않았어. 진주강씨들은 그 자리가 얼마나 명당자리인데 조상의 묘를 쉽게 이장하겠느냐는 논리였지. 풍수 이야기가 나오자 아파트 주민들은 말문이 막혔어. 풍수에 대해서는 아는 것이 전혀 없었기 때문이지. 그래서 두 당사자 간의 교섭은 전혀 진전이 없었던 거야.

호 림 그런데 아빠는 그 다툼에 왜 끼어들게 되었어요?

아 빠 응, 아파트 주민대표 중의 한사람이 아빠의 학교선배님이었어. 그 선배님은 내가 문화재를 공부하면서 풍수공부도 많이 했다는 것을 알았기 때문에 진주강씨 집안의 풍수논리를 해결해 달라고 부탁을 해 왔어. 그래서 내가 누구나 쉽게 이해할 수 있는 간단명료한 컨설팅 자료를 보내서 양측이 교착상태에 빠진 풍수문제에 도움을 주었지.

아 름 어떻게요? 정말 궁금하다!

아 빠 우선, 원래 진주강씨의 묘가 처음 만들어졌을 때는 풍수상 명당자리가 맞다는 가정을 해. 그렇지만 두 가지 측면에서 예전에는 명당이었을지라도 지금은 아니라는 증명을 해 줬지. 그 첫 번째 논리가 소주길흉론이야. 모름지기 명당의 기운이 오래 보존되려면 대대로 집안에서 선을 쌓아야 함에도 불구하고, 지역 주민들과 계속해서 마찰을 일으켜 가면서까지 그 자리를 지킨다면, 옛날에는 명당이었는지 모르지만, 지금부터는 명당이 아니라는 거야.

엄 마 소주길흉론을 정확히 적용했군요!

아 빠 그것만으로는 부족해. 왜냐하면 내가 처음에도 언급했지만 소주길흉론은 다른 풍수이론들처럼 독립적인 이론은 아니기 때문에 독자적으로 갖는 의미보다는 다른 풍수이론과 결합해서 종합적으로 사용해야 하기 때문이야. 그래서 두번째의 논리로 사용한 것이 형세론이야. 형세론에서 특히 음택으로 들어가는 땅의 기운은 5자(1.5m) 깊이라고 하는 것이 정설이거든. 그런데 묘지를 빙둘러싸면서 아파트 단지가 조성되었기 때문에 당연히 택지조성과 특히 지하주차장 건설 때문에 땅을 깊이 파면서 지맥선은 모두 끊어졌지. 그렇기 때문에 진주강씨 종중에게는, 지금은 명당의 기운을 잃어버린 조상의 묘를 차라리 다른 좋은 곳으로 이전하는 것이 후손들이 할 도리라는 논리를 편거야.

뱀의 발 아파트 숲에 웬 '봉분'... 알고보니 시장 종중 묘

18일 오전10시 경기 고양시 일산동구 식사동 344번지 일대 식사지구. '쿵쾅쿵쾅…쿵!' 중장비 소리가 요란하다. 하늘 높이 치솟은 크레인은 부지런히 철근덩이와 콘크리트를 들어 옮긴다. 덤프트럭들은 흙먼지를 일으키며 기초공사를 위해 파낸 돌과 흙더미를 쉼 없이 실어 나른다. 면적만 98만8000㎡에 달하는 이 곳, '위시티(WI-City)'에는 조만간 펜트하우스와 30층 높이의 초고층의 아파트 등 7000여 가구가 들어설 예정이다. S건설과 H건설, D건설 등 3개 건설사들은 지난2000년부터 도시개발 조합 구성을 주도해 수도권내 또 하나의 미니 신도시를 만들어 내고 있다. 그러나 '위시티' 중앙의 묘지 1기만큼은 산을 깨부수고 허물어뜨렸던 중장비에 휩쓸리지 않고 '자존심' 강한 모습을 그대로 유지하고 있다. 120 여기 묘지가 개발지에 있었지만 유일하게 존치가 결정된 묘지 2기중 하나라고 현장 관계자들은 전했다.

실제로도 봉분을 크게 단장하고 비석과 각종 석물(石物)을 만들어 세운 것이 반드시 보존해야 할 문화재를 보는 듯 했다. 묘지 주변 또한 골 깊은 배수로와 병풍처럼 버티고 있는 10여그루의 소나무로 둘러쌓여 범상치 않은 인물이 안장돼 있음을 짐작케 했다. 하지만 고양시청에 확인한 결과 문화재로 인정받을 만한 보존가치가 있는 묘지는 아니었다. 시청 관계자는 "지난해 향토문화재 신청을 했으나 석물이나 비문이 모두 현대식으로 바뀌어 가치가 없는 것으로 판명됐다"고 말했다. 그렇다면 어떻게 묘지가 아파트 개발현장 한 가운데 원형 그대로 보존될 수 있었을까? 이에 대해 현장의 한 관계자는 "진주강씨 종중에서 강력한 보존요구가 있었다"고 귀띔했다. 진주강씨는 강현석 고양시장의 종중이다. 비문에는 조선시대 중기 참판 벼슬을 지냈다는 설명 등이 담겨있었다.

묘지는 개발이 끝난 뒤에는 아파트 숲속 한복판인 근린공원 모퉁이에 자리잡게 된다. 근린공원은 광장 등을 갖춘 입주민들의 휴식공간이다. 입주 예정자들은 이 사실을 전혀 모르는 듯 했다. B아파트 입주예정자 김모씨(45)는 "분양 사무실에서는 명품 경관화 전략을 도입했다고 자랑만 늘어놨다"며 "단지 한 가운데 있는 시장 종중의 묘지를 이장하지 않은 것은 뭔가 있는 것 아니냐"고 의심했다. 이에 대해 강현석 고양시장은 "종중 쪽에서 그런 일이 있으니 알아봐 달라는 이야기가 있어서 확인해 본적은 있다"면서도 "건설사에 묘지 존치를 요구한 적은 없다. 건설사에 물어보면 알 것"이라고 해명했다. S건설 관계자는 "강 시장의 중중에서 묘지를 보존해 달라고 요청, 보존녹지로 결정해 줬다"면서 "강 시장은 나중에 특혜의혹이 제기될까 우려했다"고 말했다. 〈기사입력 2008-04-18【고양=뉴시스】유명식 기자〉

혼유석에서 본 정자각(세종대왕 영릉)

이어서 능묘편 〈하〉권이 계속 됩니다.